文學叢刊之一

現代詩的創作與欣賞

楊昌年著

文史哲出版社印行

現代詩的創作與欣賞／楊昌年著. -- 再版. --
臺北市：文史哲，民84
11,443面；21公分. --（文學叢刊；1）
ISBN 957-547-062-1（平裝）

1.中國詩 － 寫作法
2.中國詩 － 歷史與批評 － 民國（1912-　　）

821.88　　　　80003181

文學叢刊 ①

現代詩的創作與欣賞

著者：楊昌年
出版者：文史哲出版社
登記證字號：行政院新聞局版臺業字五三三七號
發行人：彭正雄
發行所：文史哲出版社
印刷者：文史哲出版社
台北市羅斯福路一段七十二巷四號
郵撥○五一二八八一二彭正雄帳戶
電話：三五一一○二八

實價新台幣四六○元

中華民國八十四年二月修訂再版

ISBN 957-547-062-1

我與現代詩（代序）

楊昌年

早在高中時期就已與現代詩結緣：在附中郭成棠老師的指導下，與郭少鳴（郭楓）等同學組織「怒濤文藝社」。寫詩、出詩刊，也曾叛逆性地把作文寫成詩，惹得老夫子國文老師不喜，教訓我說：「新詩最幼稚，最肉麻，都是一些：『天邊一個月亮，照著一個孤零零的我！』『一顆眼淚掛在眼毛上。』要不得。」評分最多七十，偏偏我不在乎，還是照寫不誤！

進了大學，與陳慧（陳幼睿）、童山（邱燮友）等同學組織「細流詩社」，分組定期出刊手抄詩頁，貼在「文化走廊」上（考證遺址在師大二進樓的後面，現已改為一片草圃）。向中央日報副刊投稿，經常被退，偶而在熬過了相當時日之後沒收到退稿，又開始焦急期待，每天第一件事就是找報紙看副刊，直等到在望眼欲穿中終於刊出，那一份欣喜實是難以言喻。不但是作品被接受的精神愉悅；戔戔的稿費對窮學生也不無「小」補（當年師範生零用金一個月只有十元，理一次髮去掉三元，再扣除洗衣皂、用來刷牙的鹽、針線等必需之外，委實是捉襟見肘，匱乏得緊。）

一九六一年在政大升等開課，就已在教材中自作主張加上了現代詩。其後忙於學校行政與教學、研究，開授新文藝課程仍是我最大的嚮往。這一心願終在一九七〇年實現，那一年我承乏靜宜學院中文系系務，去鄰居中興大學中文系尋求支援。當時興大的系主任是弓英德老師，感謝老師慨允借將，但他卻指定要我去兼課作爲交換。兩門課讓我選：一是楚辭，我既不會也不敢接；另一就是新文藝，固所願也，欣然接下。選課的學生人數很少，與「二選一」並開的另一門「荀子」相較：那邊熱鬧興旺；我這裡冷冷清清。那是學生對新課程、新教師沒有信心，也難怪。我只管努力搜材、教學，幸能收效，第二年選課人數增加，差可與「荀子」齊等，可惜的是第三年我已北上，北中跋涉一年之後，不得不放棄。

返回師大，開的就是這種「丟在地上都沒人要檢」的「新文藝」。一九七五年九月，在蘭臺書局出版我有關現代詩的第一本教材「新詩研究」，總算爲現代詩的理論、史料，作品評介等項，立下了一點基礎。一九七八年九月修訂，經牧童出版社出版「新詩品賞」，一九七九年九月再版。迄至一九八二年十月，三度修訂，經文史哲出版社出版「新詩賞析」。

有鑒於自己過去的經驗，對於這門一直興旺的招牌課，我從不敢輕忽：要求學生們一定要認知理論、嚴格督導創作練習，經常辦理優秀作品推介發表，舉行作品批評觀摩。多年來畢業的學生中，成名詩壇的已有不少，當他（她）所把自己的詩集送來給我；或是得知他（她）們在學校裏能勝任現代詩教學，指導創作活動，都能使我欣慰，並作爲我賡續付出的最大的動力。一九八一年五月，我把歷年教學存留的學生優秀詩作，加上析評，編爲一書，交由師大中等教育輔導委員會出版，題爲「新詩創作與賞析」。

「新詩賞析」一書屢經加印，直到一九九一年，在辭卸了沉重的行政工作之後，稍能有暇，得以全力整理我二十一年來教學、研究、析評的各項資料，彙編爲「現代詩的創作與欣賞」一書，仍交由文史哲出版社出版發行。

到了今（一九九五）年，已是第五度修訂，願以此卑微的經驗所積，提供爲廣大的有志青年們學習、參考所需，希望能對你們有所助益，更希望在人文漸漸受到重視的今日，現代詩的研究、創作，能夠有突破性的、輝煌的進展。

一九九五年一月

現代詩的創作與欣賞　目錄

第一章　創作論

第一節　詩的界說

一、**詩的發生**：詩是最早發生的文學，淵源兩項：

㈠**苦悶的象徵**：基於不平則鳴的人性，要求以呼喊、歌唱的發表獲致宣洩後的平衡。

㈡**疲勞的袪除**：基於人類工作的固定型態，久之產生職業疲勞，以歌唱袪除疲勞，是爲民歌產生原因之一，其後文字出現，記載歌詞，就是最早的詩歌。

二、**詩的定義**：詩是文學中的文學，一切文學中最爲精鍊。以最精鍊而富有節奏的語言，將詩人對世界一切事物的主觀意念，予以形象化和意境的創造，而能給讀者以一種美感的，就是詩。

三、**金聖歎詩說**：「詩非異物，只是人人心頭舌尖所不獲已而必欲說出的一句話。」可知詩是人類最自然的情智表現。而一般欣賞，創作未能普遍的原因是：

㈠**學習發表的程序錯置**：依文學發展的先後，詩歌應在散文之前，如今錯置，形成學者的心理障礙，將最自然的情緒表現誤認爲是特殊的，少數人欣賞創作的體裁。

如兒童詩的自然：

夜空　小學六年級女生

夜晚的天空是媽媽慈祥的臉
她為了我們的幸福和安寧
要有很多很多個眼睛。

鳥兒　小學五年級男生

一架一架會吃飯會大便的小飛機
不會製造空爆嚇人
不會失事撞人房屋的
可愛的小飛機。

花　小學四年級女生

妳是一個美麗的姑娘
快樂的地等待妳的新郎。

㈡**由心理障礙形成為一般性的不習慣**：患得患失，怯於使用詩歌體裁表現情智；且對欣賞詩作具有拒斥。

㈢**艱澀與晦澀**：文學中的文學，精鍊優點的另一面常易產生的缺點是艱澀（不順暢）與晦澀（不明朗），再加上讀者主觀的影響，形成為對詩歌興趣、接受的減低。

四、桑德堡（Care sandburg **美國現代詩人**）**詩說**：「詩是一扇的開啓和關閉，讓曾經透視其內的人去猜想瞬間所見為何。」由此可知：詩人的創作與讀者的欣賞常是基於主觀。一首詩是一粒鑽石，琢磨的面愈多光彩愈輝耀；詩人，批評家，讀者，對同樣一首詩作的各種解說都應存在，三者之間並應相互尊重。

桑德堡在「試擬詩歌界說」一文中列舉三十八條對於詩的解釋，茲錄部份，供深思參考

㈠人們說：「聽！」和「你看見它了嗎？」「你聽到了嗎？是什麼？」的時候，這兩刹那中間有極細微的差別，詩就是這種微差的報告。

㈡詩是邀影舞女作舞伴的一個回聲。

㈢有一種棲於陸上的海裏動物想要飛上天空。詩就是這種動物的日記。

㈣詩是一連串人生的解釋，逐漸消逝在地平線下，迅如疾雷，使人來不及解釋。

㈤一個黃綢手卷打成一個個謎語的結子，封在一個繫在風箏尾巴上的氫氣球裏，讓它飄在以春日碧空爲背景的白色的風中，詩就是這個手卷的定理。

㈥有人忽然發現到一百萬元時會大叫一聲，有人忽然失去一百萬元，哈哈一笑。詩就是這種叫喊和笑聲的摹擬。

㈦濕的花根在泥土中拼命掙扎，然後在陽光照耀之下綻開花朵，詩就是那株花的根與花之間的沉默與談話。

㈧詩是蜘蛛在晨間新織成的網，訴說它在夜月光下編織和等待的經過。

㈨詩是白蝴蝶翅膀和情書碎片之間假想連繫的建立。

他又說：「……我有一次在答覆一個青年的信裏這樣說：『你只管走你自己的路。你想騎什麼馬，就騎什麼馬，你可以各處跑跑，看看別人在風格、技巧、和主題上，最精采的地方，和最粗劣的地方在那裏？……然後再走你自己的路。』」

五、詩與散文的比較。

詩	散文
抒情遺性（興），主觀的文學。	敘事狀物，客觀的文字。
欣賞憑感情去感，意會。	欣賞憑理智去懂，言喻。
情境貴豐富，聞一知三。	文字貴精確，聞一知一。
多用比興，重聯想，重含蓄。	多用直敘，重本意，重坦明。
形式精美，作者用字如彈丸脫手，一擊中的。	揮洒自如，有較多之從容。
讀詩須再三咀嚼。	讀散文可順流而過。
以米釀酒使人沉醉。	如米煮飯使人飽足。

由上可知，最好的散文應是以詩爲依歸的，有詩的精鍊與想像的才是散文佳篇。

六、**新詩發展必應導循的原則**：基於文學發展「生物性」的原理，固執守舊（祇重縱的承繼）與盲目鶩新（祇重橫的移植）都不可行。應當一方面承繼傳統而去蕪存菁；另一方面吸收域外文學精華，使兩者溶合重鑄，建立起國族化的、適宜於現代時空的、新的詩文學。

第二節 創作基本之研究

一、主題：把文學作爲消遣娛樂的時代已經過去，現代文學的精神，在作者言是主題的需求表現，在讀者言是詩作所具備的影響。因靈感而作詩（有好句而非佳篇）的方式理應摒棄，新詩創作不同於小說，戲劇第一步需由題材架構，詩創作基本的第一步是由主題出發。例如

(一)**楊喚「小蝸牛」**一詩中表露主題是最末兩行所顯示作者的悲憤：

我馱著我的小房子走路，
我馱著我的小房子爬樹，
慢慢地，慢慢地，
不急也不慌。
我馱著我的小房子旅行
到處去拜訪，
拜訪那和花朵和小草們親嘴的太陽。
我要問問他：
爲什麼他不來照一照，
我住的那樣又濕又髒的鬼地方？

(二)**劉半農「相隔一層紙」**寫對貧民的同情

屋子裏攏著火爐，
老爺吩咐買水果，
說「天氣不冷火太熱，
別任他烤壞了我。」

屋子外躺著一個叫化子，　可憐屋外與屋裏，
咬緊著牙齒，對著北風呼「要死」！　相隔只有一層薄紙！

(三)**臧克家的「老馬」**在寫不幸者常將命運託於明天，

總得叫大車裝個夠，　這刻不知道下刻的命，
牠橫豎不說一句話，　牠有淚只往心裏嚥，
背上的壓力往肉裏扣，　眼裏飄來一道鞭影，
牠把頭沉重的垂下！　牠抬起頭來望望前面。

二、題材：詩文學主題表現的寄托，有如薪火的配合燃燒，主題是火，題材是薪。抽象的火必須附於具體的薪才能燃燒。（如「珍妮的畫像」的主題在指藝術創作中作者的思維不易凝聚成形，飄忽的思維必須要能及時把握凝聚，主題藉著一個近似人鬼戀的題材表現。）例如：

(一)**泰戈爾的散文詩**，常以抽象的哲理寄托在具體的自然或事物中表現：

1.如果當太陽下山時你流了淚，那末你也要失落群星了。

2.我們蕭蕭的樹葉都有聲響回答那風和雨！但是！你是誰？那樣地沉默著？
我不過是一朵花！

3.我不要求你進我的屋裏，你且到我無邊的孤寂裏來吧！朋友。

4.樵夫的斧頭向樹求取他的斧柄，樹給了他。

5.感謝火焰的光，但不要忘記那沉著而堅毅地站在黑影中的燈台啊！

6.把鳥翼裝金，鳥便不能翱翔在天空了。

7.果實的職務很尊貴，花朵的職務很甜美，可是讓我的職務成爲葉子的職務，謙遜地奉獻它的濃陰吧！

(二)**張秀亞的譯詩「出征」**，在愛情題材中寓以人生追求事業肯定的意義，顯示難以得兼的無奈。

親愛的，不要埋怨我無情，
嗔怪我離開那靜靜菴堂般，
你那貞節的胸膛和恬美的心田，
而奔向戰爭和刀劍。

當眞，我在追求一個新的情婦呢！
那戰場上首先逢到的敵人，
並懷著更熱烈的忠誠擁抱著，
一口刀、一匹馬、一面盾。

然而像我如此的薄倖，
妳也要傾慕無已，
親愛的，我豈能愛妳如斯之深？
如果我不是個更愛光榮的男人。

(三)**弗洛斯特**（Robart Frost**美國現代詩人**）**「落雪黃昏駐馬林旁」**一詩在敘事題

材中表露惆悵的割捨與決心的履踐。

我想我知道這樹林屬於誰人，
他的房舍座落在那邊的鄉村；
他不會看到我在此駐馬，
凝望著那覆雪的樹林。

我的小馬必感到深深的詫異，
附近既無農舍緣何停留不去？
在這樹林與結冰的湖面之間，
當一年中最淒暗的蒼茫夕晚。

牠輕搖繮轡上的鈴子，
疑問著是否迷失道路？
此外更悄然無其他音響，
除了雪片紛飛微風飄忽。

這樹林是美麗的，深邃而幽暗，
但還有很多的約言待我去履踐，
我要奔馳迢迢長路於入夢之前，
我要奔馳迢迢長路於入夢之前。

三、感情：白萩在「抽象短論」一文中提出：

亞里士多德說：「藝術的創造源於創造的衝動與發洩感情的願望。」……今日，我們更簡單的說：「藝術創造的起始，在於人類心理先有了感動。」即是由於物象的壓迫聯想與回憶，引起了血液呼吸的亢僨，加速，於是人類便有了發洩的慾望。（抽象短論A）。

藝術家最主要的職責是忠實於自己的感動。何種感動寫何種詩。（抽象短論G）因藝術創造最重要是要自己「先有感動」，然後以理智判斷何種表現方法最爲簡練貼切。無感動而以知識寫詩，勢必流於虛僞，行屍走肉。無理知判斷而純以感動寫詩，勢必流於淺薄，宣洩。但是，在純感動與純理知之間，我們寧願選擇以感動寫詩。（抽象短論H）。

由上可知，感情是文學中重要的要素，創作的動力主源，詩文學中最應具備的條件是「眞」，唯有強烈眞摯感情的貫注充具，才能使詩作眞切感人。古今中外，多有作者因作品中充具自身情感，所以特別能使讀者感動，發生共鳴或同情，獲得成功。例如：

(一) 英國女詩人勃朗寧夫人的「十四行之十八」及評介

1. 詩例

我從未贈男士一束髮絲，
最親愛的，除了將這綹獻給你，
現正在我手指上思慮深深，
我將棕色的髮鬈伸展並云
「拿去吧！」隨昨日逝去，我的青春
我髮再也不會跳躍，隨我腳步的歡欣
我也不再像女孩們
將它繫著玫瑰或桃金孃，它現在祇能
在蒼白的頰上投下陰影，遮掩淚痕，
從低著的頭披垂紛紛，
由於傷心。我原以爲死亡的大剪
會先將它剪斷，但愛神畢竟正大光明
還是你先拿去吧，——你可找到，多年來，
母親逝世時，在它上面留下的純潔親吻。

2. 評介：勃朗寧夫人（MRS Browning Elizabeth Berrett 1806-1861）：本名伊麗莎白．巴芮特，生於倫敦。童年騎馬，脊椎受傷，形成羸疾，母早逝，父嚴酷，生活在閉鎖憂悒之中。認識了伯朗寧，終爲他的眞情感動而相愛，嚴父不同意締婚，兩人私奔到國外，過著相愛幸福的生活。勃朗寧也是一位詩人劇作家，而他的夫人比他更爲傑出，在詩，小說，戲劇上都有成就，而以詩作最爲膾炙人口。

勃朗寧夫人早年作品有不著實際，情感過度之弊，這是因爲她纏綿病榻。生活痛苦之故。婚後移居義大利，因愛情的滋養，健康增進，藝術更見精鍊。四十四首「十四行詩」表露戀愛心聲，極爲眞摯精美。例詩中有愛情，親情的情愛流露，眞摯強烈。

十四行詩（Sonnet）譯名爲商籟体。規格有：四四四二・四四三三・六六二等三種。

(二) 印度女詩人奈都夫的「假使你叫我」及評介

1. 詩例

假使你叫我，我將立即到來，
哦，我愛
我將迅疾於森林的駭鹿，
或者驚悸的鳩鴿，
迅疾於眼鏡蛇的飛行，
甘爲吹笛人的鹵獲……
假使你叫我，我將立即到來，
無畏於任何災難。

假使你叫我，我將立即到來，
迅疾於你所期待，
迅疾於電閃的神足，
飛馳著火羽的鞋。
生命的暗潮將衝激乎其間，
或者死亡的深坑要裂開……
假使你叫我，我將立即來到，
無畏於任何徵兆。

2. 評介：莎綠琴・奈都（Sarojini Naidu 1879-1949）：出身於孟加拉省婆羅門（

印度第一階級）望族，父爲尼山大學校長，畢生推行印度科學教育；母親是一位用孟加拉文寫詩的女詩人。莎綠琴自幼就對美術、詩歌、文學及大自然愛好，十一歲開始寫詩，十二歲時她的學力使全印驚奇，獲得印度馬德拉斯大學入學考試及格證。十六歲愛上了一位首陀羅（印度第四階級）的青年醫生奈都，婚事受阻，被送去英國留學。三年後返印，毅然打破數千年階級限制的陋習，和奈都結婚。婚後生活美滿，開始以詩歌寫覺醒後的印度，出版「金閾」、「時之鳥」、「折翼」三冊詩集，蜚聲全印，被譯流傳歐美，躋身爲國際知名的大詩人。有「印度夜鶯」「印度女王」之稱。其後她參加政治，一九一六在國民大會嶄露頭角，當甘地號召全印民衆從事不合作運動時，她自街頭走向農村，把全部心力奉獻給獨立革命。她以流利演說，鼓舞國人，極具力量。一九二五年當選爲國民大會主席，曾遊歷國外，爭取世人對印度的了解與支持，又曾三度被捕入獄，繼泰戈爾擔任國際大學校長。印度獨立後，被任爲聯合省省長，八十歲死於任所，獲得國葬的殊榮。

她是一位偉大的民族詩人，革命家，政治家，婦女運動者，但同時也是一位賢妻良母。她是新印度精神的母親，她的聲望在政治上僅次於甘地，在文學上僅次於泰戈爾。

奈都夫人與泰戈爾不同的是：泰戈爾以古代先哲之姿歌頌自然；而奈都夫人卻是以近代鬥士之姿歌頌覺醒後的印度。泰戈爾表現的重心是他的哲學思想；奈都夫人的重心則爲印度生活，兩者雖同爲東方精神的極致，但因奈都夫人所表現的內涵與現今更爲接近，在她詩作中的感情與生活遂使讀者更感親切。她的詩，覃子豪在「世界名詩欣賞」中分析特點有三：

第一是題材的多樣性，不再限於單純的空靈的幅度，而是以印度的自然，人物廣闊的抒寫，最重要的價值是她寫出了印度的光榮與苦難，以及印度國魂的再甦。第二：她能有綜合性的創造，能將英詩與印度文學的承繼，兩者的優點揉合重鑄。第三：是她的表現方法卓越，善用比喻、暗示、寫任何事物，不僅是形態、色彩、氣氛、更能寫出內在的生命。至於詞句之精鍊，結構之謹嚴，形式之多變，鑄意之深刻猶是餘事。奈都夫人的成就如此豐實，實不愧是僅次於泰翁的偉大名家。

「假使你叫我」一詩，表現戀情之熱烈眞切，以比喻表現心願之果決與迅速，迅如「駭鹿」、「驚悸的鳩鴿」、「眼鏡蛇的飛行」、「電閃的神足」，而且甘心被「鹵獲」，無畏於「死亡」的災難，愛的至誠，表現如此、眞切最能使人感動。這一首詩和另一首「愛的崇拜」。同是奈都夫人情詩的代表作。具有犧牲自我，成全他人的精神，正是印度哲學的精髓。譯者糜文開說：「印度利他主義的犧牲哲學，自釋迦以來直到聖雄甘地，有一個一貫的線索的極則，那就是甘地自傳的最後一句：『把自己化爲零。』惟其把自己化爲零，禁絕了一切的私慾，才能本大慈大悲之心，以大無畏精神來超越衆生，在甘地名之曰『化爲零，』在釋迦名之曰『涅槃』，奈都夫人的戀愛哲學，亦復如是……。」在「愛的崇拜」中表現的正是這種思想。她願像一片脆弱的花葉，讓愛者涅槃，或是生存，或化爲零，都無不可，只餘清芬的芳香，供愛者領受；或如檀木之焚滅，以濃香來表示對愛者的崇拜與讚美。高超的思想精神，藉熱烈豐美的感情表露，藝術價值之所以能啓迪美化人心，例證如此。

(三) **余光中的「鄉愁四韻」**中有強烈的故土家園思念之情。

給我一瓢長江水啊長江水
酒一樣的長江水
醉酒的滋味
是鄉愁的滋味
給我一瓢長江水啊長江水。

給我一張海棠紅啊海棠紅
血一樣的海棠紅
沸血的燒痛
是鄉愁的燒痛
給我一張海棠紅啊海棠紅。

給我一片雪花白啊雪花白
信一樣的雪花白
家信的等待
是鄉愁的等待
給我一片雪花白啊雪花白。

給我一朵蠟梅香啊蠟梅香
母親一樣的蠟梅香
母親的芬芳
是鄉土的芬芳
給我一朵蠟梅香啊蠟梅香。

四、生活體驗：一切文學不能脫離現實，詩文學當不例外。詩是生活的牧歌，詩人應進入社會，去充實生活經歷，在歡樂和苦難中，去體驗人生，在人生經歷中去實現理想，將理想在現實中所發生的情感表現於詩，才能把握人生在現實中的意義。詩人的生活愈充實、範圍愈廣、體驗愈深、則創作動力愈強，作品表現愈有力量和價值，這就是太史公「行萬里路」的意義。例如：

(一)**何其芳「砌蟲」**一首，有豪邁的追憶與現實的無奈、徬徨、生活心情的矛盾，詩意表露深刻。

聽、是冷砌間草在顫抖，
聽、是白露滾在苔上輕碎，
垂老的豪俠子徹夜無眠，
空憶碗邊的骰子聲，
與歌時擊缺的玉唾壺。
是呵！我是南冠的楚囚，
慣作楚吟，一葉落而天下秋，
撐起我的風帆，我的翅，
穿過日光穿過細雨霧，
去煙波間追水鳥底陶醉。
但何處是我浩盪的大江？
浩盪！空想銀河落自天上
不敢開門看滿院的霜月，
更心怯於破曉的雞啼！
一夜的蟲聲使我頭白。

(二)**楊喚的「小樓」**一詩，表生活之黯淡與心情之沉悒：

當風和雨在暗夜裏突然來訪，
這小樓乃一株落盡了葉子的樹，
那憂悒的夢呵！是枚白色的殼，
我呀！就是馱著那白色的殼的蝸牛。
我有一對耽於沉思的眼睛，
樓，有很多扇開向藍天的窗口，
但，陽光的啄木鳥是許久也沒有飛來了
不停地，不停地，我揮動著招引的手。

㈢**周夢蝶在詩作「囚」**中寫命運之坎坷與自囚式的生活：

已離弦的毒怨射去不射回，

幾時纔得逍遙如九天的鴻鵠？

總在夢裏夢見天墜夢見千指與千目網罟般落下來

而泥濘在左，坎坷在右

我，正朝著一口嘶喊的黑井走去……

五、通變：詩材的取得來自生活，同時也來自閱讀。在中外詩文學的領域中，如恒河沙數的詩作，常能引發共鳴，激起詩人創作的衝動，擷取詩材，加入自我，而重新鎔鑄。雖然模擬因襲是不足取的，但文心雕龍中所標舉的「通變」卻是可行。鎔鑄之後，常能創新而與原作比美，甚至化腐而爲神奇。如王勃滕王閣序中的名句：「落霞與孤鶩齊飛，秋水共長天一色」即是採自庾信華林園馬射賦中的「落花與芝蓋齊飛，楊柳共青旗一色」而行的通變。王沂孫在眉嫵中的「最堪憐一曲銀鉤小，寶簾掛秋冷」，是採自秦觀的「寶簾閑掛小銀鉤」而行的通變，紅樓夢中寶釵詠箏：「好風憑借力，送我上青雲」，是由明人詩句：「幾人平地上，看我入青雲」而行的通變。這就是太史公「讀萬卷書」的意義。新詩發展中，通變之跡多有。例如：

㈠**冰心與泰戈爾**：

1.小小的青草，你的步子是小的，但你佔有了你踏過的土地（泰戈爾漂鳥六五）

弱小的草呵！驕傲些吧！只有你普遍地裝點了世界（繁星四八）。

2.孩兒知道各種智慧之辭，雖然在世上很少人能了解那些意思。

這不是無故的，他常不言不語
他唯一的願望是從母親的唇邊來學習母親的說話，這是他爲什麼看來這樣渾噩。
（泰戈爾新月孩兒之歌）

嬰兒，是偉大的詩人，
在不完全的言語中，
吐出最完全的詩句。（繁星七四）

3.小花問：「太陽呵！我要怎樣對你歌唱與崇拜？」
太陽回答：「用你純潔的簡單沉默。」（泰戈爾漂鳥二四七）

牆角的花
你孤芳自賞時
天地便小了。（春水）

(二)**痖弦與何其芳**：

震落了清晨滿披著的露珠
伐木聲丁丁地飄出幽谷
放下飽食過稻香的鐮刀
用背簍來裝竹籬間肥碩的瓜果
秋天，棲息在農家裏。

向江面的冷霧撒下圓圓的網
收起青蝙魚似的烏柏葉的影子
蘆蓬上滿載著白霜
輕輕搖著歸泊的小槳
秋天，遊戲在漁船上。

草野在蟋蟀聲中更遼闊了
溪水因枯涸更見清冽了
牛背上的笛聲何處去了？
那滿流著夏夜香與熱的笛孔！
秋天，夢寐在牧羊女的眼裏。
（何其芳、秋天）

獵角震落了去年的松果
棧道因進香者的驢蹄而低吟
當融雪像紡織女紡車上的銀絲披垂下來
牧羊童在石佛的腳指上磨他的新鐮
春天，呵春天
我在菩提樹下爲一個流浪客餵馬。

礦苗們在石層下喘氣
太陽在森林中點火
當瘴癘婆拐到雞毛店裏兜售她的苦蘋果
生命便從山鼬子的紅眼眶中漏掉
夏天，呵夏天
我在敲一家病人的銹門環。

俚曲嬉戲在村姑們的背簍裏
雁子哭著喊雲兒等等他
當衰老的夕陽掀開金鬍子吮吸林中的柿子
紅葉也大得可以寫滿一首四行詩了
秋天，呵秋天
我在煙雨的小河裏幫一個漁漢撒網。

樵夫的斧子在深谷裏唱著
怯冷的狸花貓躲在荒村老嫗的衣袖間
當北風在煙囪上吹著口哨
穿烏拉的人在冰潭上打陀螺
冬天！呵冬天
我在古寺的裂鐘下同一個乞兒烤火。

（瘂弦，山神）

㈢ 楊喚與綠原

夜是一個賭徒
有無數顆珍珠
和一枚銀幣

有小河在喃喃作夢
有玉蜀黍像寶石放光
有蟲樂在交響……
這樣，也就夠富貴了
讓我喝點露水
沉醉了 醉了
回去睡

明天早上
我將溶解在
聲音的隊伍里（綠原碎琴之五）

蝴蝶和蜜蜂們帶著花朵的蜜糖回來了，
羊隊和牛群告別了田野回家了，
火紅的太陽也滾著火輪子回家了，
當街燈亮起來向村莊道過晚安，
夏天的夜就輕輕地來了。
來了！來了！
從山坡上輕輕地爬下來了。
來了！來了！
從椰子樹梢上輕輕地爬下來。
撒了滿天的珍珠和一枚又大又亮的銀幣。
美麗的夏夜呀！
涼爽的夏夜呀！
小雞和小鴨們關在欄裏睡了。

聽完了老祖母的故事，
小弟弟和小妹妹也闔上眼睛走向夢鄉了。
（小妹妹夢見她變做蝴蝶在大花園裏忽東忽西地飛，小弟弟夢見他變做一條魚在藍色的大海裏游水。）
睡了，都睡了！
朦朧地，山巒靜靜地睡了！
朦朧地，田野靜靜地睡了！
只有窗外瓜架上的南瓜還醒著，
伸長了籐蔓輕輕地往屋頂上爬。
只有綠色小河還醒著，
低聲地歌唱著溜過彎彎的小橋。
只有夜風還醒著，
從竹林裏跑出來，
跟著提燈的螢火蟲，
在美麗的夏夜裏愉快地旅行。
（楊喚夏夜）

(四) 徐志摩與克利斯丁娜（Christina Georgina Rossetti 1830-1894 十九世紀英國女詩人。）

當我死時，親愛的，
不要為我唱悲歌，
不要在我墳上種玫瑰，
也不要龍柏的濃蔭，
青草會長在我的墳頭，
雨和露會給我滋潤，
假如你願意，就記起我，
假如你不願，請把我忘卻。

我將不見雲影，
也不覺雨淋；
我不再聆聽夜鶯，

唱著痛苦的悲哀，
我夢見我穿過曙色，
雨和露會給我滋潤；
那薄光不滅也不明，
或許我記得如煙往事，
或者我把你忘記。（克利斯丁娜輓歌）

我是天空裏的一片雲，
偶爾投影在你的波心——
你不必訝異，
更無須歡喜——
在轉瞬間消滅了蹤影。
你我相逢在黑夜的海上，
你有你的，我有我的方向，
你記得也好，
最好你忘掉，
在這交會時互放的光亮。（徐志摩偶然）

㈤ **聞一多與蒂絲黛兒**（Sara Teasdale 1884-1933 美國女詩人，性極孤僻，情緒多變，又羸弱多病，曾赴歐洲近東遊歷，因懷念祖國返美，返國後又心情不定。詩人林賽愛她而追求，她雖有意接受，又被林賽狂熱作風與怪癖嚇退。三十歲嫁給一位商人，其後又離夫獨居，婚後第十五年去雷諾取得離婚證書，兩年後林賽自殺，益增她的悲痛，健康日劣，又患精神崩潰症，溺死在寓所的浴缸裏。）

忘掉它，像忘掉一朵花，
像忘掉煉過純金的火焰，
忘掉它，永遠，永遠；時間是良友，
他會使我們變成老年。
如果有人問起，就說已忘記，

在很久，很久的往昔，
像一朵花，像一把火，像一隻無聲的腳印，
在早被遺忘的雪裏。（蒂絲黛兒忘掉它）

忘掉她，像一朵忘掉的花！
那朝霞在花瓣上，
那花心的一縷香——
忘掉她，像一朵忘掉的花！

忘掉她，像一朵忘掉的花！
像春風裏一齣夢，
像夢裏的一聲鐘——
忘掉她，像一朵忘掉的花！

忘掉她，像一朵忘掉的花！
聽蟋蟀唱得多好，
看墓草長得多高；
忘掉她，像一朵忘掉的花！

忘掉她，像一朵忘掉的花！
她已經忘記了你，
她什麼都記不起；
忘掉她，像一朵忘掉的花！

忘掉她，像一朵忘掉的花！
年華那朋友眞好，
他明天就教你老；
忘掉她，像一朵忘掉的花！

忘掉她，像一朵忘掉的花！
如果有人要問，
就說沒有那個人；
忘掉她，像一朵忘掉的花！

忘掉她，像一朵忘掉的花！

像春風裏一齣夢，

像夢裏的一聲鐘；

忘掉她，像一朵忘掉的花！

（聞一多忘掉她）

六、創新的精神與獨特風格的建立：依據文學創作的靈魂在「求新」，「求善」。詩人們努力的方向，必須是具有創新的精神。揚棄一切舊有的窠臼，建立起屬於「自我的」「獨特的」風格，創造出顚峰般的作品，具備與神創造天地一般的價值，流傳不朽，供人仰望企慕，滿足讀者，也使自己接近於滿足。

詩作要求「合格」是很容易的，合格之後要求精美，進而建立起屬於「自我的」、「獨特的」風格，（如陶潛從四言詩的仿作中掙扎出來，建立起他田園詩的風貌；陸游突破江西詩的藩籬，建立起他眞切豪放的自我風格），這樣才是一流詩人。但一流詩人的詩作盡管篇篇都是合格以上的精美，都有獨特的、自我的風貌，但並不一定就是藝術的巓峰，巓峰之作可遇而不可求（如王羲之的蘭亭，崔顥的黃鶴樓詩，李清照的聲聲慢），忠於藝術的作家畢生如能有一次巓峰的攀登，價值之確定足能流傳不朽，這是一個方向；是詩人們心嚮往之，全力以赴，必欲獲致的巓峰奇葩。

第三節　創作入門

一、印像，想像與聯想（基本作法）：學習詩創作必經過程，是要練習就印像材料通過想像、聯想發展爲詩作材料。

(一) 關聯之說明

1. **印像**：是已覺知的事物在心中所印的影子，而想像即爲在心眼中所見到的一種印像。如看見一個人，心中便存了這人的形像，這就是「人」的印像，嗣後，即使此人已去天涯海角，但在憶念之中，形像仍能清晰，這就是想像。因爲只是回想已往由自覺得來的印像，並未發生新的創造，故稱爲「再現的想像」。根據從經驗得來的意象，加入新的成份，予以剪裁綜合，便可成爲一種新的「創造的想像。」

2. **想像**：文學寫作，必須具備豐富的想像，作品才能夠生動。想像本是心理學上的術語，是說連絡變化舊觀念以構成新觀念的作用。在文學方面，它的大意是運用平日的觀察，積蓄的經驗，以想像的作用，把由舊經驗得來的影像綜合起來，使之凝成一體。亞力山大在他寫的「詩與個性」內認爲「想像是具有靈魂最深奧的種種情趣，結合現實，使之人間化、人格化，給與光明，而以靈的理解，鼓舞現實。」但是想像與幻想不同，幻想是想像的自由活動，缺少理智的成分，是不近情理，違背自然律的空想，夢境中離奇反常的幻象，就是幻想的一種。

創造的想像，是藉想像的作用，綜合的魔力，自經驗中喚起影像，創造出一種新的東西。文卻斯德對於創造的想像，有這樣的解釋：「從經驗中所得種種要素，自發地選擇它，總括這些而造成新的東西的作用，結合成爲無規律或不合理的東西的時候，那作用就稱爲空想。」

運用創造想像的時候，存在於你腦海中的種種事物，你可以照著你的目標，隨意選擇你所需要的材料，將它藝術地組合成新的形體。如以「露珠」爲粗糙的印像，發展成創造的想像的例子：

朝露如晶瑩的鑽戒，向草葉的纖指定情（白萩詩）

閃動在野草上，隨著微風的拂動，把四周所有的景緻例映在它晶瑩的身上（門偉成詩）又如葉慈（William Buther Yeats 1865-1939 愛爾蘭詩人）的「催夜來臨」（余光中譯）

終身是風雨與奮鬥
她的靈說明驕傲之死
帶給她一件禮物
因而她不能忍受
生命的一般幸福。
她活著像一個帝王

排滿她大婚的日子
以燕尾旗和長旌
以號與羽鼓的震響
與氣燄凌人的禮炮
將時間匆匆地送掉
爲了催黑夜來臨

主題是在讚美愛爾蘭女革命志士，以結婚與盼望黑夜來臨，想像她渴望「死之不朽」。

創造的想像重在寫實，所以有人名之爲自然主義的想像。至於它步驟，可分爲三步：⑴自經驗中喚起影像；⑵選擇作品重心需要的影像；⑶綜合選定的影像，創造新事物的形態。

3. **聯想**：聯想是將相近或相反的事物，能就其相似相反處，從而聯合之，發生同類感情的作用。文卻斯德對於聯想的想像有這樣的解釋：「它是用一種事物、觀念或情緒上類似於此（或相反於此）的心象相聯結的東西。倘使這一種聯想不基於情緒類似的，那便稱爲空想。」

聯想的想像是我們任何人都能具有的，不過有文學修養的人較爲富有這種想像罷了。我們見到白髮皤皤的老人，便不免聯想起留在大陸上的雙親，這是一種類似的聯想。遇到黑暗，就能聯想到光明；杜甫看到「路有凍死骨」，立刻聯想到「朱門酒肉臭」。這是一種相反的聯想。

如以粗糙印像「露珠」發展成創造的聯想的例子：

露珠對湖沼說：「你是蓮葉下的大水滴，我是蓮葉上的小水滴」（泰戈爾詩）

小草有月亮媽媽給她蓋上露珠的被，就是再熱的晚上，她也能安靜地睡了。（楊喚詩）

世界在一顆露珠裏偷偷地流淚。（周夢蝶詩）

聯想每由於相似點或相反點引起。相似點稱爲明喻或暗喻，屬於修辭學範圍。相反點稱爲反比，屬於美學範圍。聯想的想像富於情感，所以有人名之爲浪漫主義的想像。想像是用甲景象（原來的印象）來製造甲景象（修飾創造使原有材料變化精美），是從甲到甲。聯想是用甲景象（原來的印象）與乙景象（另一印象）來比擬對照，是從甲到乙。

㈡例舉分析：詩創作的程序，作者根據粗糙的印象，加入新的成份，予以剪裁綜合，構成創造的想像，再藉此想像去產生聯想，增添枝葉，完成詩作。例如：

1. **童詩「樹」**：

印象：夜、星、樹

想像：夜的黑，顯得天的低，
　　樹的高大把夜空頂住了
　　小星星像是從樹枝上生出來的

聯想：由樹的大聯想樹的古老
　　由樹的高與直聯想樹的孤獨
　　由星從樹枝上生出聯想到樹是星的家
　　由星的眨眼聯想到睡眠，

詩篇的完成：

又老又大的樹，　　站在土坡上，

白天孤獨地站在那裏，
到夜晚就頂著天空，
成了小星星們的家，
星星都在樹枝上睡著了。

2.朱蘊的「雨後」：特點兩項：一是代稱的使用，另一是句法的調整。

印象：雨景。

想像：雨的動態：倒瀉於廊外的如水晶的簾，晶瑩的雨珠如明珠在舞，舞於如玲瓏綠玉盤的一角天地！纖纖的花草、樹木上的雨點如楚楚佳人，又如鮫人的淚。

聯想：佳人之來溢遠近以清芬，（雨後清芬的氣息），服食珍珠可以長生，鮫人之淚的淒美引起同情。

詩篇的完成；

廊外垂著水晶簾
明珠剔透，狂舞
於玲瓏的綠玉盤。
纖纖之上，且有
楚楚佳人，溢
遠近以清芬。
傳聞，服食珍珠可以長生，
遂饕餮，遂暴食，遂狂飲
那些鮫人的淚。

3. **朱蘊的「墳場」**：已自形象的鮮活進展到意境的渾然。

印象：墳場、新墳、水波

想像：以悼念情感之深切想像水波是淚，以死別之悲憤想像己力能阻止死亡。以一土之隔，天人永訣想像到幽冥與人世的迢遙，由新墳想像到墳內的暗寂，墳草未生，仍可自空隙中窺見。

聯想：生死兩岸有舟引渡，但渡向何方？能否如人所欲，所選？人都會死，今日的死者已冷，明日的生者將冷；千載以上，千載以下，這與生俱來的人類先天性的悲劇永不能免。人生，眞如莊周的蝶夢之虛茫。

詩篇的完成：

起伏著的煙波，
盈盈以淚匯成，
夾岸是舟　渡你
　往西方　往伊甸？
往你所欲　往你所選？
以重疊的憤怒，
圍沙洲以千手，

迢迢是尺土的淒冷，
冷今日的你，
明日的我，
　冷千載以下，千載以上！
恍若子夜的寂寂，
小草尚未駐足　窺你，
自每一道空隙，

燈火皆安然睡去，
夢，夢見，
蝶們正翩翩作著夢蝶

二、自小詩型構入手：單純結構的詩例：（抗戰後四川萬縣詩人麗砂的詩作）

你是春天的燈
在綠野上照明了
一條走向花林的路徑（蝶）

你錐破了完美的地殼
給大地加添著創洞
然後是疲倦了睡在粉碎的泥土下
而咒恨著粗暴的草根戮傷了你的夢。（蚯蚓）

僅是一個複句，分列數行，幾個小點構成一大點，大點即是頂點，表現一個明顯的意象，使讀者自然獲得對主題的認識。

三、自主從兩段對比方法入手：如美國詩人 F.W.Bonrdillon 所作的「夜有千萬隻眼」（童鍾晉譯）

夜有千萬隻眼，
白天祇有一個；
當太陽死去時
世界的光亮也將熄滅。

心思千萬遍，
而心祇有一顆，
當我完成時，
生命的光彩也將隱退。

這首詩的一、二兩段分別爲兩個頂點，前段爲從，後段爲主，主題雖是一個，但兩段各有其獨立的內容，在平行發展中有其一致性，兩段對比相較，更能發揮詩作的主題，有相互輝映之妙。

四、創作程序

(一)、主題的先決。

(二)、題材的採取：印象。

(三)、想像、聯想的運作、感情，生活體驗，通變的作用。

(四)、句法排列。

(五)、修飾完篇。

第四節　創作表現之研究

一、格律：格律的解釋並不是指詩作形式上的一些範限（如人爲的韻腳的整齊），而是一種不受限制，而又方便於表現的方法，產生於大天才之手（妙手偶得之）漸被承認、肯定而使用。王國維說：「蓋文體通行既久，染指遂多，自成習套，豪傑之士亦難於其中自出新意，故遁而作他體，以自解脫，一切文體之始盛終衰由於此。」由此我們可以分析出下列三項原則：

(一)**不全性與優缺互見的一体兩面**：因爲世上沒有絕對的完善，所以任何風格都必有其缺點，而且時常優、缺點是並存的一體之兩面，（以唐詩言，李白的浪漫詩有光輝活潑的優點。同時也有與現實人生脫節的缺失）任何文體、風格從醞釀成長，發展到極監之後會日漸衰退，這就是文學生物性的原則。

㈡**反動律**：任何一個新興的風格都是前一風格的反動，新風格是以他的優點來改進前一風格的缺失，並取代它主流的地位。（如杜甫、元白以寫實的社會文學風格取代李白個人的，浪漫文學）。而新風格本身正也有著先天性的缺點，極盛之後一樣地會沒落而被別種風格取代（如元白詩風的平淺未能具備藝術深度，其後被李商隱唯美深奧的詩風取代）。

㈢**循環律**：時代給人的感覺常是新舊不調和的（舊的已不合時代，新的尚未建立）正因爲如此，不斷的盛衰遞嬗促成了不斷的進展。有些時候遞嬗的過程甚至是循環性的；從古典到浪漫，寫實、唯美、又再回歸到古典、浪漫……。其中還有兩項不變的原則，一是風格的改變，常因時代的特性而異（如戰爭時或戰爭後風行的常是寫實），另一是回歸的風格雖然承繼著舊有的精神，但在內涵與形式的表現上一定都能有創新。

基於上述三大原則，在文體風格遞嬗進展的歷史中，許多特殊精美甚至具備巔峰價值的佳篇產生於大天才，一流詩人之手，所具的價値就是他們獨特的、突破性的，妙手偶得的新方法。在當代，成爲人所遵循之途，成爲規格；即使到後世，他們所留下的方式規格價值影響仍然不減，新時代的作家們仍可藉通變原理去擷取精華，而以更新的風貌表現。

在對「格律」的錯誤觀念糾正了之後，可知「優秀作家的特殊風格」就是格律，對學習者言，不受限制而又能有助於表現，若是摒棄實在可惜。新詩的創作進展，必應有理想的格律，不能不要格律，但應擺脫舊窠臼建立新格律，這就是關於格律合理的結論。

例如聞一多的「也許」，以韻律與句法的特殊表悼念亡女的眞情：

也許你眞是哭得太累，
也許，也許你要睡一睡，
那麼叫蒼鷺不要咳嗽，
蛙不要號，蝙蝠不要飛。

不許陽光攢你的眼簾，
不許清風刷上你的眉，
無論誰都不許驚醒你，
我吩咐山靈保護你睡。

也許你聽著蚯蚓翻泥，
聽那細草的根兒吸水，
也許你聽這般的音樂，
比那咒罵的人聲更美。

那麼你先把眼皮閉緊，
我就讓你睡，我讓你睡，
我把黃土輕輕蓋著你，
我化紙錢兒緩緩地飛。

詩作中的「也許／也許，也許」，「我就讓你睡／我讓你睡」。不同於頂眞，也不是一般的重複，而是一種特殊的加強手法，影響到新月後進何其芳的詩作「預言」表現：「請停下，停下你長途的奔波。」「再給你，再給你手的溫存，」「消失了，消失了你驕傲的足音。」

二、音樂性：詩作不是一定要有音樂性，但有音樂感的作品容易引起共鳴（自經營音樂性入手較有依靠）音樂性可同時錘鍊感情。音樂性是指文字本身所形成的節奏，並非尾韻之固定，是節奏表現情緒之變化，傳達意象自然給人以聽覺美感的享受。文字的作用已超出平面，進展到能提供讀者以各種感官感覺的立體層次。在舊韻文中早已具有成績，如南宋楊萬里的詩：「坐聽一篙珠玉碎，不知湖面已成冰」就是一種音樂感受。新詩例如：

(一) **俞平伯的「冬夜」**

疏疏的星
疏疏的林
疏林外
幾盞疏疏的燈。
燈火漸漸的稀少

送來月色的皎皎
眼光也微微的倦了。
歲已將晚
月已將圓
人已將去此。

以重疊的「疏疏」造成韻律的諧和與詩的意象，疏的星、林、燈、月勾劃視界；而全詩的五個疊詞，自然造成了詩的音樂性。旋律不是高昂，而是輕淡，將一份落寞之感傳達給讀者。

(二) **朱湘在「有懷」**一詩的末段寫：

寂寥的街巷內

王侯大第的牆陰

噹的一聲竹筒響
是賣元宵的老人。

直寫「噹的一聲」的竹筒，予人以鮮明的音響效應，也使得詩作顯示出活潑的動態。

㈢余光中的「搖搖民謠」

輕輕地搖吧溫柔的手
民謠的手啊輕輕地搖
輕輕地搖吧溫柔的手
搖籃搖籃你輕輕地搖
炊煙炊煙你輕輕地吹
黃昏黃昏你彎下腰
你彎下腰來輕輕地搖
你一面搖
我一面擺
溫柔的手啊你一面搖

慢慢地搖吧催眠的手
民謠的手啊慢慢地搖
慢慢地搖吧催眠的手
搖籃搖籃你慢慢地搖
織女織女你慢慢地飛
黑夜黑夜你低低地垂
你垂下髮來慢慢地搖
你一面搖
我一面擺
催眠的手啊你一面搖
狠狠地搖吧健美的手
民謠的手啊狠狠地搖
狠狠地搖吧健美的手
搖籃搖籃你狠狠地搖
太陽太陽你亮亮地敲
黎明黎明你伸直腰
你伸直腰來狠狠地搖

你一面搖　　　　健美的手啊你一面搖：

我一面醒

三、**視覺美**：散文在音樂性、視覺美兩方面較詩歌爲低，詩應充具自然之美感，故表現較散文小說更難，必須精鍊。詩是存在於時間的聲象，是動的，畫是存在於空白的色彩，是靜的，冷的，兩者媒介不同，但畫以描述，詩以敘述，兩者仍可綜合。眞正大藝術家可以克服媒介之不同而在詩中表現抽象之視覺美。如舊韻文「詩中有畫，畫中有詩」的層次：

「今宵酒醒何處，楊柳岸曉風殘月」（柳永、雨霖鈴，語悲而景麗，表現的是一種迷離恍惚的視覺美）。

「斜陽冉冉春無極」（周邦彥、蘭陵王，語悲而景明，以破格手法表現視覺美感。）

「離恨恰如春草，更行更遠還生」（李煜清平樂視覺的延展）

設計最佳的是一闋「菩薩蠻」（據說是李白所作，但不可靠）以類似電影近、遠鏡頭推動的手法予人以視覺感。

「平林漠漠煙如織，寒山一帶傷心碧，暝色入高樓，有人樓上愁」（上半闋由遠而近，由遠景至近景特寫）。

「玉階空佇立，宿鳥歸飛急，何處是歸程，長亭連短亭」（下半闋由近而遠，由近景至遠景的淡出）。

新詩的例如：

㈠**泰戈爾的散文詩**：常以極細緻的形容與層疊句來增強詩作的視覺之美

睡眠撲翅飛息在孩兒的眼睛上——是否有人知道睡眠來自何處？是的，有一個傳聞說：睡眠居住在森林濃蔭中的神仙莊。那裏，螢火蟲放著朦朧的微光；那裏，懸垂著兩個迷人的羞澀花蕾。睡眠就從那裏飛來吻著孩兒的眼睛。

微笑閃動在孩兒的嘴唇上，當他睡眠的時候——是否有人知道這微笑誕生何處？是的，有的，有個傳聞說，一彎新月的初生之淡光碰觸著消散的秋雲之邊緣，那裏，微笑最初出生於一個露洗清晨的夢中——微笑閃動在孩兒的嘴唇上，當他睡眠的時候。

芬芳柔嫩的新鮮開放在孩兒的四肢上——是否有人知道這早先藏匿在何處？是的，當母親還是一個少女，它便充滿在她的心裏，在愛的關注與靜穆之神祕中——這芬芳柔嫩的新鮮氣已在孩兒的四肢上開放。

㈡**林亨泰在「風景 No.2 」**一詩中寫

防風林　的
外邊　還有
防風林　的
外邊　還有
防風林　的
外邊　還有
然而海　以及波的羅列

然而海　以及波的羅列

以重複的防風林與海波的羅列，構成視覺形象，顯示一排排的防風林與一層層的海浪的捲湧。

四、意象：意象一詞解說甚多。簡言之，意象就是詩作「形象」和「意境」的省稱。詩的高度表現要求的目的是要有「鮮活」的「形象」（外在形式），「渾然」的「意境」（內在，含蘊）。

㈠**形象**：詩的形象，是要求詩人能更具體的把握事物的外形與本質，通過形象去解說世界，詩人理解世界的深度愈為明確；詩人表現的形象愈明確，其理解世界的深度也愈深。所以詩的寫作，應儘量避免抽象化，概念化，而力求其具體化，形象化。

印象是形象的酵母，作者應有豐富的印象儲藏，將印象予以選擇、陶冶，加上作者的個性，情感、想像、鎔鑄昇華，而成為比粗糙而無意味的印象更精美，生動的形象。

如「你在母親懷中睡眠時天空守著你，而清晨小心翼翼地到你床邊來吻你的眼睛」（泰戈爾新月孩兒之歌）印象是孩子夜晚的睡眠與清晨的醒覺，加上了作者情感與想像的處理後，成為生動的形象化的詩句。創造形象的方式如：

1.以比喻創造形象：以物喻人，以物喻物，或用擬人手法，目的在求寫出事物外在的形狀，使其形態，特色顯明，給讀者以具體而生動的印象；同時也在求寫出事物內在的生命，刻劃出性格，精神，給讀者以眞實的感覺。

如「讓生時麗似夏花，死時美如秋葉」（泰戈爾漂鳥八，二），以夏花之燦爛喻生命之絢爛，以秋葉之靜美喻死後之平靜。

2.以形容創造形象：以形容或動作表現形象，如印人奈都夫人詩「那裏有一叢寇拉香看守瞌睡的松鼠。」「看守」動詞使植物矗立姿態形象化。「瞌睡的」形容詞使松鼠的姿態形象化。

詩作形象鮮活的例子如：

1.奈都夫人的「科羅曼德的漁夫」

起來，兄弟們，起來，蒼天醒來向晨光禱告，
像嬰兒整夜哭喊的風已睡著在黎明的懷抱，
來啊，讓我們從海岸上聚集我們的網，放出我們自由的漁艇，
去擒捉在潮頭跳躍的財富，因爲我們是大海的子孫。

勿再遲延，讓我們趕快跨上海鷗啼過的行程，
海是我們的母親，雲是我們的兄弟，浪是我們的女人。
當日落時，即使我們還在飄蕩，在神驅使之下，又有什麼關係？
他的手握著那風暴的長髮，我們的生命可隱蔽在他的懷抱裏。

芬芳是椰樹坪的蔭影和芒果樹的氣息，
芬芳是滿月籠罩的沙灘所生悅耳的的音節。
但是更芬芳的，哦，兄弟們！卻是那四散的浪在接吻，和狂歌的白沫在舞蹈，
划啊，兄弟們，划向那綠的一層，那裏大海和低天正在擁抱。

「像嬰兒整夜哭喊的風」將風擬人化，以「在潮頭跳躍的財富」代表魚群，以「海鷗啼過的行程」寫「海」。「他的手握著那風暴的長髮」意指風暴是可以用堅強意志來克服的，「長髮」象微風暴之力，「握」表現漁夫們克服自然的雄力。都是極富形象的句子。第三段寫海的美，前三行不僅是形象化的詩句，而且充具魅力，誘惑漁夫們懷著奇異希望划向那「綠的一層」。「那裏大海和低天正在擁抱」寫海天一色，形象極爲鮮活。

2. **覃子豪在他詩作「向日葵」裏寫：**

以青銅的鎧甲，黃金的劍戟
刺退層層包圍的黑夜
芭蕉在風裏招展綠色的大旗
牽牛花吹起藍色的喇叭，野百合搖響銀鈴。
慶祝你的勝利，迎來晨曦。

以「青銅的鎧甲」寫枝葉，「黃金的劍戟」寫花瓣，而對芭蕉、牽牛、野百合的狀物，

形象化的詩句中分出色。

3. 翔翎的「春訊」

驚蟄過後
突然推窗
突然把耳張向天井；
　　　　風
張眼
　　　　蛇
張眼
　　　　小草
張眼
索索地不再寂寞。

燕歸是春
花朝是春
偶而落雨是春
一個玩河小孩的面頰是春。

一天晚上
寒氣盡去
那株柳在短牆邊迅速抽芽
把自己站成一個春。

三個「張眼」的提升，表現了風、蛇、草的動態。第二段連續四句，非常緊湊，尤以「一個玩河小孩的面頰是春」一句最爲傳神。是由古典層纍句法變化而來。如北宋賀鑄的青玉案：「試問閑愁都幾許：一川煙草，滿城飛絮，梅子黃時雨。」結尾兩句，展示新柳形態，迅捷有力，全詩予人以春的視覺感受，洋溢著一種蓬勃的朝氣，形象的設計極爲鮮活。

㈡**意境**：有詩的形象，還不一定能具備詩的意境。詩作之能具備意境，在讀其詩，如見其人，如臨其境，並可感覺出作者的性格，特徵，理想，及在事物的敘述後所含蘊的嚴肅深刻的意義。不僅能感染讀者，更進一步能影響讀者，具備一種與我同行召喚的力量，使讀者能生敬慕嚮往之情。舊韻文中，如文天祥的詩「願持寸心丹，寫入青琅玕……會有撫卷人，孤燈起長歎」如今在千餘年後，孤燈之下讀他的詩作，眞能想見其人人格、正氣，嗟歎之餘，是能產生感染影響，進而有一股想要承繼效法的激動。新詩具有深刻意境的例如：奈都夫人的「抗命歌」。

爲什麼用枉然的衝突來煩擾我？
哦！愚蠢的命運，你憑什麼要和我爭勝？
你尖刻的嫉妒豈能把我粉碎？
你詭譎的毒恨豈能把我屠宰？
你儘管用你苛刻的愚行來追逐，
我不會伸出懇求的手向你哀哭。
或者你將在苦味的怨恨中破裂，
我奮勇眼睛的燦爛帝國……

說，你能搶去我親愛的記憶之領土嗎？
在日光的山和星座的天之上。
在我持久乳寶庫中我保有
他們無盡的黃金的光輝不朽。

你可以霸佔我聽覺的疆域，
但我無損的靈魂豈肯停止諦聽？
那花谷的婚禮之笑語，
那過去年代的美麗歌顏，
戰爭暴風雨和無敵之海的
鏗鏘詩篇和洶湧的樂聲。

是的，你可以把我嘴巴打成抽搐的靜默，
從我唇上摘去發音的能力……，
但，我的心豈能減少牠熟悉的語言，
當大地能給她遊翔之鳥以巢穴？
我激憤的心豈能忘卻歌唱，

用春的一萬種聲響。

是的，你可以用突擊的苦楚來征服我的血，
用逼迫的痛苦枷鎖我的雙膝……
你將怎樣挫折我自由遠遊的幻想，
他騎在雨的翼上？
你將怎樣繫縛我得勝的心意，
他是風的匹敵和無畏的伴侶？

雖然你否認我存在的希望，
洩漏我的愛，毀滅我最甜蜜的夢，
我仍要消滅我個人的悲哀，
在大眾歡快的深泉之中……
哦！命運，你徒然企圖來制勝，
我脆弱的但又沉著不屈的靈魂。

此詩被稱爲奈都夫人的代表作，詩中表現了她戰鬥人生觀，不向命運低頭。她以奇妙的比喻來寫命運之殘酷，以及她不屈不撓的抵抗，詩句強力，節奏響亮，人生意義的啓示最具價值。

(三) 意像之創造：

創造形象和意境：形象是經過作者想像力所陶冶的印象的再現，是部份的，意境是經過作者想像力所再造的全體的、完全的印象的再現，是全體的。作者創作，貴在能創造形象，進而使詩作的氣氛，情調，境界渾然而具備一種特色，或高遠，或深邃，或神秘……構成意境，引領讀者，進入意境而忘我。

形象與意境的創造均來自印象，作者自必先行從充實的生活與深刻的體驗，觀察中去儲備印象，局部的印象是創造形象的材料，全體的印象是創造意境的材料。印象之成爲形象或意境，當須經過以下三個階段。

第一階段：初步攝入的印象，無論是有意或是無心所得，都還不能斷定是否有用。先要經過時間的考驗，如果一種印象，存在長久清晰，影響思想情緒，才能斷定其有用。

第二階段：淨化印象，有價值的印象，在經過作者無數次認可重視與冷落摒棄之後，終於澄清，呈現光彩，具備可成爲形象或意境的價值。

第三階段：印象的集中凝固，形成詩的內容，所要表現的焦點明顯，完整的畫面先已在作者心目中構成，作者置身於這畫面構想之中，漸漸構築成完美的意境，意境形成後，再琢鍊每一片瓦石，那就是由印象而成的形象，務使精美，最後才能築成玲瓏完善的藝術精品。

意象之創造更可使用前述的通變原則，自舊文學中去提煉，如吳望堯的詩句：

乃有我銅山之崩裂了

你心上的洛鐘也響著嗎？

自古典傳統中借來銅山洛鐘的意象，而賦以更新的意義，藉以表示情感的波動。再如瘂弦的詩句：

乞丐在廊下，星星在天外

菊在窗口，劍在古代

調和好幾個意象予以重組，表露一個更新後的意象，手法正與元曲天淨沙的「枯籐、老樹、昏鴉、小橋、流水、平沙、夕陽西下、斷腸人在天涯」類似。

意象表現成功的詩例如美國詩人桑德堡（Corl Sandburg）的小詩「霧」

霧來了，
以小貓的腳步。

蹲視著，
港口和城市，
無聲的拱起腰部，
又走開了。

這一首小詩，單純已極，但卻是一首意象極爲完整的好詩，不是一個片斷。「拱腰」將霧的動態形象化，表現恰到好處，予人以具象和深邃的意味；有著渾然一體的生命，是一個全然的存在。

五、結構：詩歌表現的基本，結構必須嚴密緊湊，形式創新，才能符合濃縮，堅實，明朗的要求。作者必須努力於辨別字義，熟悉詞性，使用新穎句法，斟酌意節，創造新的形式。現在分別就詞彙、詩句、分行分段，節奏、餘味各項依序例舉說明：

(一)詞彙的使用：

1. **求新**：「求新」是第一要件。新時代的作者，自應選擇新的詞彙以表現思想情感，如惠特曼（W Whitman 1819-1892 美國現代詩人）在「自我之歌」第二十八節中所寫：

　　這就是切磋琢磨，面對著這新鮮的景象我不禁顫抖，熱力和電力在我血管裏奔流，奔騰的力量在衝擊我，
　　我電子的血肉輻射火花，轟擊血內的軀體，
　　……

以「電力」「電子」「輻射」「熱力」等新詞表現生理上的熱情的激動，新鮮生動，特色顯具。

2. **準確性**：是第二要件，詞彙使用，除新穎之外，還須準確。作者應致力辨別詞義，斟酌其輕重，研究其性能效果，形容詞及動詞尤須把握，以收「恰到好處」的表現目的。如英國詩人丁尼生（Alfred Teunyson 1809-1892）的詩作「鷹」因爲用字準確，所以力量充足。我們可將詩中詞彙之準確處以「　」號勾出來欣賞。

　　它「緊緊地」用「鉤」爪「抓著」岩崖。
　　在「荒曠的」大地與天爲鄰。

四面「圍繞」著碧空，它「屹立」不動。
那浩淼的大海在它下面「爬行」。
它「雄據」山岩上俯瞰大千。
「猛然間它衝下來」，像「一聲雷霆」。

再如奈都夫人的「印度戀歌」寫情愛感受所用的詞彙

「像一條蛇」「游向」「笛聲的呼喚」，
我的心「滑入」「你的掌中」，哦！我愛！

依戀眞切之情，刻劃入微，就這兩句中詞彙的準確，已是足夠表現一位戀愛中少女的感情了。

3. **豐富**：是詞彙使用的第三要件，詞彙使用之貧乏，將使詩作枯燥，平凡。雖然有時詞彙的重疊的使用可以造成特殊氣勢（如黃鶴樓詩）但多數情形下重複將表現累贅平凡，豐富詞彙的使用足使詩作色彩明朗，音樂性的變化趨多。例如前舉朱蘊「雨後」一詩，作者以水晶簾，明珠，佳人，鮫人之淚等等，代替詩中主詞「雨」。以詞彙的變化，增添詩作之生動優美。再如奈都夫人的詩例：

眞理的靈魂是唱歌的鳥，
愛情的靈魂是赤熱的星，
和平的靈魂是潺緩的溪，流貫那睡鄉裏的魔術之林（夢之歡）
輕蝶們的光亮的雨陣
嗡嗡地蜜蜂們的柔雲（再見）

前例中以三種不同的「靈魂」的區分表現豐富，後例以雨陣寫輕蝶，以柔雲寫蜜蜂，都是形容數量之多，揚棄舊有的習慣，改以精巧的設計，可見她想像詞彙的豐富。

(二) **詩句的構造**：

詩句構造：詩句如無詩的本質，即將成爲分行的散文。詩句除了應具詩質以外，更必須擺脫窠臼，不因襲舊有的句法，而以創新的手法表現。詩是經驗的藝術化的表現。而不是日常會話的達意。理想的新詩的句子，應是以白話爲骨幹，以適度的歐化，及文言句法變化的新的綜合語言。如楊喚風景集中詩的噴泉寫夏季：

白熱，白熱，先驅者的召喚的聲音
下降，下降，捧血者的愛情的重量
當鳳凰正飛進那熊熊的烈火
爲什麼，我還要睡在十字架的綠蔭裏乘涼？

創造詩句必應具備的三項要件是：

1. **精鍊**。冗繁祇是文學的浪費，詩文學是精鍊的語言，必須儘力省略，以最少的文字，收最大的效果，要求準確，富有彈性，且具靈思。例如

晚鐘
是遊客下山的小路
羊齒植物

沿著白色的石階
一路嚼了下去（洛夫：金龍禪寺）

如果改寫爲：

晚鐘響了
是遊客們下山的時間到了
他們
沿著蔓生羊齒植物的小路
一路走下山去。

冗瑣將使詩作平凡，毫無想像，也毫無情趣。又如余光中在「香杉棺」一詩中所寫：

必焉待黃河澄清，老人星升起
必焉渡臺灣海峽
始有鼾聲自兩岸揚起

「必焉」是文言用詞，曾有人批評說不應在新詩中出現，但若是改寫爲：

一定要等到黃河澄清，老人星升起來
一定要等到反攻大陸以後
才會有鼾聲從兩岸揚起來。

既鬆且俗的句子，平直無味，哪能算是詩的句子？在精鍊的原則下，文言詞彙，句法的使用，祇要不是艱深，而能爲讀者所了解接受的，都應是可用當行的。現代詩新銳之一的陳義芝，曾嘗試捨棄一些慣用的的連接，暗示，形容，改以最迅捷簡潔的詩句表現，詩作特別精鍊，例如他的：

階前
落雁與棗桃競相叫賣
朔風穿堂而過

憐（蓮）
萬點星光一齊漲潮
當眼瞳盛滿桂香的包袱又鬆結

愀然一夜
妻的髮已爆滿梨花（離）

夜在千種引頸的風姿裏
只揉出一聲低呼的

怦然
白菊花迎面
遮上一大把哀
慟（謁慈湖）

2. **生動**：創造性的詩句最需生動，靈活地運用動詞，甚或其他詞性的詞，求多種的變化，使能夭矯飛揚。如惠特曼「自我之歌」第三十一節：我們可將使用得生動的詞彙以「」號表示出來加以欣賞。

我就是「舒徐開展」的黑夜飛天，夜使我一半「留連」，我，卻朝壯闊的大地海洋呼喚，「柔柔低垂」的夜呵。

「收容我」——「沉醉我」——「滋潤我」的夜呵！「包涵我」！

薰風拂面的夜——點綴了亮晶晶的星星的夜，微微「泛起」而又「飄墜」的夜，「情不自禁」「出現色相」的夜。

又如洛夫的「曉之外」

猛力推開昨夜

我推開滿身的癢
雙臂高舉，任體溫透過十指直衝屋頂
而化爲一聲男性的爆響

掀開窗帘，晨色湧進如酒
太陽向壁鐘猛撲而去
一口咬住我們家的六點半

以誇張，幽默的手法使動作形象鮮活，詩句極爲生動。

3. **特色**：詩句的創造必需具備特色，在樸素、繁複、簡潔、瑰雲、陽剛、陰柔……各種風貌中至少要能具備一種。有關詩作各種風貌例舉，在本章第六節介紹。

(三) **詩的分行與分段**：分行的原則，要依合理的排法，凡是沒有附屬句的獨立句應排一行，如獨立句太長，可在其適當的停頓之處，另排一行，以求句子之間的均衡美。西洋詩有將獨立句排成多行之故，是因爲西洋文字爲複音字，一個字常有幾個音節，爲調劑音節故將獨立句分行。中國文字具備「單音」特點，一字一音，不需作此調整，單句不必分行而分行，形成短促，即易缺少深沉，舒緩的情味了，而過長的複句如不在語氣停頓處分行，太長了又易失去詩句均衡之美。

當然如因詩作特殊需要會有例外，如辛愷的「原野哦」中的長句：

你就是我舉臂所及的那空氣中佈施著野性的芬芳的原野麼？
你就是日日作我的衣夜夜作我的被衾的那披沐著許多生靈撫孕著許多生靈的原野麼？

分段的目的在使詩的內容表現有程序，在使整個內容的各個要點顯示出來，同時要使這些要點表現出和整個內容的關係，所以，詩作中的一段即是一個要點的表示。分段是隨著內容要點而定的，不必作硬性整齊的劃分。

詩的分行切忌拘泥於一般習慣，應就詩句本身作靈活的調整，以求生動，如前例朱蘊「雨後」的第一、二段：

廊外垂著水晶簾　　纖纖之上，且有
明珠剔透，狂舞　　楚楚佳人，溢
於玲瓏的綠玉盤。　遠近以清芬。

如果拘泥習慣，不予靈活調整，專以完整的舊式句法表現，那就會成爲：

廊外垂著水晶簾
明珠剔透
狂舞於玲瓏的綠玉盤
纖纖之上
且有楚楚佳人

溢遠近以清芬

由於句法的呆板，即使有清新意境也不能生動表現。可見靈活調整的重要，作者須依詩作、用慧心來處理。

詩的結構著重在點的分佈，一句代表內容的一小點，一段代表內容一大點，全詩爲各點的集合，代表內容的總點，各小點之間的聯繫是以省略的手法構成的小距離。大點聯繫小點而成樞紐，省略的手法又在段與段之間構成較大的距離。最後總點連接各大點，構成頂點，由此頂點去表現詩作的特徵，呈現光彩，使讀者能感覺出、看出詩作之優美。

以下舉一個複雜結構的詩例——楊喚的「童話裏的王國」：

小弟弟騎著白馬去了，
小弟弟騎著白馬到童話的王國裏去了，
媽媽留不住他，
爸爸也留不住他，
就是小弟弟最愛聽的故事，
和最喜歡的小喇叭，
也留不住他。

啄木鳥知道了
很早很早地就給小弟弟
把金銀城的兩扇門敲開啦，
老鼠國王知道了，
很早很早地就穿上新的大禮服，
啊！熱鬧的日子，
高興的日子，
美麗的老鼠公主出嫁的日子呀。
（晴藍的天也藍得亮晶晶的，
藍得不能再藍啦！）

太陽先生扶著金手杖，
來參加這老鼠國王嫁女的婚禮來了。
風婆婆搖著扇兒，
也匆匆忙忙地趕來了。
——好多的客人哪！
祇有小弟弟一個人，
騎著美麗的小白馬。
美麗的公主羞紅臉請客人們吃酒了。
美麗的公主羞紅著臉伴著客人跳舞了。
客人們高興得要瘋啦。
老鼠國王臉笑得要開花啦。
（眞的，這幸福的王國開遍了幸福的花）

醉了的客人們獻給公主的是——
一頂用雲彩編結的王冠。
太陽先生是個聰明的老紳士，
就用一串串的星星做贈禮，
——珍珠似的星星好鑲在那頂王冠上
呀。
風婆婆送公主一把蜂蜜做的梳子。
——好梳公主那烏黑的長頭髮呀。
小弟弟送什麼好呢？
小弟弟送她一個洋娃娃吧！

兩隻年青的小白兔抬著一頂紅紗轎，
一隊紡織娘的吹鼓手，
一隊螞蟻的小旗兵，
走遠了，走遠了！
老鼠公主從金銀城嫁到百花城去了
聽說公主的女婿，
是一隻漂亮體面的紅冠大公雞。
夜好靜好深呀！
客人們都醉得不能走路了。
小弟弟的眼睛小得只剩一道縫了。

小弟弟要睡了。

小弟弟呀！小弟弟呀！
媽媽和爸爸在叫你哪！
小弟弟！小弟弟呀！
你的大喇叭急得要哭啦！

小弟弟快回去吧！

你若是害怕走夜路，
螢火蟲會提著燈籠送你回家。
把好心的風婆婆送給你的糖果，
留給小妹妹吃！
把老鼠國王送給你的搖籃，
留給小妹妹睡：
太陽先生送給你的那顆小小的希望星，
就送給最愛你的小戀人吧！

內容是表現童話中的王國與家的溫暖，是主題，也是頂點。頂點之下有七個大點，第一個大點（第一段）寫出門，表明三小點（騎著馬去，去童話王國，家人，故事，喇叭留他不住）。第二個大點（第二段）寫到達處的熱鬧，表明四點（啄木鳥迎賓，國王迎賓，熱鬧的原因，藍天的助興）。第三個大點（第三段）寫來賓與盛況，表明二小點（太陽、風、小弟弟之來各有千秋。公主敬酒跳舞，客人，國王，王國的歡樂盛況）。第四個大點（第四段）寫贈禮，表明四個小點（客人、太陽、風、小弟弟的贈禮）第五個大點（第五段）寫出嫁，包括四小點（儀仗，嫁處，嫁的對象，盛宴完畢後的醉與眠）。第六個大點（第六段）寫家人的掛念，包括二小點（父母的掛念，喇叭的焦急）。第七個大點（第七段）寫歸程的想像，包括二小點（走夜路的情形，贈禮的安排）。

六、節奏：大自然是律動的而循環（如四季，晝夜……）人類生活在自然中起居運作，理應規律。而文學是人爲的，也應符合人的慣性而具備規律，所以韻律特性是爲詩創作必應具備的條件。詩的音樂性分內在和外在，內在的是節奏。是自然的，外在的是韻律，是人爲的。節奏隨著新語言的產生，也隨著新語言的變化而變化，語言的發展隨著時代的進展而豐富，節奏因此而更多變化，發展無限，變化無限，詩人使用的語言愈豐富新鮮，節奏即能愈生動而富有變化。

外在的，人爲的韻律，矯飾而保守，因爲屬於自然節奏的語言取之不盡用之不竭，而屬於人爲韻律的語言卻是有限，所以節奏可求豐富，韻律日見狹隘，勉強應用，重複之餘，失去了生動新鮮，流於陳腐濫調，非僅無助於詩作，反而損害了詩作的優美。

一切文學作品，均以內容充實，生動爲要求，文學內容本身無形中即已具備著創造性，詩文學尤其特別注重創造的價值。爲要表現這種有創造價值的內容，就必需尋求最能適合表現此種內容的新方法，新工具，音樂性當然是表現方法工具的一部份，必須符合於此多變化的條件，才能有助於詩的表現。鑒於此，今日的詩創作不求外形人爲的韻律，而強調內在自然的奏，其理甚明。

節奏是指詩的詞彙，句法的輕重、高低、抑揚、頓挫的音節。與隱藏在詩作中情緒的旋律，和一種只能感覺而不能看到的韻味。音節有高低、輕重、抑揚、頓挫之分，而旋律和韻味，就有舒緩，快速，低沉，昂揚之別，創造音節，重在詞彙的選用與句法的變化，創造旋律與韻味，重在詩作中情緒的發展。

使用精鍊的語言，在構造詩句時安排均衡的音節，如呼吸一般自然，如果詩句在默唸或朗誦時，有礙呼吸的感覺，那就是音節不均衡，詩句生澀，繁冗，影響而成節奏的障礙。節奏產生旋律與韻味，短詩中祇有韻味（如舒緩低沉或恬和柔美）長詩中則能兼有旋律與韻味，因爲旋律最能表現情緒的起伏與變化。

現在舉一首節奏諧和的小詩爲例：

「兄弟」！「不要再流浪了」！「不要再流浪」
「臉色已如此之憔悴」「像一片」，「秋天的落葉」
「那間」「童年的小屋」「你一定還能記起」
「屋前的榕樹」「也已亭亭如蓋了呵」！「兄弟」（陳勤、歸）

「」號代表音節的劃分，一共四行，每行三個音節（當然還可再分得細一些，使音節多一些），因爲音節大致上差不多，所以在欣賞時能有諧和之感。

七、**想像空間**：就是詩作的「餘味」。古典韻文中最講究的是「有餘不盡」詩人詩作必須把想像空間提供給讀者，讓讀者在詩作中去騁馳想像，使讀者在欣賞詩作時能有一種「參與感」。對於通過想像之後的獲得，讀者們會都很珍惜的，這就是詩作之所以能供人雋永吟味之故，也是基於人類共性的種需要。若是詩人在詩作中，把要表現的一切都說完了，讀者再也不必想像，也無法想像，那還會有什麼興味？

古典韻文之例如「樓高莫近危欄倚，平蕪盡處是春山，行人更在春山外」（歐陽修踏莎行）「離愁漸遠漸無窮，迢迢不斷如春水」（歐陽修踏莎行）

如帝俄詩人普希金（Alesander sergeevich pusgkin 1799-1837）的「最後一次」。

最後一次了，我柔情的朋友，
我來到你的居室中。
讓我們享受這臨別一刻的
無憂的，歡樂的愛情。
以後，獨自懷著悒鬱的期望，
請別在暗夜裏等我；
啊！在破曉的光亮透露以前，
也不要再點燃燭火。

普希金的抒情詩深受拜倫影響，而藝術更較拜倫精進。詩作優美絕倫意味深長。此詩重點在後段別後的想像，大有古詩「我有一罇酒，欲以贈遠人，願子留斟酌；敘此平生親」孤獨的況味。想像餘地，極為深廣。

第五節　詩作技巧舉隅

一、表意方面：

㈠譬喻（明喻）：借彼喻此，公式是 A＝B（＝號常用如、像、似、是等）。例如：

1. 樹葉是小毛蟲的搖籃。
2. 果實是秋天出版的書籍。（楊喚詩）

3.風是樹的梳子。（謝武彰詩）

4.煙酒之於人生，猶如標點之於文學。（公賣局廣告）

5.蘇白宇的「伏」以戰爭喻夜色：

空襲警報不曾拉響
除卻歸鳥零落
那有敵機的蹤影？

搶灘部隊定屬謠言
護城河安安靜靜
自顧自醉飲著紅霞
遙遠的砲聲也未聞一發

最多是，敏感的面容
依稀展一絲不安

驀抬頭—黑夜已掌權
始恍然：原來
敵方的奸細
打黎明，就已
遍伏城中

(二)**隱喻（暗喻）**：較明喻含蓄，不直接用比喻表意。A與B兩項中省略一項或省略＝號。寫的是A，讀者可藉想像聯想了解到B。古典詩中較多見，如「月下飛天鏡，雲生結海樓」，「天鏡」即「月」、「海樓」即「雲」。例如：

1.梁宗岱譯莎士比亞（W Shakespeare 1564-1616）商籟體（十四行）

啊，但願你是自己！但愛啊，你
將非你有當你不再活在世上！

爲這將臨的日子你得要準備，
快交給別人那溫馨的肖像。

這樣，你所租賃的朱顏就永遠
不會滿期；於是你又將再變成
你自己，當你已經離開了人間
既然你兒子保留著你的倩影。

誰會讓一座這樣的華廈傾頹，
如果小心地看守便可以維護
它的榮光，去抵抗隆冬的狂吹
和那冷酷的死亡陡然的暴怒？

啊，除非是浪子；吾愛呵，你知道
你有父親；讓你的兒子也可自豪。

主題是一首求愛求婚的詩，「交給別人你那溫馨的肖像」、「既然你兒子保留著你的倩影」都是隱喻，說明只有結婚生育子女，才能留下自己的性格與形像。「租賃的朱顏」隱喻青春之短暫，「滿期」隱喻死亡或衰老，「華廈傾頹」也是死亡的隱喻，最佳的是末句，「你有父親，讓你兒子也可自豪」隱喻說這位小姐保留著她父親的榮光，也該生個兒子來保留她的榮光。

2.余光中的「別羅莎琳」

別了！羅莎琳
我親愛的羅莎琳
莫用歎息送我行

海上有西風一陣陣
莫用淚水送我行
海上有浪濤一聲聲。

哦！別了！羅莎琳
我親愛的羅莎琳
別時請莫揮手巾
海上有白鷗戀船行
別時請莫揉眼睛
海上夜來有繁星
我仰望天空俯視海
無處可躲羅莎琳。

詩中以「西風」喻「歎息」、「浪濤」喻「淚水」、「白鷗」喻「手巾」、「繁星」喻「眼睛。」

3. 洛夫的「清苦十二峰第十二峰」

一條瀑布在滔滔地演講自殺的意義
千丈深潭
報以
轟然的掌聲
至於泡沫
大多是一些沉默的懷疑論者

詩中以「滔滔演講」喻瀑布之聲，以「自殺」喻下瀉之勢，「掌聲」喻動態聲響，「沉默的懷疑論者」喻泡沫浮現之態。

4. 阮囊的「龍泉劍」

雨落過，路亮了
一柄銀劍貫穿都市的胸膛
我從劍刃上走過

一個流血的過客

詩人把銀劍喻「街道」，以「劍刃」喻現實人生，「流血」喻蒼涼悲壯的豪情。

㈢**象徵**：較隱喻再進一步：任何一種抽象的觀念、情感與看不見的事物，不直接予以指明，而由理性的關聯，社會的約定，從而透過某種意象的媒介，間接加以陳述的表達方式，叫做「象徵」。如以甜酒象徵愛情，梅花象徵高潔堅忍。古典韻文中使用象徵表意的極多，如李商隱的「錦瑟」。

錦瑟無端（沒來由）五十弦，一弦一柱思華年（人生）
莊生曉夢迷蝴蝶（虛幻之感，象徵對人生空觀的認知）
望帝春心托杜鵑（春心象徵人生服務付出之旨，虛無空觀之後復歸於服務人生觀的肯定）
滄海月明（壯志）珠有淚（成空），藍田日暖（美好）玉生煙（幻失）
此情可待成追憶，只是當時已惘然（經歷迷矇到體認空觀，從虛無回歸到服務人生觀的肯定，蹉跎之後有時不我與之悲）

又如印度詩哲泰戈爾以象徵性所寫的散文詩：

(1)漂鳥集詩例：

世界上渺少的漂泊者之群呵！留下你們的足印在我的字句裏吧！（二）

跳舞著的水呵！在你途中的砂粒乞求你的唱歌和流動。

你願擔起他們跛者的負荷嗎？（七）

「海喲！你講的什麼話？」

「是永遠疑問的話。」

「天喲！什麼是你回答的話？」

是永遠的沉默。」（一二）

呵！美呵！你要從愛之中去發現你自己，不要向你那鏡子的阿諛中去追求（廿八）

我的心衝激著她的波浪在世界的岸邊上，在那上面用淚水寫上她的簽名：「我愛你」。（廿九）

朋友，請就在我的杯中飲了我的酒吧！

當它傾入別的杯裏，它的泡沫圈兒便消失了。（六一）

我的朋友，你的聲音在我心裏低迴不失，像海的喃喃聲繚繞在靜聽著的松林間（八〇）

「可能」問「不可能」說：「何處是你的寓所？」

得到的回答是：「在無能者的夢裏。」（一二九）

雨點吻著大地，低語道：「母親呵！我們是你的有思鄉病的孩子，從天上回到你的懷抱了。」（一六〇）

「愛」呵！當我來時因你手中正燃熱著的愁苦之燈，我看見你的面色，並且知道你就是「快樂」（一六二）

世界以痛苦吻我靈魂，卻要求報以詩歌（一六七）

在沒有事可做時讓我不做什麼，只在寧靜的深處，像那風平浪靜時的海岸之黃昏。（二〇八）

(2)新月集詩例：

我獨自在田野的路上緩步前進，落日似守財奴般收藏他最後的黃金。

那日光深深下沉，沉入黑暗之中，那孤寂的大地靜悄悄地躺著，地上的收穫已經刈割掉。

驀地裏一個小孩的尖銳聲音衝向天空。他橫亙這冥漠的黑暗，放出他歌聲的波痕來劃破這黃昏的靜默。

他的農舍之家在這光禿土地盡頭處的蔗田那一邊，隱藏在香蕉和纖長檳榔棕，椰子與墨綠色榴槤樹的重重濃蔭中。

在我寂寞的途中，我在星光下停留了一會，看見展開在我面前那黑越越的大地用兩臂環抱著無數的家，配備著搖籃和床，母親的心與黃昏的燈，還有幼小的生靈們因歡樂而歡樂，可是並不知道這對於世界的價值呵！（家）

我的孩子，這首我的歌將揚起樂聲像愛之歡欣的手臂來盤繞你。

這首我的歌將如一個祝福的吻撫觸你的額頭。

當你獨自時，我的歌會坐在你旁邊在你耳中低語。當你在眾人之間，我的歌會用超然來守衛你。

我的歌將如你夢的雙翼，運送你的心到未知邊緣去。

我的歌將如忠心的星照在你頭上，當黑夜隱沒了你的道路。

我的歌將坐在你眼睛的瞳人裏，帶你的視線看進東西的心裏去。

還有，當我的聲音在死亡中靜止，我的歌會在你活著的心中言語。（我的歌）

(3)**採果集詩例：**

火呵！我的兄弟，我對你歌唱勝利。

你是可怖自由的鮮紅塑像。

你揮舞手臂在天空，你用你猛烈的手指掃過管弦，你的舞曲眞美妙。

我日子完結門打開時，你會把這手足的索縛繞成灰燼。
我的身體與你合一，我的心將繫絡於你狂暴的漩渦，而那是我生命的烈火將煥發，混合在你的火焰裏。（採果集四十）

(4)**頌歌集詩例**：

折起這朵小小的花吧！請勿遲延，我怕不然它會萎垂而殘墜在塵土中。
也許在你的花冠中沒有它的位置，但請用你的手底痛苦之一觸加以寵幸摘下它，否則我怕在我醒覺之前白日將要消失，而獻禮的時間逝過。
雖則它的顏色不濃而香氣很淡，請用這花在你的獻禮中及時地把它摘下。（六）

放棄這種禮讚的高唱和祈禱的低語吧！你在這門窗緊閉廟宇之孤寂幽暗的角落裏，正向誰禮拜呢！睜開你的眼看看，上帝並不在你的面前呵！
他是在犁耕堅硬土地的農夫那裏，在築打石子的築路工人那裏。無論晴朗或陰雨，他總和他們在一起，他的衣服撒滿著塵埃。脫掉你的聖袍，甚至像他一樣，走下塵土滿佈的地上來吧！
解脫嗎？什麼地方可以找到這種解脫？我們的主自己高高興興地負起創造的鎖鏈在他身上，他永遠和我們連繫在一齊。
放下你供養的香和花，從靜坐沉思中出來吧！你的衣服變成襤褸或被染污，那又有

什麼關係呢？在勞動裏去會見他，和他站在一起，汗流在你的額頭。（十一）

假使白日已盡，假使鳥兒不再歌唱，假使風已疲於飄颻，那末，拉下那黑暗的厚幕，覆蓋在我身上，就像你在薄暮時用睡眠的柔衾裹住了大地，又輕輕地合上那垂蓮的花瓣。

那旅客的行程未達，行囊裏的食物已空，衣裳破爛，滿佈塵埃，他已精疲力竭。請解除他的羞愧與困窮，更新他的生命，像一朵花的蔭庇在你仁慈的夜幕下。（廿四）

當死神來敲你門的時候，你將把什麼奉獻給他呢？

哦！我將在我的貴賓面前擺下斟滿的生命之杯——我絕不會讓他空手而去。

當死神來敲我門的時候，我願把所有我秋日和夏夜的豐美收穫，以及我匆促生命中所貯存獲取的一切，統統都擺在他的面前。（九〇）

(5) **橫波集詩例：**

假使愛拒絕了我，那末，爲什麼早晨把它的心迸裂成歌曲？爲什麼南風的低語散播在新生的樹葉中？

假使愛拒絕了我，那末，爲什麼子夜在渴慕的靜穆中，忍取那些星星的苦痛？

爲什麼這顆痴愚的心，還冒險地投擲它的希望在無涯際的海上。（三十）

2. **析評**：泰戈爾（Rabindranath Tagore 1861-1941）：印度的詩人，戲劇家、小說家、哲學家、音樂家、教育家、人道主義者，被稱「詩哲」的偉人。生於印度加爾各答的貴族家庭，七歲時開始作詩，不慣家庭學校給他拘囚式的生活，自稱生平的兩大教師是自然界與平民。十一歲曾赴喜馬拉雅山旅行，森林生活給予他很大的感化。十二歲母親去世，跟著父親住在恒河之畔，練習寫作，十四歲時曾完成詩劇，十七歲赴英，翌年返印，早年的詩熱烈浪漫，二十三歲結婚以後，管理父親的田產，親近田園與平民，以他的智慧寫對大自然的體認與謳歌，以悲憫胸懷寫對平民的同情，詩作擺脫浪漫而漸漸凝鍊。三十五歲前後，妻子兒女先後殤亡，極度的悲痛反而純淨了他的心靈，使他的思想與詩作進入化境。四十歲以後寫出了他成名作園丁集、頌歌集等。一九〇二年在聖地尼克坦創設一所自由和愛的學校，企圖以教育的改進來建立印度的基礎。學校課程自由，地處鄉野，師生赤足徒步，生活簡樸，在樹蔭下上課，故有森林大學之稱。一九一二年遊歐，在各大學演講，大受歡迎。一九一三年獲諾貝爾文學獎，是東方人獲此殊榮的第一人。一九一六年到日本，一九二四年來華講學，極受推崇，返印後繼續主持國際大學，以八十迴齡逝世。

在世界性的詩壇上：泰翁的偉大在他的博愛胸懷，思想脫胎於古印度的奧義書，融合西洋哲學與基督教義，將印度思想作新的詮釋，承繼了古國文化而發揚光大，建立一種現代化的東方思想。他痛貶西方思想之沉淪于物質主義，是爲分隔與排他，從事征服的堡壘文明。

他指出古印度的思想是調和而合一的森林文明，反對印度階級制度，他將印度的厭世思想一變而爲充滿生命與活動，孕育愛與美，以宇宙爲大我的犧牲服務的積極思想。他的所謂神與梵，就是宇宙的大生命大法則，遍在於一切事物之內，也遍佈於人類自身之內。我們體認萬有的愛，捨棄小我，不絕地進化創造，無限地擴大生命人格，來融入於宇宙的大生命之中，就能得到「生之實現」，就是神人合一的理想生活。在政治上，他是一位愛國主義者，同時也是一位國際主義者，在他純善博愛的胸懷裏，根本沒有種界、國界。他對政治問題的基本態度是：「我愛生命，我更愛眞理。我愛國家，我更愛世界，我最愛的是人類。」基於對和平的愛好，他和巴比塞、羅素，愛倫凱諸人在巴黎組織「光明團」，從事永久和平的非戰運動。在藝術創作方面，泰翁以其特具的博愛悲憫深厚情懷爲動力，具備多方面價值，劇作約有五十種，長短篇小說有四十多種，另有散文及哲學作品等。在作品中提出各種社會問題，都是健康的建議，不做正面的嚴厲批評，但卻都能令人驚惕三思。

泰翁的創作藝術，成就最大的是詩歌，詩使他接觸開展了自己的世界，把一切捷徑指示給他，把他心裏地平線上的許多星辰帶到眼前。一生所寫的詩，多達二萬八千餘行，時間有六十年之久，質量兩方，並稱偉大。詩集幾乎已有世界各國的譯本，影響所及，價值極大。「頌歌集」是他的成名作，表現人類內心的感覺與過去的經驗，表現了詩人與大自然的接近，聲、光、色盡露筆端。這一集裏有許多微妙神秘的詩篇，我們可以看到泰翁是怎樣用他的愛與虔誠來通靈，上帝雖屬高而威嚴，但祂最基本的仍應是「愛」，泰翁把握了「愛」，所以也體驗到「神志」。泰翁以恬和美善的心情寫詩，使詩集充份洋溢著自然之美。「新月集」是一部以兒童爲對象的詩集，純眞聖潔，沒有世俗的利害機心，讀之眞可滌洗塵垢，增進美德，在「漂鳥集」及「採果集」、「橫波集」中清麗如珠的散文詩裏，醞含著許多哲理，象徵幃幕之後有人生至理，最能引人深思，自然地發人猛省。影響人性，促使向上。

(四)**感歎**：詩作中以情感呼聲作表露的，例如：（敻虹的「昇」）

啊，佛釋迦，請爲我擎
燦燦的希望。

(五)**疑問**：以詢問語氣表意的，例如林泠「未竟之渡」裏的：

你是憂戚這未竟之渡麼？
你是張望未來的風暴麼？
我們遠離的淺水碼頭，那兒正燈火輝煌
我們已遠離了的——航程裏的一切啊，
而我不懂你的憂戚。

(六)**呼告**：詩作中以對話方式來呼喊，例如：

1.日落前我將死去
你打燈籠來尋訪誰？
長眠後也許我能記起
曾燃你的痴情取暖
伸手給我啊！親親
我的淚是滿天的星（王渝、今夜）

2.啊！兀鷹，你曾振翅奮飛
想飛上青青的天
但羽毛凋零

你不能去　　　　想一遊蒼蒼的海
　　　　　　　　但鱗甲脫落
啊，蒼龍，你曾臨崖長吟　　你不能去！（覃子豪、亢鷹與蒼龍）

3.稻穗啊！願我能如你。……以綠色的兒童的歡樂開頭，以黃色的豐滿的成熟結尾；不像我的結尾是慘白和血液凝聚（楚卿，稻穗之歌和我歌稻穗。）

(七)**擬人**：予所寫的物以擬人的動作或形容，例如：

1.獵槍
大聲地說了一些
駭人的話（洛夫詩）

2.樹葉和樹葉爭論著風雨（黃用詩）

3.雨的腳很長（林煥彰詩）

4.而窗外的雨長著銀色的鬍子（吳望堯詩）

5.來自海上的雲說海的沉默太深
來自海上的風說海的笑聲太遼闊（鄭愁予、山外書）

(八)**擬物**：予所寫的人以擬物的動作或形容，例如：

1.有人打著傘，像蕈的精靈
來叩問我飲醉了西風的小樓（吳望堯詩）

2.滑落於你眸子之深淵
迷失於你髮茨之莽林（胡品清：深淵、莽林）

(九)**幽默**：詩作裏的幽默感必需愼重使用，否則會破壞了詩境的嚴肅性。但若使用得當，自能增加詩作生動情趣，如兪平伯的「憶」兩首。

有了兩個橘子，
一個是我底，
一個是我姊姊底。
把有麻子的給了我，
把光臉的她自有了。
「弟弟你底好，
繡花的呢？」
眞不錯！
好橘子，我吃了你罷。
眞正是個好桶子啊！（憶之一）

亮汪汪的兩根燈草的油盞，
攤開一本「禮記」，
且當它山歌般的唱。
乍聽間壁又是說又是笑的，
「她來了罷？」
「禮記」中盡是些她了。
「娘，我書已讀熟了。」（憶之二十二）

(十)**情趣**：詩人以善於駕馭和運用文字的功力創造新語言，新形象，使詩句靈活，感人，給予讀者以眞實感，例如：

小茅屋睜著窗眼
咧開大嘴在笑
笑著，笑著
嘴裏竟笑出一個
少女來了！

(十一)**詞性混用**：早在古典詩詞中已屢見不鮮，如王安石的「春風又綠江南岸」將原是形容詞的「綠」化爲他動詞。王昔的「庭草無人隨意綠」又將「綠」化爲自動詞。蔣捷詞句「紅了櫻桃，綠了芭蕉」也都是詞性的混用。新的詩歌中，不須再拘泥文法了，儘可大膽放手去做詞性的混用，祇要恰當，生動就行，例如：

1.「紫了葡萄，憂悒了黃昏。」（楊牧詩）

2.「海，藍給它自己看。」（瘂弦詩）

3.「星空，非常希臘。」

「在中國，最美最母親的國度。」（余光中詩）

(十二)**感覺與感情的混用**：以各種感官之覺混用，或與內心情感混用，例如：

新生的季節，有綠的歌唱（視覺的綠用在聽覺上）

冬風吹來了寒冷的鄉愁（觸覺之寒冷用在感情上）

(十三)**夸飾**：誇張使用之時，須注意勿使讀者存有「過份」的感覺，恰當的渲染誇張是可行而必應具備的，例如：

1.「你猛力抛起那顆燐質的頭顱
便與太陽互撞而俱焚。」（洛夫詩）

2.小喇叭的尖音劃破我的皮膚（吳望堯：與永恒做一次拔河）

㈩㈣**摹寫**：對事物的各種感受加以形容描述之謂，如方莘「咆哮的輓歌」裏的：

時時常常迸裂的頭顱裏有疾厲銳疼的渴慾蠢蠢欲動！
激辯時，你的言辭如雪，掩蓋住一季赤裸裸的荒旱！
容顏是雨前的山色，鬱沉沉的可以榨出整鍋濃濃的怒意。

㈩㈤**引用**：援用別的話或典故，俗語，例如張默「我站立在大風裏」裏的：我燃熱並且鼓舞這個「大風起兮」的節令。

㈩㈥**借代**：放棄通常使用的本名或詞語不用，而另以其他名稱或詞語來代替，例如周夢蝶詩「五月」中以「蛇」、「蘋果」代「誘惑」：

這是蛇與蘋果最猖獗的季節　　在純理性批判的枕下
太陽夜夜自黑海泛起　　埋著一瓣茶花。
伊壁鳩魯飲苦艾酒

㈩㈦**映襯**：把兩種不同的或是相反的觀念或事實，予以對列，以比較而使語氣增強，意義明顯，例如楚戈「年代」裏的：

誰知道那太陽及其家族上奔向何處

飽食之後的胃餓得想塞進一個宇宙
一個純粹饑荒的年代在我的迴腸之間展開。

(十八)**暗示**：不同於象徵，詩句中深層次的意義是顯然具備的：例如：

1.一天祇有一個清晨。

2.每一分鐘都是一個鐘頭的開始。

3.人生祇有一個眞正的春天，當春天過去後的回憶，並不就是新的春天的來到（紀德）

(十九)**雙關**：一語兩義，例如洛夫的詩：

棺材以虎虎的步子踢翻了滿街燈火，
這眞是一種奇怪的威風。

「滿街燈火」隱喻生命，「虎虎的」是雙關語，一方面象虎形之威猛，一方面是擬聲。

(二十)**口語化**：與典雅深奧相對，有助於生動，當然要注意過份的使用口語易使作品凡俗，例如余光中的詩句：

睡懶覺是不可能的
一大清早，太陽那廝
就儘在山坡下大聲喊你
去玩，去呼吸藍色。（大度山）
那就折一張闊些的荷葉
包一片月光回去

回去夾在唐詩裏　扁扁的，像壓過的相思（滿月下）

㈡**白描**：不加形容的描寫：猶如不著色的素描，例如黃用的詩句，

一滴水凝在葉尖上寫著降落。

㈢**詭論**：「似非而實是」看似荒誕不經，不可思議，自相衝突，實際上卻正是恰當的眞實。詭論語法之使用，在詩作中常可造成一種震撼力量，使讀者在朦朧之中突然接觸到美妙的詩境。如「夜點燃了星星」就比「星星點燃了夜」要好，例如張健詩「東風東行」的兩段

昨日的夢銹了
我的額，古穆如殷周的鼎
淒冷的塵囂揚起於遠方，

雕鏤著一組銅綠色的悲劇。
誰探尋？誰迷失？
暮色中沒有鐘聲，沒有答案！

心情已如殷鼎之古穆平靜，飛揚之志已歇，所以「昨日的夢銹了」（詭論語法）由此可以探索到結尾兩句中作者的失意蕭瑟之情。

㈢**嘲弄**：嘲弄表現一種無可奈何的悲劇感，特能予讀者以強烈的震撼，例如：

1.在這世紀的風雨中，
等待陽光原是一種虛待。（夏菁詩）

未喝血之前
即已折斷的
劍　（洛夫詩）

2.我抓住自己如抓住一把

前者表現一種希望的落空，後者表現的正是「出師未捷身先死，長使英雄淚滿襟」的可

悲。

㈣**矛盾**：以兩種或兩種以上相互衝突的事物相綜合，產生新關係，使讀者獲致新的美感，最能刻劃出詩作的多面性，例如：

1.「像黎明那麼冷峻，而且熱情」

2.「失敗者故意的口哨，他有多麼自卑的驕傲。」

3.黃昏的天空，龐大莫名的笑靨呵？
在奔跑著紅髮雀斑頑童的屋頂上
被踢起來的月亮
是一隻剛吃光的鳳梨罐頭
鏗然作響。（方莘、月升）

㈤**反諷**：指表象和事實的對比，包括表面說一件事，骨子裏指的是另一件相反的事，以及事與願違的予盾事實。例如白陽的「村長伯要造橋」：

村長伯仔要造橋
爲著庄里的交通收成的運送
還有囝仔的教育
溪沙同款數未完的理由
村長伯仔每一家每一户地撞門講是造橋重要愛造橋
村長伯仔實在了不起
舊年裝的路燈今年會發光的存一半
今年修的水管舊年也已經修過兩三遍

只有溪埔雖然無溪水也愛有一條橋
有橋以後都市人會來庄里就發達
造橋重要收成運送也順利

造橋確實重要否則庄里就無腳
計程車會得過不過小包車想要過不敢過
咱的庄里觀光資本有十成便利無半成
造橋重要請村民支持這亦不是爲我自己
雖然我有一臺金龜車，橋若無造
同款和各位父老步輪過溪埔

村長伯仔講話算話
每一天自溪埔彼邊來庄里走奔
爲著全庄的交通村民的利便
他將彼臺金龜車鎖在車庫內
村長伯仔講是橋若無造他就不開鎖
哎！造橋確實重要愛造橋
（鄉里記事，顯貴篇之一村長伯要造橋）

㈢**張力**：產生於詩作相衝突又相配合的成份之間，表達意念蘊藉，類似一種「抽象的映襯」，有時甚且具有嘲弄的效果，例如法國象徵派始祖波特萊爾（Charles pierre Baudelaire 1821-1867）的「貓」：

來，我美麗的貓，在我渴戀的心上
將你腳上的尖爪藏隱，
你投我一片嬌美的目光
是金屬和瑪瑙的光波所渾成。
我的手指隨意的撫摩
你的頭，你彈性的背，
觸著你身上電氣的傳播
我看我心中的女人，她的眼神
和你的極爲相似

是槍的投刺，深奧而寒冷。　游走在你琥珀的軀身，
　是奇異的體香與迷人的妖氣。
從頭顱一直到趾，　我的手痴迷的沉醉。

深沉強烈，「貓」一首最爲新異。表現的是一種性渴求變態的狂熱，意念表現是人與獸的混合。撫摩貓的彈性身軀，沉醉於貓體電氣的傳播，寫出人與獸接觸的潛意識。貓的眼神是女性的眼神，貓體與女性同體一樣有奇異的體香與迷人的妖氣，作者以貓象徵女人，以女人象徵貓，寫出了兩者的特性，表現極具張力。

(廿七)**換位**：如時空的換位，字面雖只寫空間，而時間仍在其中進行；或是字面雖只寫時間，而空間仍在其中發現，如林煥彰「讀牆」中的：

石灰都已脫落　牆面都已斑剝

(廿八)**戲劇效果**：特寫（放大），戲劇特寫手法移來詩作中表現，例如：

他的眉毛在憤怒：

(廿九)**戲劇效果**：遠景（縮小），與特寫相反的作用，例如：

1.世界在一顆露珠裏偷偷地流淚（周夢蝶詩）

2.如果遺忘像一把傘　海，正升起千噚的狂喜
就讓它乘風而去吧　迎你而來（方莘、練習曲）
當你赤足奔跑，在沙灘上

二、形式方面：

㈠**迴旋**：表現一種詞語伸縮、重複、層疊的結構，例如方莘的「坐」暗示出一個倦於聽課的學生的朦朧意識。

平靜的呼息翻動的書頁萊布尼茲

的楫莊子的槳椅子連接著椅子

誦讀漫漫的詢問漠漠的答案遲遲的流過流過意識的波浪

教授你的喉音喃喃墜落墜落墜落喃喃的粉末

㈡**對比**：修辭學上一直沿用的方式，詩作中使用對比機會很多，有情景的對比，語言的對比，場景的對比，內容的對比，時間的對比……等，例如：

1.俯視現實的泥沼，頻盼空中的幻景
以它典雅的垂下，以它莊嚴的昇華（夏菁詩）

2.雲層下傾當鼓聲向上，白日呵，爲什麼你逼進我的體內而釀造河流？（葉維廉詩）

3.多少滴血的腳呻吟著睡去了

大地泫然，烏鴉一夜頭白（周夢蝶、五月）

4.所有的眼都眼蒙住了

誰能於雪中取火，且鑄火爲雪？（周夢蝶、菩提樹下）

㈢**歐化**：事實上我們的語言部份已自然地採取了歐化的形式，如「明天你來不來？」會變成：「你來不來，明天？」運用在詩作中當然可行，例如余光中的：

有一個字，長生殿裏說過
就在那年，那年的七夕！
向一隻玲瓏的耳朵

(四)**跳接**：以戲劇中蒙太奇的迅速之連接，加以誇張，幽默以濃縮表現，例如洛夫的詩作

血
今年，他才十九歲。（手術台上的男子）
從血中嘩然站起

第一行的「血」是特殊的，個人的血，第二行的「血」是普通的，整個戰場上所流的血「嘩然」勾劃出鮮血激射狀態，此處第一、二兩行，並沒有任何的說明與連接。

(五)**層遞**：表現兩個以上事物，事物有大小輕重等比例，比例又有一定的秩序的，安排時依序層層遞進，叫做「層遞」例如管管「荒蕪之臉」中的：

濃濃的夜裏有淡淡的燈，　濃濃的螢裏有淡淡的夜，
淡淡的燈裏有濃濃的螢；　淡淡的夜裏有濃濃的夢。

(六)**排比**：以結構相似的句法，連續表現同範圍，同性質的意象，叫做「排比」，例如：

1.就在你傲慢的寬容裏
就在你賤價的優越裏
就在你豪華的無知裏（黃用、變奏）

詹森的演說和宇譚的躊躇
一朵冷澀的雛菊
孤立向朝風夕雨
（張健、沒有回聲的冬之鼓）

2.母親的祈禱，弟弟的夜讀

(七)**對偶**：古典韻文中常見的格律之一，兩句字數相等，詞性相同，平仄相對，用在新詩中，可能會因整齊而顯得呆板。莫如化用古韻文中的「意對」，如李白的「長安一片月，萬戶擣衣聲」蘇軾江城子的「十年」生死兩茫茫，不思量，自難忘。「千里」孤墳，無處話淒涼。意象就活潑恣放得多了。所以說對偶的原則可以用在詩作、但必須避免它先天性同時具備的呆滯缺失，佳例有如：

1.「千古」的明月，「萬里」的旅客　「一城」的月色，如銀
寂寞的孤城，似甕，　（鍾鼎文、褒城月夜）
今夜裏，「一時」同在褒城。

2.一彎柔美的淺笑，　一燈不謝的凝視。（敻虹、藍珠）

(八)**類疊**：同一字詞語句在詩作中反覆使用，叫做類疊。

1.何年何月，何時何刻　讓時間踢來踢去
這臉曾是大大的一張嫩葉　這臉臉臉臉的重疊
這臉曾是圓圓的一個月亮　在煙的無去向的旅程中自焚
如今是一個洩氣的球　（辛鬱、臉的變奏、疊字例）

2.柔柔的睡，如風　柔柔的骨肉，如雪
柔柔的燃熱，如花　柔柔的醒，如月（碧果、作品、類字例）

3.猩紅熱撲滅之後，完人塚上坐著碎心的魔鬼。
豈曰無衣、豈曰無衣、豈曰無衣（方莘、咆哮的輓歌、疊句例）

4.星子們都美麗
分佔了循環著的七個夜
而那南方的藍色的小星呢？
源自春泉的水已在四壁間盪著
那叮叮有聲的陶瓶還未下來。
啊！星子們都美麗
而在夢中也響著的，只有一個名字
那名字，美麗得像流水！
（鄭愁予、天窗、類句例）

(九)**嵌字**：詩作中故意以特定的字詞嵌入，叫做「嵌字」如辛鬱在「土壤之歌」中嵌入春夏秋冬。

他們犁我以春日的甦醒
他們植我以夏日的馥郁
染我以秋日的歡欣
覆我以冬日的遼夐。

(十)**倒裝**：句之順序顛倒，使用得恰當時，不但不會錯亂，反而有特殊的效果，例如

1.趁月色，我傳下悲戚的將軍令
自琴弦（鄭愁予、殘堡）

2.瓶
玉立
亭亭然
一女子之姿（羊令野、瓶之疲倦）

(十一) **頂真**：前句結尾詞語與下句頭相同，例如：

1. 城外的媚，
仍然是明媚，明媚是水
水在城外。（菩提、城外明媚）

2. 喔！如果你是裂鏡中的臉孔
盲瞳中的眼睛
眼睛中的火焰
成長中的枯槁
枯槁中的腐朽
腐朽中的向日葵以及向日葵中之天竺葵
天竺葵之無奈以及
無奈中之一無所有（辛牧、變調的海）

(十二) **溶合**：以過去、未來、現在不同的時空，在詩作中作一新秩序的組合，例如余光中的「幻」：

坐蓮池畔，怔怔看蓮，也讓蓮看（現在）
甄甄，死後如果你化為蓮！（未來）
想前身你是採蓮人，在吳宮採蓮（過去）
驚這是八月，星在天上，人在人間。（現在）

第六節　詩作風貌舉隅

一、內容題材方面：

(一) **自詠詩**：如紀弦的「三十代」：

凡我所在處，
紙菸火灰繽紛

那些是
生命樹的落英
而我的修長、修長、修長的投影則伸展、伸展、伸展到地平線的那邊的那邊的那邊的這邊。

㈡**寫景詩**：如蓉子的「到南方澳去」、趙天儀的「晨露」。

到南方澳去
看陽光的金羽翱翔在碧波上
有活潑的銀鱗深藏在水中央……

到南方澳去
穿過原野耀目的水彩畫
經過半睡眠的高崗
去探初醒的海洋
去訪鯖魚與鰹魚族的家！

到南方澳去
那漁船兒蝟集的港
那紅色的黃色的綠色的漁舟啊
小巧的腰身　小小的樓（註）
小小的希望　小小的歡笑。

藍的天　白的雲　鹹味的空氣和海
波濤是風的足跡
老漁人的臉是歲月的雕塑
在深青色的海上
勤勞　流汗　向養育他們的大海索取食糧
——那永不枯竭的海的寶藏！
（到南方澳去）

註：南方澳的漁船都有小小的閣樓

在清晨的杜鵑花苑裏
蜘蛛賜你以細細的絲網

讓你綴成一串長長的項鍊
當你滑落於草葉的掌紋上
像摔下的的一顆顆閃耀的珍珠
那樣地晶瑩
那樣地渾圓
瞧，破曉的陽光正伸長著
萬隻金光的魔指
將你輕輕地觸及
而我，像一道陽光的透視
搜索你閃光的意象
捕捉你跳動的音符
欲掌握你於我的世界的管轄
你以瞬間的燦爛，佔有你底空間
我低頭探尋你
好像是拾起一首清新的小詩（晨露）

㈢**敘事詩**：如羅門的「麥堅利堡」：

超過偉大的
是人類對偉大已感到茫然

戰爭坐在此哭誰
它的笑聲　曾使七萬個靈魂陷落在比睡眠還深的地帶

太陽已冷　星月已冷　太平洋的浪被炮火煮開也都冷了

史密斯　威廉斯　煙花節光榮伸不出手來接你們回家
你們的名字運回故鄉　比入冬的海水還冷
在死亡的喧噪裏，你們的無救　上帝的手呢
血已把偉大的紀念沖洗了出來
戰爭都哭了　偉大它爲什麼不笑
七萬朵十字花　圍成園　排成林　繞成百合的村
在風中不動　在雨裏不動
沉默給馬尼拉海灣看　蒼白給遊客們的照相機看
史密斯　威廉斯　在死亡紊亂的鏡面上　我只想知道
　那裏是你們童幼時眼睛常去玩的地方
　　那地方藏有春日的錄音帶與彩色的幻燈片

麥堅利堡　鳥都不叫了　樹葉也怕動
凡是聲音都會使這裏的靜默受擊出血
空間與空間絕緣　時間逃離鐘錶
這裏比灰暗的天地線還少說話　永恒無聲
美麗的無音房　死者的花園　活人的風景區

神來過　敬仰來過　汽車與都市也都來過
而史密斯　威廉斯　你們是不來也不去了
靜止如取下擺心的錶面　看不清歲月的臉
在日光的夜裏　星滅的晚上
你們的盲睛不分季節地睡著
睡醒了麥堅利堡綠得格外憂鬱的草場

死神將聖品擠滿在嘶喊的大理石上
給昇滿的星條旗看　給不朽看　給雲看
麥堅利堡是浪花已塑成碑林的陸上太平洋
一幅悲天泣地的大浮彫　掛入死亡最黑的背景
七萬個故事焚毀於白色不安的顫慄
史密斯　威廉斯　當落日燒紅滿野芒果林於昏暮
神都將急急離去　星也落盡
你們是那裏也不去了
太平洋陰森的海底是沒有門的。

註：

麥堅利堡（Fort　Mckinly）是紀念第二次大戰期間七萬美軍在太平洋地區陣亡；美國人在馬尼拉城郊，以七萬座大理石十字架，分別刻著死者的出生地與名字，非常壯觀也非常淒慘地排列在空曠的綠坡上，展覽著太平洋悲壯的戰況，以及人類悲慘的命運，七萬個彩色的故事，是被死亡永遠埋住了，這個世界在都市喧噪的射程之外，這裏的空靈有著偉大與不安的戰慄，山林的鳥被嚇住都不叫了。靜得多麼可怕，靜得連上帝都感到寂寞不敢留下；馬尼拉海灣在遠處閃目，芒果林與鳳凰木連綿遍野，景色美得太過憂傷。天藍，旗動，令人肅然起敬；天黑，旗靜，周圍便黯然無聲，被死亡的感覺重壓著……作者本人曾因公赴菲，與菲作家施穎洲，亞薇及畫家朱一雄家人往遊此地，站在史密斯威廉斯的十字架前拍照。

㈣**哲理詩**：如馮至的「十四行之廿一」，以自然的狂暴映襯人類的孤單與微弱。用具雖都嚮往根源，但銅爐與礦苗，瓷壺於陶泥，尚且都在風雨中各自東西，人們又何能奈得了生命中的強風暴雨？在小小茅屋中，我們僅能以相互的緊擁來證實存有，用以稍減痛苦的沉壓。人類生命的短暫，也不過只是如銅爐與礦苗、瓷壺與陶泥的始出終分罷了。詩作通過敏銳感觸表現出人類祛除孤獨感的天性，也表明了人生先天性必須結束的悲愴哲理。

我們聽著狂風裏的暴雨
我們在燈光下這樣孤單，
我們在這小小的茅屋裏，
就是和我們用具的中間。
也生了千里萬里的距離；
銅爐在嚮往深山的礦苗，
瓷壺在嚮往江邊的陶泥

牠們都像風雨中的飛鳥
各自東西。我們緊緊抱住，
好像自身也都不能自主。
狂風把一切都吹入高空
暴雨把一切又沐入泥土。
只剩下這點微弱的燈紅
在證實我們生命的暫住。

㈤**民族文學**：如聞一多的「一句話」。高準的「神木」。

有一句話說出就是禍，
有一句話能點得著火。
別看五千年沒有說破。
你猜得透火山的緘默？
說不定是突然著了魔
突然青天裏一個霹靂
爆一聲
「咱們的中國！」
這話教我今天怎麼說？
你不信鐵樹開花也可，
那麼有一句話你聽著：
等火山忍不住了緘默，
不要發抖，伸舌頭，頓腳
等到青天裏一個霹靂
爆一聲
「咱們的中國！」（一句話）

寂靜交織著喧囂，
蒼翠迴響著凋落。
雲漲，成海；
雲散，是千里茫茫。
一百萬個太陽，

升起了，又沈沒。
森林成長了，森林倒下；
斷崖湧起了，斷崖剝落；
雲豹與禿鷹，在掙扎中埋葬。
唯你，神木，你終古屹立——
欣欣地生長，默默地搏戰！
你的沉默啊，睥睨著多少種存在！

無可搖撼，無可衡抗。
你倔強的成長，以一種蒼茫。
你若有耳，曾聽到銅山的崩裂？
你若有眼，必燭照千古的塵煙！
三千年的生命，三千年的奮鬥，
神木啊，你永不向死亡低頭！
三千年前時興的是薇菜哪，
是采采卷耳，是樸嫩，與荇菜。
林有樸嫩，野有死鹿，
啊！阿里山的小鹿已否絕代？
野有死鹿，白茅純束，
周代的春風，和現在可有些相續？

遙想，當青牛未逝，
　　當麒麟未死，
啊神木，你年逾五百，青春正富，
山有木兮木有枝，
你茁長著，
多麼歡樂！

尚憶否：秦時明月，
是帶著雄風還是悽愴？
那茂陵松柏，可有你一樣雄壯？
天馬的長嘶，可曾震盪你的心房？
你茁長，你茁長，你茁長，

陰陽昏曉，魏晉隋唐。
更憶否你壯年時的陽光，
照著那汴京的繁華怎樣滅亡？
而是誰仰天長嘯，怒髮衝冠？
是誰又燃起了火把，光復中原？
是誰駕舟西征，威鎮萬邦？
是誰乘風破浪，驅逐荷蘭？
啊！抬望眼，你飽看千古興廢
俯視處，莽莽是萬頃滄桑？
回首呀，猶見否那紅衣吳鳳？
晨曦裏，踽踽地走過你身旁。
月光下，那曹族的美麗少女。
偎著你，癡心地等候情郎。

三千年，啊三千年！

㈥**寫實詩**：如掌杉的「家書」寫戰地。

戰爭在海岸線的對面

三千年的生命，三千年的奮鬥
多少狂風暴雨，你永不低頭。
而今天你卻迎我以劫後的悲慘
縱橫十丈的枝柯，竟有疏葉幾瓣？
啊神木，死亡已又在向你挑戰！

神木啊，山嶽之英靈！
你雄峙萬仞，呼吸著天地之菁華，
你歷盡風霜，何畏乎一時的磨難？
雷電折斷你的枝葉，
撼不動崛強的軀幹！
看哪！
我已看到那枯枝上有一莖新芽了！
亞洲的巨人啊，你終於戰勝死亡！

（神木）

熱烈地延續著

槍聲和相思林的
鳥聲
一樣驚心
我們的四分之一砲車在寬闊的
濱海大道上
環島而行
風刮來一些煙火的氣味
眼睛注視著擋風玻璃
心停在碉堡裏的
家書上。（家書）

(七)**諷諭詩**：如郭楓的「像」。林耀德的「一或零」。

我是石，一顆流浪的星座
呼吸風雨，咀嚼戰爭
我的臉上，乃生長
一片完美的北方。

許多記憶都該隕滅
許多路長著飢餓
許多——
瘋狂著殺戮，曳著彈光
美的而森冷的
長夜——
總想燃一支燭
照亮半個世界
總想舉一桿大旗
招展起靈魂的酣睡
（靈魂喲！靈魂
就是搖它的膀子也搖不醒）
而亞熱帶不熱，花信風無信
雲煙封我，雲煙埋我
遂傲然聳立，孤峰頂上
凝一宇宙的寒冷
眞不願意再聽，來自四方的

成群軟軟的聲音
何時能風化呢？隨風而出
去，去親愛的土地
做爲一粒微塵
一粒埃。（像）

臺製的仿APPLEH旁
我的思緒融入迴走的電路
在這個數字至上的時代
除了 IC 缺貨
我們終將對一切眞實無動於衷
高解度的畫面替代人類想像和感受

百萬
十億
一場戰爭的全數屍首
一個國家的失業人口
壓縮在扁平的磁碟中
變得中性
　冷漠
以絕對抽象的符號和程式
我們經常無個性地出現
在任何統計數據中
成爲
一或零（一或零）

(八)**生命詩**：以歌詠「生命」爲詩作主題、題材者，如翔翎的「行過一株枯樹」，桓夫的「鼓手之歌」。

行過一株枯樹
　　　　雲也淡了
月就圓了

有人打山腰處走來
盤膝坐在樹下
聽去夏的蟬鳴
而月正圓

再行過那株枯樹
月就落了
有人在細數年輪
幾度巧遇十五？

驟雨過後
又逢十五
又有人行過那株枯樹
盤膝坐下
就這麼靜候一隻蟬的脫殼
（行過一株枯樹）

時間．遴選我作一個鼓手
鼓面是我的皮張的
鼓的聲音很響亮
超越各種樂器的聲響。

鼓聲裏滲雜我寂寞的心聲
波及遠處神秘的山峰而回響
於是收到回響的寂寞時
我不得不，又拼命地打鼓……

鼓是我偏愛的生命
我是寂寞的鼓手（鼓手之歌）

(九)**抒情詩**：如鍾鼎文的「夢裏的池沼」與孫家駿的「白楊樹」抒寫的是鄉愁。敻虹的「逝」寫悼念之情。陳黎的「邀舞」抒對藝術品的共鳴之情。張健的「企」和梅新的「水月調」是爲情詩之例。

又一次，我夢見了故鄉的池沼
它在我村子的右側的窪池裏
在夏天，長滿繁茂的燈蕊草
到秋天，開出幾穗零落的紅蓼。
但我所夢見的，是這池沼的冬天
水草凋零，只剩下蕭條的殘莖；
花地的潦水映下冷月的清輝
透露出宇宙間最淒涼的情味……

一小隊寒雁，棲息在池沼邊入睡
它們也像我一樣地善於做夢嗎？
夢是一份額外的寂寞與辛勞
使我們的魂魄，在夢裏天涯漂泊

我夢裏的冬天的池沼，該也有夢
夢見夏天的燈心草和秋天的紅蓼
而那池沼邊的寒雁，更該有夢——
夢稻粱，伙伴，和蒼茫的雲天……
（夢裏的池沼）

那年，當村前的松柏伐盡，特地留下
這棵白楊樹。爺爺說：翅膀長硬的鳥
總是要飛的，且讓這棵又高又大的白
楊樹盼歸吧！
自從那年，我把白楊樹移植到心底，
千里萬里都是招引的枝椏。
白楊年年蕭蕭，問淒楚的我，何時回
去？（白楊樹）

讀完了一朵小白花的遺書，
扁柏樹說：也飄到青草上了，我的絲帕
那曾在三月的白鷺鷥的頸柱上做夢的
我的絲帕，飄到青草上了。

而朋友，誰失蹤了，誰死去了，

更誰在三月沒有了消息？
我的葉網吹過許多聲早安——扁柏說，
但不知絲帕在那裏？
不知愛做夢的陌生人在那裏？

讀完了一朵小白花的遺書，
青草上有人哭泣……（逝）
——給梵谷

讓音樂傾瀉自溶解的畫面
穿過空闊的展覽會場
我可以感覺你多變的腳步不安地
掉落我心的角落
一種興起上舉的祭祀情緒，呼喊我
無能抗拒。曲柔如舞者的形體
彷彿思想的是那些顏色；風景，葵花
波狀的律動

我可以感覺最灼熱的你的腦漿
當白日逐漸把夜，把惡夢逼進你的體內
四十七隻烏鴉急急飛過黃昏的麥田
你的臉是最紅的一朵罌粟，隨青綠的絲杉
燃燒如一座上升的教堂
我知道那是你的宗教，你的歌
死亡像一隻嗜血復自戀的禿鷹
斷翼，爲你的舞池裝飾

沒有人能解釋得更清楚，關於瘋狂
關於舞——
啊漩渦，漩渦的星
你陰鬱的眼環是黑暗的大部分
虔誠，怖懼，因深奧而潮濕
而我可以感覺一個宇宙的孤獨
澈夜坐在鑲滿寶石的隆河邊，聽水聲
光亮地流過你的書框，極度失眠…（邀舞）

想去你眉下的水晶國裏酣睡
覓一個不醒的夢境
說呀，說你會打開瞳門
幽幽的為我前引

——水晶國裏（未收錄作品）

一句語言，爲你
消失得如此奇異
你踏著對街，對街便是
我的腸腑，我的神經

你屹立在日出之嶺，裙裾飄飄
我向凌雲的崦嵫攀登
陽光是無垠的樂譜呵
巔峰與巔峰悠然共鳴

不再叩門，不再跳蹦地走路
你的月桂投影在我的眉心
那汐，每當夜月流進來
流進來，總向我的側影幽謐地哭泣

一書室的回聲
一世紀的企待
由春而夏而秋而冬
那無限之月又幽幽昇起（企）

在源於遠古
流向遠古的河中
秋月和秋水
彼此相映相擁

月在水中，如磐
有過濾水的作用
水中的月，泉聲

將他滌爲地球的基石
入夜後
曠野多寒意
還有蟲聲，鳥的鼾睡聲
平添的落寞
而水色和月色揉合的
山色，有韻味且有山勢
月攀登的那個山峰
水也要在那裏流成瀑布（水月調）

㈦**狀物詩**：如張默的「駝鳥」

　遠遠的
靜悄悄的
　閑置在地平線最陰暗的一角
一把張開的黑雨傘

二、形式、風格方面。

㈠**樸實**：如管管的「空原上之小樹呀！」

每當吾看見那種遠遠的天邊的空原上
　在風中
在日落中
站著
幾株
瘦瘦的
小樹
　吾就恨不得馬上跑到那幾株小樹站的
地方
望
雖然

在那幾株小樹站的地方吾又會看見遠遠的
天邊的空原上
在風中
在日落中
站著
幾株
瘦瘦的
小樹

雖然
吾恨不得馬上跑上去
雖然

雖然
那另一個遠遠的天邊的空原上
也許是
一座
塔

雖然
那人
越跑
越小
像一隻星

之二

每當吾看見那種遠遠的天邊的空原上
在風中
在日落中
站著
幾株
瘦瘦的
小樹
吾就恨不馬上跑上去

與小樹們　　　　或者
站在　　　　　　與小樹們
一起　　　　　　站在一起
像一匹馬　　　　哭泣（空原上之小樹呀！）

㈡**繁複**：如英國現代派女詩人雪脫維爾（Edith Sitvell）的「淚」：

我的眼淚是獵户星和六倍太陽的光澤和百萬
花朵在天之田野，那太陽系設立的地方，——
大鑽石的岩塊在清淨的潮浪中央
讓五月露珠和晨光加滿，更多鑽石產生了。
我爲空氣的光耀哭泣，爲千萬黎明。

還有人心內與黑暗戰鬥爭持的輝煌
我哭泣世上美麗的皇后們，像花朵一樣燦爛，——
如今都已齊集，有的在六時，有的在七時，但全都在永恒的早晨。
但是現在我的淚水已經萎縮和像時間一樣傾瀉：
我哭泣維納絲，她的軀體已經變成一座哲理的城市

她的心跳現在已是革命的聲音，——他哭泣愛情已變成醫院的憐憫，和科學家對未來之
希望，也哭泣黑暗下去的人，
那空氣和水份，植物和動物的複雜的多數，
堅硬的鑽石呵！無限的太陽。

(三)**瑰麗**：如印度女詩人奈都夫人的「拉奇普德戀歌」。

哦愛啊，假使你是一個香羅勒花鬢盤繞著我的髮髻，你是一個鑲珠的耀光金扣包著我的
衣袖
哦愛！假使你是縈戀我綢衣的蔻拉香魂，
你是我織的衣帶上的光亮朱紅一縷，
哦，愛啊！假使你是我枕上的香扇，
你是檀香木琵琶，你是我祭臺前的銀燈正點燃，
我何必憂懼那嫉妒的晨曦，
牠在你和我之間獰笑著展開離愁之幕帷？
趕快，哦，野蜂鐘點，趕快去到落日之花園！
飛，野鸛鵲的白晝，飛向西方之果園！
來哦，溫柔的夜，伴著你甘美的慰人之黑暗同來，

把我的愛人帶給我，進入我庇護的胸懷。

(四)**簡潔**：如季紅的「鷺鷥」，林泠的「造訪」。

在日沒後
仍未歸去的一隻
鷺鷥。
在不清楚了的空中
　在深處的一個招喚。
猶之一個意志
在不寧的、未之分明的
　回憶中

（一種煩倦）（鷺鷥）

你必然驚異，異日的遊伴
將十年的冷漠
在你家的門環下搖落
倘若時間是誓言，我已撕毀了
時間的記錄，那遠遠攜來的一身泥土
已爲這小城的風沙拂盡。（造訪）

(五)**朗誦詩**：如師大噴泉詩社朗誦的 Cinderela

「Cinderela，我的衣服呢？」
「Cinderela，我的鞋子呢？」
「Cinderela，快來幫我綁腰帶。」
「Cinderela，快來幫我把鞋擦亮。」
「快點……快點……」

「唉！終於都走了……」走了……
「孤寂的夜只留下我」
「今夜屬於歡笑人群的夜，
　孤寂、落寞爲什麼縈繞不去呢？」

天上的星，亮晶晶
皇宮的夜，亮晃晃
喝吧！盡情地喝！
舞吧！盡情地舞！
每一位女孩都美麗，每一位男孩都熱情
英俊的王子忙碌地穿梭於人群裏，
在找……（找什麼？！）
耶！你還不知道啊？在找他的新娘嘛！

Cini，Cindi，我的小 Cindi！
什麼事讓你這麼不開懷？
是皇宮的音樂吸引了妳？

是歡樂的人聲捕捉了妳？
妳也願意加入他們嗎？
Cin：「願意（當然願意啦！）」
仙棒，仙棒輕輕點，夢幻成眞歡樂連……
哇！好奇妙的景象啊！
漂亮的金馬車，高大的白馬
還有四個又挺又帥的好侍衛
「啊！我可以去參加舞會了，哇！好棒，可是我……我的衣服……」
哎，我這老糊塗又忘了
仙棒仙棒輕輕點，參幻成眞歡樂連……
Cin：「看！我的衣服跟童話故事裏的一樣耶，
　　還有一隻精巧的玻璃鞋！」
不要忘記，千萬別忘記哦，午夜鐘響十二下
一定要回來……不然，什麼都消失了！
咦！那麼漂亮動人的女孩是誰啊（她是誰？）
王子：「美麗的小姐，我能與妳共舞嗎？」

（樂聲悠揚，舞步輕盈，
王子和美麗的 Cinderela 翩翩迴旋池中央）
「王子都不看我們了！」
「那個女孩到底是叫什麼啊？」
「喔！她實在太美太漂亮了！」
「是誰家的女兒，怎麼從來沒見過？」
「大姊，妳看她是不是有點像 Cinderela？」
「像？算了吧！Cinderela 和她簡直天淵之別。」
Chin：「天淵之別嗎？誰敢保證我不是？」
（噓！別告訴人家喔！）

鐘響十二下
快走！Cinderela 快！快！快！
焦急的 Cinderela 匆匆離去
長長階梯上，卻留下一只閃亮的玻璃鞋

砰！砰！砰！

年輕的女孩請出來，試試這隻金鏤鞋

（幸福榮華在其間）

「喔！那一定是我的！」

（太大，太大，塞不進，擠不下，大姊的腳太大）

「哈！那是我的了！」

（太小，太小，鞋前滿，鞋後空，二姊的腳太小）

還有沒有女孩子啊？

「能讓我也試試嗎？」

啊！剛好，剛好

她就是我們要找的美麗女孩

Cinderela！

Cinderela！

(六)**陽剛**：如亓冰峰的「塑像之復活」，郭楓的「海洋之戀」。

三月的田野有墓園的藹靜
黃花吐放在南中國的山崗，
人類的史冊又掀過了一頁，
你們的死，就是這世紀的誕生。

壯烈的倒下，向奴隸的生存挑戰
大地從此長出自由的花朵，
當溥儀鼠子般從太和殿的寶座溜走。
你們就帶了光榮的桂冠走向天國。

普羅米修士偷越天牆，
人類才有了溫暖，
你們燃燒了自己，
點亮了東方的寒夜。

在我們的歡樂裏，
在我們呼吸著自由的空氣裏，
在春天，我們青年人自己的節日裏，
流動著你們的血液。

然而兀鷹自高加索的上空南飛，
我們的山河又跌進無星的黑夜，
城市與農村在洗劫中驚恐的搖曳，
集中營的死亡延續著半世紀前的奴隸
生活。

有什麼比這些更使你們憤懣而發狂
於是，在太原，在一江山，
你們從天門上收拾了盔甲轉來。

歡迎呵！七十二位壯士，
七十二位普羅米修士
我們的投槍在儀節中和你們的長矛並列
走呵！向明天！向戰鬥，向春三月藹靜

的田野！
自由的生活，要不就是光榮的死亡！
（塑像的復活）

我站在這海邊的礁石上
我的心呀！飛向海洋
海洋的巨風嗾使海水咆哮
海洋在巨風裏瘋狂
風，我要搜尋你來的方向，
即使在那渺茫的遠方。

好大的風呵，讓浪濤鼓起了臂膀
像一支鋼鐵的流
起伏在這無際的海空上，而
千朵萬朵，數不清的浪花呀
　替海洋披上一身銀色的戎裝。

海洋的歌聲眞響亮
啊！是誰天才的樂章
這樣雄渾，悲壯，
噢！我知道
也許是那
無數聖潔心靈的交響

我興奮而又悲傷，不！
我簡直近於瘋狂，
當我了解到
你的聲音，你的歌唱，和
你戰鬥的力量。

啊！海洋，海洋，
會笑我幼稚狂放？
　但我卻願化一滴清泉
投進你藍色的胸膛

讓浪濤給我一束

永恒的遐想（海洋之戀）

㈦**陰柔**：如英國女詩人曼斯斐兒（Katherine Mansfield 1880-1923）的「黃昏」、愛爾蘭詩人摩爾（Thomes Moore 1779-1852）的「夏日最後的玫瑰」：

正是黃昏，遠樹朦朧，烏鴉啼叫
走下山谷，有燈，有霧，孤星獨照
在那稻草堆旁，有垂殘的笛聲
正是黃昏，我與友人同行。

我想起了多年前親愛的亡友
美麗的亡友，我雖知不是永久
但爛泥毀了她們美麗的眼睛
在我的童年，她們都是柔麗的心靈
（黃昏）

夏季裏最的玫瑰，
入秋猶自紅，
所有可愛的伴侶，
無復舊時容；

殘花片片悲凋謝，
新花望裏空，
欲把嬌顏長留住，
長歎誰與共。（夏日最後的玫瑰）

㈧**韻律**：如童山的「悔悟」、鍾雷的「過運河」。

那兒是我童年住過的家
可是消褪了像天外的晚霞
呵！爲什麼我竟會這麼傻

不曾把逝去的年月淡淡描下

我也有過青春如花的年華

悄悄地去了像剛逝的長夏
呵！爲什麼我竟會這麼傻
不曾把如花的美貌細細描下

不！逝去的也許是個夢吧！
記憶裏已掛上千萬重青紗
啊！爲什麼我還要這麼傻
不把青紗裏的夢從頭描畫（悔悟）

此時已不是煙火三月，
而我們的行程又如斯倥偬；
雖然兩岸的楊柳如帶，

(九)**古典**：如羊令野的「蝶之美學」。

用七彩打扮生活，
在風中，我乃文身男子。
和多姿的花兒們戀愛整個春天，
我是忙碌的。

也無從牽繫遙遠的溫馨夢。
任馬蹄踏遍長堤的茵草，
皮靴上沾滿野花的蕊粉；
我們是奔赴戰場的過客，
那裏有什麼閑情來傷春？

向南去的流水揮手告別吧，
我們北征的里程更遠更長；
偶然相聚又偶然分離，
人生本是如此的匆忙。（過運河）

從莊子的枕上飛出，
從香扇邊逃亡。
偶然想起我乃蛹之子；
跨過生與死的門檻，我孕美麗的日子。

現在一切遊戲都告結束。
且讀逍遙篇，夢大鵬之飛翔
而我，只是一枚標本，
在博物館裏研究我的美學。

(十) **冷靜**：如劉克襄的「兩代之間」：

四十年代
年輕人在戰亂中生活過來
他們信仰社會主義
回到村裏，種田
回到城裏，經商
回到人群裏，消失

八十年代
年輕人在戰亂後成長過來
他們信仰自由主義
回到村裏，教書
回到城裏，參政
回到人群裏，抗議

(十一) **婉約**：如方娥真的「歌扇」。

我要告訴你
告訴你一句話
那句話，在世界上
只許一盞獨火照亮
照在你的壁上
垂掛成歌扇

點點斑斑
一扇展顏
生和死是扇面的底子
情緣是浮雕
那句話，你在扇中
可以尋到。

(十二) **清新**：如馮青的「溪語」。

會有一隊薄荷和風信子結伴走過嗎？
風揚起絲綢，羞紅著臉
在帶笑的花束中穿行
而散開的髮如女蘿
在午後的琴聲裏逐漸甦醒
眼睛不是唯一的靈魂
星才是，在額頭上閃亮
月亮浸在自己柔柔的液體裏
水是夜的肌膚、涼涼的

我用雙掌握住你的名字取暖
一片瞬息曾是蘆花燦然的眸光
在天空曖昧的俯視下
水草偃行無語
剛從漩渦中仰起身子
好多年代竟已過去了

暗夜中傳來
星子墜落水面聲音：

(十三)**隱秘**：如英國詩人豪士曼（A.E.Howsman）的「當我最後回到魯德洛」，寫三個出征青年不同的命運，歸來卻二死一生，生者仍能感受同伴一同歸來，一種不可解脫的意念令人驚心動魄。

當我最後回到魯德洛
在蒼白的月色裏，
兩個伙伴走在我的身邊，
他們是健康而誠實的孩子。

狄克在教堂的花園裏長眠，
勒德在獄中死去，
我回到魯德洛
在蒼白的月色裏。

(十四)**客觀**：如英國民謠「兩隻烏鴉」。

我在踽踽而行時
聽到兩隻烏鴉訴苦，
其中一隻對另一隻說：
「我們今天到何處去果腹？」

「有個新近遇害的騎士
躺在那破舊的泥墻後面
除了他的鷹，獵犬，和嬌妻
誰也不曉得他躺在那邊。」

「他的獵犬獵食去了
他的鷹捕鳥去了
他的嬌妻已另有新歡
因此我們可以享受一頓豐筵。」

「你可以坐在他的白頸骨上
我要啄他肥美的藍睛，
把他的金髮拔下一束
還可以築巢過冬。」

「許多人爲他悲歎，
但是無人知道他的下落，
等他的白骨全部剝露時，
風將永遠地自上面吹過。」

(十五)**官能**：詩作引起感官作用，如方莘的「雨」予人以多種官能的感受。

微醺的寒意自初綻的傘叢滴落
少年，散場之後
鞋釘踏不碎的暗喻
掌聲浮起，如夏日的謠言
披髮在一池搖曳的殘荷之上
葵花子紛然落下，如眾雛出殼
掩住了千座冰山
掩住一街多刺的荒冢

眼睛堆疊而起，成峽谷
成幢幢摩天的疑慮
波斯菊如杯，噓吸裏
有乙醇冽冽的香氣

時間是一張不銹鋼的大唱片
迴旋著stereo的憂鬱
灰色燈心絨的天空
有凝散的巨大淚滴緩緩下降
少年，你的雨衣呢？（雨）

第七節 詩作缺失析例

一、**含蓄的利與弊**：詩文學篇幅短，境界高，寫作方法不同於散文，以極少字表示最多事物，故必須含蓄。廚川白村云「作品應似冰山，只有尖端露在水面以外，但我們可知其下藏有更大的山」這就是所謂的含蓄。凡一首好詩，均是以最經濟的語言，喚起極豐富的意象，所謂意在言外，情溢乎辭之謂。含蓄之法多用象徵或暗示，但如用之不當，則成作家讀者之間的障礙。含蓄之弊在晦澀、難懂、怪異，能克服者即可達到含蓄的高妙。舊韻文中多有含蓄高妙的佳品，如李清照的「新來瘦，非干病酒，不是悲秋。」也多有自然高妙的佳作，如崔顥的黃鶴樓詩：「昔人已乘黃鶴去，此地空餘黃鶴樓，黃鶴一去不復返，白雲千載空悠悠」（不用含蓄而自然能予人以一種蒼茫之感）。但一般來說，自然高妙的神來之筆畢竟不多，詩人們進展的軌跡還應是先求含蓄高妙，再自含蓄層次中超出，進入到自然高妙的更高層次。

二、晦澀：簡言之晦澀就是：「表意不明」。詩文學常因表現哲理之隱約而不夠明朗，有時也因爲作者力求詩質之稠密，要求意象具有更大的濃度與密度，以造成詩的聯想不斷的跳躍，在混亂的表面之後求表現手法的經濟與意象之豐富，致使詩作流於晦澀。以上的兩者，雖屬未能厚非，但總是應可避免的缺點，至於因作者或作品的條件不夠而落於晦澀艱難的，本身尚不夠被批評的條件。

藝術的傳達與欣賞均有一個極限，超過此一邊際之極，則傳達不能產生結果而發生晦澀。欣賞邊際有賴作家與讀者的合作（作者的傳達能力與讀者的欣賞能力之配合）但兩者的差距是必然的，故詩作價值之肯定，決非作者之自認，而是讀者的認可（當時或後世）。

晦澀決非詩人創作矜持的理由，有的時候，詩的隱晦祇是一種自然流露的風格，而絕非詩人在創作時去刻意佈置的，也不是爲了不願意使詩作大衆化才晦澀的。有許多晦澀的詩也可以大衆化，依然被人傳誦，主要的理由是，作家不在文字上晦澀，而是在表現的技巧上有了進一步的境界，這個境界可讓讀者進入，只是不能讓讀者出入無阻罷了。一件創新的作品常常令讀者驚愕，但在驚愕之後，又能使人忍受，這種忍受最後又能化爲享受，那就沒有所謂的「晦澀」存在了。如果是一種使人驚愕且無法忍受的創新，那就是「晦澀」。詩作之於讀者，有的被接受，有的被排斥，不同的待遇之形成，其間並沒有什麼玄秘，都是由於作者本身創作手法的高明與笨拙所造成的差異如此。晦澀的詩例如：

一尾斑爛的花蟒，此類夜襲古城的雨
必使紙張褪黃在無望的婚媾之中
我實實不能相信四枚眼核不能成爲好看的
麥田和父母的美名。（例一）

逃逸　已棄我而去
昇起　一種凝聚
蟄伏於一石之臟　傾聽
一羽音的千山波動
火發掌指
掌指自圓之心伸出
逃逸　已棄我而去
以雨佈陣。我立其陣之外，而陣中有我
我立其陣之中，突又發現我於其陣之外
驟然，　一陣跳躍如魚。
於是
我乃魚之我　凝聚　昇起
魚乃我之魚　波動　千山
逃逸　已棄我而去（例二）

兩詩意義不明，實在不知所云，而轡構也是既混亂又模糊，使讀者如墜霧中。

三、艱澀：艱澀是「表意不暢」。有意境而表現的技巧手法不夠圓熟。艱澀的詩例如：

妳竟又附在我的懷中微笑
我爲妳的情愛一飲而盡
你怎嬌不睬我就姍姍遠離

從此若在天涯斷處相見
我懷中飲下的愛恨將同時訴知（例一、醉月）

即使你的歌聲是殉情的厄科在山谷中的迴聲
變成葡萄酒的馨網彌淹眩的鳥
芬芳的音樂止不住汪洋的奔流（例二、藍色的多腦河）

例一主題是愛的悒結情緒之發抒，第一行的「附」，第三行的「嬌」，第五行的「斷」用得不恰，造成艱澀不暢。而最不圓熟是最後一句。例二第一行的「厄科」是希臘神話女神，因愛美少年不遂而形體消滅化爲山谷中的回聲，詩作用此，猶如古典文學中用僻典。第二行「馨網」是「香味網」的意思，「彌淹眩的鳥」是指香氣使鳥著迷昏眩，雖有意境，但表現詞語艱澀，使人感到不暢，不能順利領受，當然就更不會有什麼共鳴和美感了。

四、矯揉：矯揉做作，故立新異，企求作特殊的表現，而結果正違反了自然的原則，獲得相反的效果，得不償失，欲益反損。矯揉的詩例如：

那舞媚的少女唱著小調向你定情
她悅人的眼，飄著斑斕的花裙（例一、湄南河）

檳榔樹和椰樹撐著銀傘比高
愛護初戀的芳心，不讓露水滴涼它
……………
佈滿萬佛雕刻藝術的奇景來賞賜眼神之手
一隻金絲白貓在拱門牆上擬盜竊銅佛靈光之水晶（例二、檳城月色）

兩詩都屬異域風光，例一的第一行「舞媚」與第二行「飄著斑爛的花裙」顯示做作，反使意義不明。例二的第二行與末兩行可見作者刻意求工，而結果卻顯示古怪、不合情理的痕跡。

五、凡俗：晦澀與矯揉不足取，平凡庸俗同樣的不足取，氣格低下，使人可憎，即使詩作應通俗平易，不避口語俗語，但也決不能俚俗卑下，凡俗的詩例如：

餘暉灼然　　　　　　第三個驛站讓你管
她媽的，誰敢罵我。　餘暉灼然！

第一個驛站我來管　　第三個驛站讓你管
餘暉灼然！　　　　　她媽的，誰敢罵我
第二個驛站我來管
　他媽的，誰敢罵我。　你的太太是我的！（例一）

玫瑰啊
玫瑰！
花兒何此嬌麗
刺兒怎此利銳！
情姿又這麼嬌滴？
芳菲又這麼洋溢？
多少青春的迷惑
多少多情的陶醉！
爲何要你瘋狂的戀者血滴？
爲何要你陶醉的戀者心碎？
馥郁那能永不褪呵
嬌姿那能優美不憔悴！

玫瑰啊！
玫瑰！（例二、玫瑰）

何其臭的襪子
何其臭的腳
這是流浪人的襪子
這是流浪人的腳（例三）

一堆牛糞
光光的
有一隻昆虫飛過來
吮吸糞汁（例四）

例一中每段都有「三字經」，尾句尤其粗俗卑劣。例二中的「嬌滴」、「血滴」、「心碎」都是既舊且俗的詞，第三行起至第十二行，又都是些淺俗的句。例三寫流浪悲苦，但題材用臭襪實在不必。例四喻逐臭之夫，題材凡俗。

六、**淺明**：過份暴露感情，或是形成淺俗，或是類似口號，含蓄精鍊不夠，了無餘味，例如：

雁兒在你銀輝的面頰上抹上瘦影
我心版又烙上深刻的鄉愁
西風又像戰士吹起反攻的號角
我週身的毛髮如森林似的隊伍
佔領了匪踞下的山丘
於是我在秋溪的沙灘上
拾起晶瑩的砂礫
擺著：「不滅俄匪誓不休」
愛人呀！我走了（例一、秋之溪）
不必再送了

我先上車
下一站
等你 （例二、死）

上帝不能常在
因此有了母親
母親總會年老
因有存了妻子（例三、妻）

七、失位：詩作中的音樂性、視覺感本是用來協助意境表現的，但若是喧賓奪主，取代了詩境主題意義的位置，那就是本末倒置的錯誤了。例如：

笑了
齒 齒
齒 齒
齒 齒
齒 齒

哭了
窸 窸
窸 窸
窸 窸
窸 窸 （例一、房屋）

綠色的　藍色的
森林　鏡子
森林　鏡子
森林　鏡子
森林　鏡子
森林　鏡子
森林　鏡子
在沉思　在凝視

（例二、湖濱之山）

兩例都是「圖像詩」，詩作中顯示的祇有視覺感，已看不出詩作的意境主題。

八、散文化：不同於散文詩（散文詩的形式雖如散文，但因具有詩質，所以是詩而非散文），有一種散文化的詩，是詩如散文，形式雖是分行的像是詩，而因缺乏詩質，表現的仍是散文的敘述，而不是詩，例如：

沒有星月的晚上
遠方傳來了轟轟的神話。
寂寞的世界在喧嘩

螢火的寒光下
她披撒柔髮，
痛苦的眼淚似瀑布垂掛

睹不到影子的人；
在她的淚痕中滾爬，
牙骨在打架，衣服的重量增加。
兩隻小船擦著浮萍叫喳
茫茫的綠洲啊！
使走路的人可怕
撐起沉重的破帆，
划，划，划！（例一、雨夜獨行）

白髮的姥姥
探頭出門
她臉上添那麼多的皺紋
裙衫襤褸，
我很吃力的張嘴呼著：「媽，」
「啊……啊……鑑兒……你回來了。」
她笑了，
笑聲後，繼而是：　嗚咽、淚涕……
引起我一陣心酸。　（例二、歸來）

九、陳舊：新詩裏可用文言詞彙，但若都是陳舊如古典散文中常見的詞語，新美鮮活全然不見，那就是如初期的新詩，是一雙「改組派」的腳，不合時代，又十分難看。下面舉的例詩，將陳舊的詞用「　」號顯示。

你不戴一頂花冠，
頭髮卻鋒芒如針；
既沒有絲毫的「芳心」，
怎贏得蜂蝶的「香吻」？

爲了點綴你的青春，
仙鶴是你唯一的戀人；
每當「百花「笑你愚憃，
你只「笑看」縹渺的浮雲。

「倦鳥」帶回多少黃昏，　風雪奪走輕薄的「花魂」。
在你的懷中將「舊夢重溫」；　你蒼勁的「容顏」「未損」
你唱慣了一支催眠歌，　臘梅向你吐露「幽香」
從深夜延續到清晨。　「風竹」讚歎你的精神！（松樹）

十、**單調**：詩作中過份的秩序化，過份的整齊，反顯得句法單調，滯而不流，例如：

顫搖著，綠的色點　錯綜著，黑的弦線
重疊著，綠的色點　延伸著，黑的弦線（藤蘿架）

十一、青年詩作常見的缺失

(一)**取材**：狹小（影響引申缺乏或不足）。

(二)**形象**：冗瑣不夠精鍊。缺少想像、形容。結構鬆懈。草率、修飾不夠。結尾鬆懈，結尾破壞情調氛圍。

(三)**意境**：缺乏意境或不足。段意不相連，段意或句意重複。晦澀不明。

(四)**句**：題目明晰時，首句不必重複點明。句太長。句平淺、俚俗（打油詩）。

(五)**詞**：主詞儘量避免，或晚出，或用代稱。用詞舊俗、不當、淺顯、口號、重複、晦澀。「兒」與「了」注意使用。詞的完足性。單音詞不如複音詞。「如」「似」「像」等詞的使用不如用「是」。「於是」「所以」「總之」等詞應避免使用。

(六)**中文（國文）系化**：太古典、太文、整齊、對稱、不自然的用韻。

第二章　中國近代新詩分期析介

第一節　初期的詩——白話詩與小詩

一、特　徵

白話詩（自由詩）風格明顯眞切而平淺，部份不脫舊詩詞痕跡，但已能突破舊詩藩籬，句法音韻格律均爲自由。係爲舊詩之反動，價值在改進舊有，建立新途。

白話詩就舊詩之拘限而加以改進，自由抒寫優點的另一面，同時具備著空泛冗瑣平淺的缺點，藝術深度不夠。久之難免因先天的缺失與文學生物性的原則而被淘汰，下一個新興的風格是格律詩。然而文學風格的進展常常不是突變而是漸變，時常在改變中會有橋樑作用的風格出現，小詩就是白話詩進展至格律詩的橋樑。

二、白話詩作家作品析介

㈠**胡適**（一八九一——一九六二）詩人、文學史家、新文化運動的倡導者之一。原名洪騂，字適之。安徽績溪人。一九一〇年去美國留學。先學農科，後學文科。受實用主義哲學杜威影響較大。一九一七年得哲學博士學位，回國任北京大學教授。年初發表《文學改良芻議》，揭開了中國現代文學革命的第一頁，隨後相繼發表《建設的文學革命論》等文章，提倡「國語的文學，文學的國語」，在反對文言文，提倡白話文方面曾作出重大的貢獻。他在我國首先創作自由體新詩，其《嘗試集》（一九二〇年出版，是第一本新詩集）是中國現代新詩的第一部詩集，影響甚大。一九二三年，與徐志摩等組織新月社。一九三二年與丁文江等創辦《獨立評論》。抗戰後，任駐美大使。抗戰勝利後，任北京大學校長。一九四九年去美國。一九五八年回臺灣任中央研究院院長。他著作甚多，論著有《中國哲學史大綱》（上卷）、《白話文學史》等。有《胡適文存》、《胡適古典文學研究論集》。

1. **詩例**：

「嘗試成功自古無」，放翁這話未必是，我今爲下一轉語，「自古成功在嘗試」。請看藥聖嚐百草，嚐了一味又一味，又如名醫試丹藥，何嫌六百零六次。莫想小試便成功，那有這樣容易事，有時試到千百回，始知前功盡拋棄。即使如此已無愧，如此失敗便足記，告人「此路不通行」，可使腳力莫枉費。我生求師二十年，今得嘗試兩個字，作詩做事要如此，雖未能到頗有志。作嘗試歌頌吾師，願大家都來嘗試。（嘗試篇）

依舊月明時，我踏月獨自歸來——
依舊是空山靜夜；這淒寂如何能解？

翠微山上的一陣松濤，
驚破了空山的寂靜。
山風吹亂了窗紙上的松痕，
吹不散我心頭的人影。（秘魔崖月夜）

我的朋友倪曼陀死後於今五六年了。今年他的姊妹把他的詩文鈔了一份寄來，要我替他編訂。曼陀的詩本來是我喜歡讀的。內中有奈何歌二十首，都是哀情詩，情節很悽慘，我從前竟不曾見過。昨夜細讀幾遍，覺得曼陀的眞情有時被詞藻遮住，不能明白流露。因此我把這裏面的第十五，十六兩首的意思合起來，做成一首白話詩。曼陀少年早死，他的朋友都痛惜他。我當時聽說他是吐血死的，現在讀他的未刻詩詞，才知道他是爲了一種很爲難的愛情境地死的。我這首詩也可以算是表章哀情的微意了。八年三月二十日。

他也許愛我，——也許還愛我，
但他總勸我莫再愛他。
他常常怪我：
這一天，他眼淚汪汪的望著我，
說道：「你如何還想著我？
想著我，你又如何能對他？
你要是當眞愛我，
你應該把愛我的心愛他，
你應該把待我的情待他。」
他的話句句都不錯，——
上帝幫我！
我應該這樣做！（應該）

他從大風雨裡過來，
向最高峰上去了。
山上只有和平，只有美，
沒有風和雨了。

他回頭望著山腳下，
想起了風雨中的同伴。
在那密雲遮著的村子裡，
忍受那風雨中的沉暗。

他捨不得他們，
但他又怕山下的風和雨。
「也許還下雹哩？」
他在山上自言自語。

他終於下山來了，
向那密雲遮處走去。
「管他下雨下雹！
他們受得，我也能受！」（回向）

都是平常經驗，
都是平常影象，
偶然湧到夢中來，
變幻出多少新奇花樣！

都是平常情感，
都是平常言語，
偶然碰著個詩人，
變幻出多少新奇詩句！

醉過才知酒濃，
愛過才知情重：——
他你不能做我的詩，
正如我不能做你的夢。（夢與詩）

2.**分析**：胡大師自喻爲改組派，詩作顯受舊詩詞影響（如第二首中的依舊、空山、靜夜、踏月、松濤、松痕）。風格明淺（如第三首還君明珠雙淚垂的主題表現）。但「回向」

一首表現了人間性的意義，「夢與詩」啓示「詩的經驗主義」，夢就是聯想，化平凡爲神奇全在手法。結尾說明了文學的不全性，以情深無奈作譬。胡氏又常以樂觀進取主張入詩，多說理之作（如第一首）。朱湘云胡氏之作用「了」字韻尾太多。正如北社新詩年選中康白情所說：「適之首揭文學革命的旗，登高一呼，四方響應，其在中國文學史的地位是已定的了。」胡氏的價值貢獻一如古文運動中的韓愈，是在開風氣之先，而不是創作表現的精美。同時他的詩作表現了中國新詩蛻變的軌跡，由此我們可以深信中國新詩是由本土生根發芽成長的，是縱的承繼蛻變而非橫面舶來品的移植。

㈡**劉復**（一八九一—一九三四），原名壽彭、字半農，留法，江蘇江陰人。一九一一年辛亥革命時期曾在革命軍中任文書，後赴上海任《中華新報》和中華書局編輯，發表過一些舊體小說。一九一七年到北京大學任教。倡導五四新文化運動，發表過著名的《復王敬軒書》，創作新詩和雜文。一九二五年參加語絲社。早期詩歌關心現實、同情人民，具有民主主義傾向，他對新詩的形式和音節多有探索，注重向民歌、民謠學習。所寫雜文、評論尖銳鋒利，在當時頗有影響。主要著作有詩集《楊鞭集》、《瓦釜集》，雜文集《半農雜文》、《半農雜文二集》、《半農談影》等。有《劉半農詩選》。

1. **詩例**：

天上飄著些微雲，
地上吹著些微風。
啊！
微風吹動了我的頭髮，

教我如何不想她。

月光戀愛著海洋，
海洋戀愛著月光。
啊！
這般蜜也似的銀夜，
教我如何不想她。

水面落花慢慢流，水底魚兒慢慢游。
啊！
燕子你說些什麼話？
教我如何不想她？

枯樹在冷風裏搖。
野火在暮色中燒。
啊！
西天還有些兒殘霞，
教我如何不想她！（教我如何不想她）

2.**分析**：劉氏認爲詩是思想中最眞的一點，自以爲在詩的體裁上最會翻新花樣，詩作受民謠影響很深，常能使用口語，尤能駕馭江陰、北平方言，有白描之美且能具備深度。「教我如何不想她」一首，節奏和諧眞摯委婉，據說是新詩中第一首情詩，第一次用「她」，經趙元任譜曲後成爲燴炙人口的抒情名作。劉氏死後，趙氏有聯輓之：「十載湊雙簧，無詞今後難爲曲，數人弱一個，教我如何不想他。」

㈡**沈玄廬**：（一八七八—一九二九）原名沈定一，字劍侯。浙江蕭山人。早年曾任雲南知縣。辛亥革命初，曾任浙江省參議會議長。一九一七年與侯紹裴等創辦《民國日報》副刊《覺悟》。五四運動時，參與主編《星期評論》。發表提倡新文化思想的文章和新詩。一九二〇年創作長篇敘事詩《十五娘》，反映農業資本主義過程中的悲慘遭遇，是其代表作。有《玄廬文存》。

1. **詩例：**

1

菜子黃，
百花香，
軟軟的春風，吹得鋤頭技癢；
把隔年的稻根泥，一塊塊翻過來晒太陽，
不問晴和雨，
箬帽蓑衣大家有分忙，
偏是他，閑得兩隻手沒處放！

2

『看了幾分蠶，
賒了幾擔桑
我只顧得自己個人忙。
有的是田，地，和山，蕩。
他都要忙也哪里許他忙？——
坐吃山空總是沒個好下場。
昨天聽人說「哪里的地方招墾荒。」』

3

「五十」高興極了，
三腳兩步，慌慌張張：
「喂，十五娘，
我們底人家做成了；
我要張羅著出門去，你替我相幫！」
就在這霎時間歡喜和悲傷在佢倆底心窩中
　橫衝直撞。

4

一夜沒睡，
補綴了些破衣裳，
一針一歡喜，
一線一悲傷，
密密地從針裏穿過線裏引出，
默默地「祝他歸時，不再穿這衣裳；
更不要丟掉這衣裳！」

5

此刻都不曾哭，
怎麼佢倆底眼泡皮都像胡桃樣
一張破席捲了半牀舊被胎，
跳上埠船，像煞沒介事兒一樣。
他抬起頭來，伊便低下頭去，
像是全世界底固結性形成佢倆底狀況。
他恨不得說一聲「不去」，——
船兒已過村梢頭，只聽見船頭水響。

6

一個郵夫東問西問「十五娘」。
伊接到信卻一字不識，
彷彿螞蟻爬在熱鍋上，
『測字先生，你替我詳詳？
這不是我家「五……」他來的信麼？
測字先生很鄭重地說：
「你要給我銅板一雙，他平安到了一個
地方！」

7

「信該到了？
繭該摘了？
桑葉債該還了？
伊該不哭了？」

四周圍異地風光，
包圍著他一個人底凝想。——
就是要不想也只是想這個「不想」。

8

月光照著紡車響，
門前河水微風漾，
一縷情絲依著棉紗不斷地紡。
鄰家嫂嫂太多情，
說道「十五娘你也太辛苦了
明朝再作又何妨。」
伊便停住搖車，但是這從來不斷過的情
絲，一直牽伊到枕上，夢中，還是烏烏，
接著紡。
　不過從接信後的十五娘，
只是勤奮，只是快慰，只是默默地想。

9

本來兩想合一想，
料不到勇猛的「五十」一朝陷落在環境底
鐵蒺藜上。
工作乏了他也——不是，
瘟疫染了他也——不是，
掘地底機器，居然也妒嫉他來，
把勇猛的五十搾成了肉醬，
無意識的工作中正在凝想底人兒，這樣收
場。
但只是粉碎了他底身軀，倒完成了他和伊
相合的一個愛底想。

10.

纔了蠶桑，
賣掉繭來紡紗織布做衣裳。
一件又一件，單的夾的棉的，

堆滿一床，壓滿一箱。
伊單估著堆頭也覺得心花放。
『五十啊！
你再遲回來幾年每天得試新衣裳？
爲什麼從那一回後再不聽見郵差問「十五
娘？」』

11.

明月照著凍河水
尖風刺著小屋霜。
滿抱著希望的獨眠人睡在合歡床上，
有時笑醒，有時哭醒，有經驗的夢也不問
來的地方。
破瓦棱裏透進一路月光，
照著伊那甜蜜蜜的夢，同時也照著一片膏
腴墾殖場。

2.**分析**：「十五娘」一詩被贊爲元氣淋漓，音節、韻腳自然，具有音樂美。長短句字數相差自三字至二十二字，但能舒卷自如，全詩十一節一氣呵成，氣勢充沛。兼有詞曲、民歌形式，風貌特殊。而內容寫農家青年夫婦的愛情與生離死別，哀而不傷，是爲我國傳統的手法。

(四)**沈尹默**：（一八八三—一九七一）原名君默。浙江吳興人。早年留學日本。一九一三年起任北京大學、北京女師大教授，後任北平大學校長。一九一八年開始創作白話詩。一九一九年，一度參加《新青年》編輯工作。他是新詩運動的倡導者和實踐者。他的白話詩主要有《鴿子》、《人力車夫》、《月夜》、《落葉》、《三弦》等。這些詩表現了詩人的人道主義思想和自我的個性，代表作《三弦》巧於構思，講究含蓄，在意境和音節上均有獨創，影響甚大。他的舊詩詞造詣頗深。一九二九年出版詩詞集《秋明集》二冊。有《沈尹默詩詞集》。

1. **詩例**：

中午時候火一樣的太陽沒法去遮攔，讓他直曬著長街上。靜悄悄少人行路，祇有悠悠風來，吹動路旁楊樹。

誰家破大門裏，半院子綠茸茸的草，都存著閃閃的金光。旁邊有一段低土牆，擋住了個彈三弦的人，卻不能隔斷那三弦鼓盪的聲浪。門外坐著一個穿破衣裳的老人，雙手抱著頭，他不聲不響。（三弦）

2. **分析**：胡適稱沈氏詩多自古樂府中變化而來，三弦一詩，能以舊體所用的雙聲疊韻移來在新體中表現，最是可貴。而詩境又能寫實，意象蒼涼。

㈠**劉大白**：（一八八○—一九三二）浙江紹興人，名靖裔，以字行，晚清舉人。參加反對袁世凱的鬥爭，後被迫流亡日本、南洋等地。一九一六年袁世凱死後回國。一九一九年開始新詩創作。著有新詩集《舊夢》和《郵吻》，舊詩集《白屋遺詩》。論著有《白屋說詩》、《白屋文話》、《舊詩新話》等。有《劉大白詩選》。

1. **詩例**：

我不是不能用指頭兒撕，　只是緩緩地

我不是不能用剪刀兒剖，　輕輕地

很仔細的挑開了紫色信唇
我知道這信唇裏面，
藏著她秘密的一吻。

從她底很鄭重的摺疊裏，
我把那粉紅色的信箋，
很鄭重地展開了，
我把她很鄭重地寫的，
一字字一行行，
一行行一字字地，
很鄭重地讀了。

我不是愛那一角模糊的郵印，
我不是愛那滿幅精緻的花紋，
只是緩緩地
　輕輕地
很仔細地揭起那綠色的郵花；
我知道這郵花背後，
藏著她秘密的一吻。（郵吻）

2.**分析**：劉氏自評詩作傳統氣味太重，不易消除。又說「用筆太重，愛說盡，少含蓄」。就郵吻一首看來，正是如，但精鍊含蓄之不足是當時白話詩的通病，詩作坦率熱烈，優點仍在。

㈠**傅斯年**（一八九六—一九五〇）：字孟眞，山東聊城人。五四健將、學者。逝世於臺大校長任內。著作有傅孟眞先生集（臺大出版）、傅斯年選集（文星）。

1.**詩例**：

春天杏花開了，
一場大風吹光。

夏天荷花開了，
一場大雨打光。
秋天梔子開了，
十幾天的連陰雨把它淋光。
冬天梅花開了，
顯它那又老又少的勝利在大雪地上。
杏花、荷花、梔子、梅花，——
你敗了，我開。
咱們的總名叫「花」，
咱們一伙兒。

太陽出了，月亮落了。
星星出了，太陽落了、
月亮出了，星星落了。
陰天都不出，偏有鬼火照照。
太陽。月亮、星星、鬼火，——
咱們輪流照著，
叫他大小有個光，
咱們一伙兒。（咱們一伙兒）

2. **分析**：雖然平淺，但豪力意義特具，正是五四健將以革命朝氣，同志期勉意義表現在詩作的例子。

㈠**康白情**：（一八九六—一九五一）字洪章，四川安岳人。在北京大學讀書時，與傅斯年等組建「新潮社」，並參加「少年中國學會」。一九一九年在《新潮》發表《雪後》處女作，爲「新潮」著名詩人。一九二〇年北京大學畢業後去美國留學。曾在加州加入「三K黨」。詩集有草兒在前集（一九二三年亞東圖書館）、河上集（一九二四年亞東圖書館）。

1. **詩例**：

草兒在前，
鞭兒在後，
那喘吁吁的耕牛，
正擔著犁鳶，
沽著白眼，
帶水拖泥，
在那裏「一東二冬」的走著。
「吁……吁……」
「牛吔，快犁快犁，
你還要歎氣，
我把鞭兒抽你。」
牛啊！
人啊！
草兒在前，
鞭兒在後。（草兒在前）

1

燕子，回來了？
你還是去年底那一個麼？

2

花瓣兒在潭裏；
人在鏡裏，
只愁我在不在她底心裏？

3

滴滴琴泉，
聽聽他滴的是什麼調子？

4

這麼黃的菜花！
這麼快活的蝴蝶！
卻爲什麼我總這麼——說不出！

知道他們是否也有了這些個疑問。
（疑問）

5

綠油油的韭畦中，
鋤著幾個藍掛兒的莊稼漢。

2. **分析**：以散文手法寫詩，樸實自然。胡適評為：「看來毫不用心，而自具一種有以異乎人的美」梁實秋指為「設色的妙手」。「草兒在前」一首譬喻人生，寫實自然。「疑問」一首抒情眞切細密。

(一)**俞平伯**：（一九〇〇—一九九〇）詩人、散文家。原名俞銘衡。浙江德清人。早年參加新文學運動，是新潮社、文學研究會、語絲社等成員之一。也是新文學運動初期的重要詩人之一。倡導「詩的平民化」，參與創辦第一個詩刊物《詩》。他的詩受舊體詩詞影響甚大，散文也帶有舊筆記文的色彩。二十年代後期以後，主要致力《紅樓夢》研究。詩集有冬夜（一九二二年亞東圖書館）、西還（一九二四年亞東圖書館」、憶（北京樸社）。另有雪朝係與朱自清、徐玉諾等人之合集，由商務印書館出版。

1. **詩例**：

今年九月十四日我同長環到蘇州，買舟去遊寒山寺。雖時值秋半，而因江南陰雨兼旬，故秋意已頗深矣。且是日雨意未消，游者闃然；瞻眺之餘，頗感寥廓！人在廢殿頹垣間，得聞清鐘，尤動悽愴懷戀之思，低徊不能自已。夫寒山一荒寺耳，而搖蕩性靈至於如此，豈非情緣境生，而境隨情感耶？此詩之成，殆吾之結習使然。

那裏有寒山！
那裏有拾得！
那裏去追尋詩人底魂魄！
只憑著七七八八，廓廓落落，
將倒未倒的破屋，
粘住失意的游蹤，
三兩番的低徊躑躅。

明艷的鳳仙花，
喜歡開到荒涼的野寺；
那帶路的姑娘，
又想染紅她的指甲，
向花叢去掐了一握。

他倆只隨隨便便的，
似乎就此可以過去了；
但這如何能，在不可聊賴的情懷？

有剝落披離的粉牆，
攲斜宛轉的遊廊，
蹭蹬的陂陀路，
有風塵色的遊人一雙。
蕭蕭條條的樹梢頭，
迎那西風碎響。
他們可也有想搖落的心腸？

鏜然起了，
嗡然遠了，
漸般然散了；
楓橋鎮上底人，
寒山寺裏底僧，
九月秋風下痴著的我們，
都跟了沉凝的聲音依依蕩顫。
是寒山寺底鐘麼？
是舊時寒山寺底鐘聲麼？（悽然）

離家的燕子，
在初夏的一個薄晚上
隨輕寒的風色，
嬾嬾的飛向北方海濱來了。
雙雙尾底翩躚，
漸漸褪去了江南綠，

老向風塵間，
這樣的，剪啊！剪啊。
重來江南日，
可憐只有腳上的塵土和牠同來了，
還是這樣的，剪啊！剪啊！
（憶十七）

2.**分析**：平伯精於舊詞，諸家之中，獨崇清眞。或許就是周詞中的那種「暗柳啼鴉，單衣佇立」的淒清況味，最能與他的性格相近吧！舊文學的體認建樹起他獨特的風貌，在新詩中表現。以樸實眞摯的筆觸，兼有哲理深度，深邃幽遠的詩境，特能使讀者感受到低徊的韻味。在以上二首中都能見到。憶十七一首二段有影視藝術淡失之感，新穎自然。

㈠**劉延陵**：（一八九六—？）字蘇觀，筆名言林等，江蘇泰興人。一九一六年復旦大學畢業後，到江蘇南通師範等校任教，五四運動期間開始寫詩。一九二一年在上海參加文學研究會，並與朱自清等組織中國新詩社。次年一月，與葉聖陶創辦和主編《詩》月刊。後與鄭振鐸、周作人等編輯出版詩歌全集《雪朝》。一九二三年又與朱自清、俞平伯等組織OM社，編印了兩種不定期文學刊物《我們的六月》和《我們的七月》，抗戰前任上海暨南大學教授，抗戰開始後到香港，最終定居新加坡。他的詩作構思別緻，想像豐富，充滿浪漫色彩。

著有詩集《雪朝》(第七集)。

1. **詩例**:

月在天上,
船在海上,
他兩隻手捧住面孔,
躲在擺舵的黑暗地方。
他怕見月兒眨眼,
　海兒掀浪,
引他看水天接處的故鄉。
但他卻想到了,
石榴花開得鮮明的井旁,
那人兒正架撐著竹子,
曬她的青布衣裳。(水手)

2. **分析**:劉延陵自稱喜歡晚唐詩人李賀,以為李詩接近西方人的手法。劉氏自己的詩新鮮活潑,韻律自然,水手一詩是他的代表作,結尾三句意象突明,極具力量。

三、小詩作家作品析介

小詩係呈現作者在生活中偶感的心意,表現瞬間的內在情緒的昇浮狀態,不敘事而抒情。西洋文學中,小詩的發展很早。如柏拉圖(Plato 427-347 BC)的小詩:

「你看著星麼?
我的星,
我願為天空,
得以無數的眼看你。」

㈠**冰心**(一九〇〇—):早年閨秀派女作家,原名謝婉瑩,福建長樂人。一九一八年入北京協和女子大學學醫，後改學文學。在校時參加五四運動，發表《兩個家庭》、《斯人獨憔悴》、《去國》等。一九二一年參加文學研究會，創作「冰心體」小詩《繁星》、《春水》詩集。一九二三年赴美留學，其間把旅途和異域見聞寫成散文，結集爲《寄小讀者》，頗有影響。一九二六年回國，先後在燕京大學、清華大學任教。一九三四年任《文學季刊》編委。抗戰期間輾轉昆明、重慶。一九四六年到日本，後在日本東京大學教授中國新文學。一九五一年歸國，出版散文集《再寄小讀者》、《三寄小讀者》、《小桔燈》、《關於男人》。此外翻譯泰戈爾的《園丁集》、《吉檀迦利》和他的短篇小說等。有《冰心文集》、《冰心著譯選集》。

1. 詩例：

窗外的琴弦撥動了，
我的心啊！
怎只深深的繞在餘音裏？
是無限的樹聲，
是無限的月明。（繁星二一）

軌道旁的花兒和石子，
只這一秒的時間裏，

我和你，
是無限之生中的偶遇，
也是無限之生中的永別，
再來時，
萬千同類中，
何處更尋你？（繁星五二）

深林裏的黃昏，

是第一次麼？
又好似是幾時經歷過。（繁星六六）

大海啊！
那一顆星沒有光？
那一朵花沒有香？
那一次我的思潮裏，
沒有你波濤的清響？（繁星一三一）

牆角的花，
你孤芳自賞時，
天地便小了。（春水三三）

黃昏，深夜，
槐花下的狂風，
藤蘿上的密雨，
可能容我暫止你？

病的弟弟，
剛剛睡濃了啊！（春水四〇）

小松樹，
容我伴你吧！
山上的白雲深了（春水四一）

別了！春水，
感謝你一春潺潺的細流，
帶去我許多意緒，
向你揮手了，
緩緩的流到人間去吧！
我要坐在泉源邊，
靜聽回響。（春水一八二）

躲開相思，
披上裘兒，

走出燈明人靜的屋子，
小徑裏明月相窺，
枝枝——
在雪地上，
又縱橫的寫遍了相思。（相思）

我從不肯妄棄了一張紙，
總是留著，留著，
疊成一隻一隻很小的船兒，
從舟上拋下在海裏。
有的被大風吹捲到舟中的窗裏，
有的被海浪打濕，沾在船頭上，
我仍是不灰心的每天的疊著，
總希望有一隻能流到我要他到的地方去
母親！倘若你夢中看見一隻很小的白船兒，
不要驚訝他無端入夢，
這是你至愛的女兒含著淚疊的，
萬水千山，求他載著她的受和悲哀歸去。（紙船）

2. **分析**：新文學運動初期閨秀派的女作家，受印度詩哲泰戈爾飛鳥集影響，詩作婉約，語言清脆流利，自然清麗而晶瑩純潔，歌詠對象多為母愛與和平的海洋，部份且能蘊含哲理引人深思，缺點是題材狄小，詩作的深度與力量顯示不足。

㈡**汪靜之**：（一九〇二—）安徽績溪人。一九二〇年到杭州第一師範讀書，次年發表新詩，與潘漠華、馮雪峰等組織晨光文學社。一九二二年組織湖畔詩社，出版詩合集《湖畔》。一九二二年出版第一部詩集《蕙的風》。早期詩作受海涅愛情詩和「五四」個性解放思想的影響，具有強烈的反封建傾向，頗受讀者歡迎。一九二六年參加北伐戰爭，寫了不少革命詩歌。以後大部分時間從事教學活動。抗戰時期因生活困難，做過酒業生意。抗戰勝利後曾在江蘇文理學院、復旦大學任教。詩集有蕙的風（一九二二年亞東圖書館）、寂寞的國（一九二七年開明書店）。湖畔（與潘漠華、馮雪峰、應修人四人合集一九二二年湖畔詩社出版），春的歌集（合集一九二三年湖畔詩社出版）

1. **詩例**：

常在門前柳樹下，
尋那童年遊戲的足跡，
寂寞的母親呀！（足跡）

偏偏不許我沒有煩悶的長夜啊！（長夜）

芭蕉姑娘啊，
夏夜在此納涼的那人兒呢？（芭蕉姑娘）

於今不比從前呀——
夜夜縈繞著伊的，
僅僅是我自由的夢魂兒了。（在相思裏）

2. **分析**：短而精鍊的小詩，甚至祇有一句（如長夜）難怪胡適要自歎弗如，抒情眞摯，寓意遙深（如足跡），戀歌表意眞率可感（如芭蕉姑娘、在相思裏）。

㈢ **劉大白**：

1. **詩例**：

有如許的淚，
就是渾身都是眼，
也流不盡啊！（秋之淚）

歸巢的鳥兒，
儘管是倦了
還馱著夕陽回去。
雙翅一翻，
把斜陽掉在江上，
頭白的蘆葦，
也粧成一瞬的紅顏了。（秋晚的江上）

假如我是一顆螢火，
能有微光照著自己，
也不怕被風吹滅了。（落葉之什）

趁相思微微地睡去的時候，
把她絞死了。
深深地埋在九幽之下；
但當春信重來的夜裏，
她又從紅豆枝頭復活了。（淚痕七十三）

整片的寂寥，
被點點滴滴的雨，
敲得粉碎了，
也成爲點點滴滴的。

不一會兒，
雨帶著寂寥到池裏去
又成爲整片的了；
寂寥卻又整片地回來了。（整片的寂寥）

2. **分析**：劉大白的小詩較自由詩更精鍊深刻，秋之淚一首沉悒。落葉之什感慨寄意遙深。淚痕一首抒情眞摯委婉。整片的寂寥一首想像極佳。最好的是秋晚的江上，使用「轉折」手法成功。

古典韻文中使用轉折例如董西廂：「君不見滿川紅葉（A）盡是離人（C）眼中血（B）」王西廂的：「曉來誰染霜林醉（A）總是離人（C）淚（B）」牡丹亭中的：「遍青山啼紅了（B）杜鵑（A）」聯想的軌跡還可再延到鄉愁（C）又如：「荼蘼（C）外煙絲醉（B）軟（A）」都是以轉折手法層層引出詩情之例。劉作秋晚的江上一首，從歸鳥、夕陽，到蘆葦、紅顏。由倦鳥之馱帶夕陽（A）進展到白蘆衰老的聯想（B），再進展到白蘆之沐浴夕陽呈紅，聯想到有如一瞬間短暫的紅顏（C）手法新穎而成功。

(四)俞平伯：

1. **詩例：**

小小的闌干，紅著的，

蒲葵扇上，梔子花兒底晚香。（憶二十一）

2. **分析：**精鍊短小，憶念委婉，正是平伯獨具的色。

(五)朱自清：（一八九八—一九四八）字佩弦，原名自華，號秋實。江蘇東海人。一九二○年畢業於北京大學哲學系，後在杭州第一師範、揚州第八中學等校教書。一九二一年加入文學研究會。一九二二年主編「五四」以來最早的詩刊《詩》。一九二三年發表長詩《毀滅》。一九二五年任清華大學教授。一九三一年去英國倫敦學習，並漫遊歐洲諸國。一九三二年回國，先後在清華大學、西南聯大等校任教。作品有蹤跡，（詩與散文合集一九二四年亞東圖書館）。

1.**詩例**：

那泱泱的黑暗中熠耀著的，
一顆黃黃的燈火啊，
我將由你的熠耀裏，
凝視她明媚的雙眼。（燈光）

髮上依稀的殘香裏，
我看見渺茫的昨日的影子——
遠了，遠了。（僅存的）

2.**分析**：詞文學中，有「弦上黃鶯語」韋莊的清俊風格與「畫屏金鷓鴣」溫庭筠的濃艷，發展到新體詩，朱自清徐志摩正是彷彿韋溫的兩種相對不同的風貌，朱氏的流麗風格，清脆親切，平淺而蘊含深意，是所謂「言淺而意深」「言近而旨遠」的。

(六)**馮雪峰**：（一九〇三—一九七六）原名馮福春，筆名畫室、何丹仁等。浙江義烏人。一九二二年在杭州省立第一師範讀書時與汪靜之等創立湖畔詩社，合出詩集《湖畔》、《春的歌集》。一九二六年開始翻譯蘇聯文藝論著。詩集有眞實之歌。

1.**詩例**：

清明日，
我沉沉地到街上去跑，
插在門上的柳枝下，
彷彿地看見豌豆花的小妹妹底影子。
（清明日）

2.**分析**：以雙關語「沉沉」同時表現腳步與心情之沉重，結句突明，主題鮮活呈現。

㈦**宗白華**：（一八九七—一九八七）原名宗之櫆。江蘇常熟人。曾參加少年中國學會，編輯《少年中國》月刊。主編過《時事新報》的副刊《學燈》，在促進新文學發展方面有過貢獻。他和郭沫若、田漢的通信，後編爲《三叶集》出版，一九二五年留學德國，在柏林大學學習美學和哲學。一九二五年回國後，在南京東南大學哲學系任教。詩集有流雲小詩。（一九二三年亞東圖書館）

1. **詩例**：

啊！詩從何處尋？

在細雨下，點碎落花聲！

在微風裏，飄來流水音！

在藍空天末，搖搖欲墜的孤星！(詩)

2. **分析**：自承詩創作受唐人絕句及歌德的影響很大，多表現哲理。他說：「拿叔本華的眼睛看世界，拿歌德的精神做人。」在「我和詩」一文中說：「我愛光，我愛海，我愛人間的溫愛，我愛羣衆裏千萬心靈一致緊張而有力的熱情。我不是詩人，我却主張詩人是人類底光和愛和熱的鼓吹者。」又說：「藝術的生活就是同情的生活。無限的同情對於自然。無限的同情對于人生。無限的同情對於星天雲日、鳥語泉鳴。無限的同情對於死生離合，喜笑悲啼。這就是藝術感覺的發生，這也是藝術創造之目的。」這位哲理詩人，唐詩的靜穆自然使他的詩作能寓穠麗於沖淡，而歌德熱愛人生的精神，又使他的詩作能展現新而廣大的宇宙觀、人生觀，表現出一種柔和安祥的特色。

(八)**潘漠華**：（一九〇二—一九三四）名訓，筆名漠華、若迦。浙江宣平人。一九一九年入浙江第一師範學校。次年開始創作新詩。一九二二年參加晨光社，與馮雪峰、汪靜之合出詩集《湖畔》，後與應修人合出詩集《春的贊歌》。

1. **詩例**：

腳下的小草呵！
請你恕我吧！
你被我蹂躪只一時，
我被人蹂躪是永遠呵！（小詩之一）

七葉樹呵！
你穿了紅的衣裳嫁與誰呢？（小詩之二）

2. **分析**：號稱湖畔詩人的潘漠華，以自由形式抒情，自然可感。

第二節　格律詩與象徵詩

一、特　徵：

基於文學發展的原則：新興的風格常是前一風格的反動。白話詩浮淺之弊，屬於先天缺憾、稍晚興起的小詩，未能徹底糾改白話詩的弊端；眞正能在風格上作重大改變，取代白話詩與小詩的地位，而爲詩壇主流的，是格律詩與象徵詩。

㈠**格律詩**：存在於人性之中，本有範限成功（後知後覺）與自由成功（先知先覺）兩種型態，格律詩以嚴格範限壓力促使作家才情煥發，使有突破性的精美創作表現，成功先例，早見於舊文學的領域，存在的理由正屬於前者。此派由新月詩人倡導，採西洋詩格律，形式整齊、音節鏘鏗，變淺近活潑的自由詩風爲含蓄深刻，描寫對象推廣，詩的篇幅加長，長篇敍事詩開始出現：風格的改變，使中國新詩史邁進了一個新的里程。

㈡**象徵詩**：美感的存在，明朗與朦朧本是相當的兩個領域，而朦朧隱約常更勝於明朗清晰。我們不能說人類之偏愛缺月殘花之美是一種病態，或許這正和人類偏愛悲劇，企圖以自虐的快感，在比較中獲得平衡的人性有關吧！象徵詩早在古典文學的歷史中，樹立起地位價值，它的存在價值，基於人性的特殊面與美感欣賞的特殊面，（殘缺勝於圓滿，朦朧勝於明朗）；同時象徵詩之不同於平淺，使讀者必須通過一些聯想之後方能進入詩境，不但能使讀者具有參與感，而且還能促使讀者使用同情、想像，這一切，也正是符合著人性需要的。

中國古典韻文中的象徵詩很多，如晚唐李賀，採取往古幽冥素材，以象徵手法表現生命迫壓。李商隱的詩作隱秘，多用象徵手法。新詩中的象徵於民國廿三、廿四年間風行，雖說是由法國歸國留學生提倡，來自異國，但追溯我國古典文學發展的轍跡，象徵詩實已早見於前，只不過新與舊不曾做好比較與連接而已。

十九世紀末，法國詩人波特萊爾的「惡之華」（Flenr dw mal）以病態、不健全的事象爲題材，深刻寫出現代的悲哀，自稱爲「悲哀的煉金士」。作品中充滿可驚異的鳴應，對比與想象、內容充沛而優美。文字上注重音樂性，是情緒的、感覺的。表現手法上，重視暗示性。是神秘的、主觀的、朦朧的，而使音、香、光、色以及諸種感覺，諸種理念成爲相通的一體。使色、聲、香、味，觸感交錯形成象徵的感覺，以色形聲，以聲形色，而刺激官能。其人的詩作充盈神秘奇美，其備色香、魅力特具。表現人生悲情而又能將悲情誇張美化。被評爲「酷愛悲哀前無古人」。

波特萊爾可說是象徵派繼承頹廢派新興詩派的大師。其後法國詩壇上出現了馬拉美（S. Mallarme. 1842-1891）魏爾侖（P. Verlaine. 1844-1896）和藍波（A. Rimbaud 1854-1891）等三位象徵派的大詩人，使象徵派正式成立。波特萊爾在「惡之華」的序文中說：「頹廢派的文體是富於才智的，複雜的，雖是極瑣碎的意味也毫不遺漏的文體，是能使詞彙極爲豐富，以表現在思想上向來難以說明的東西，表現在形式上向來最曖昧最易消滅輪廓的文體，總之，它是超越了向來語言的範圍的文體。換句話說，頹廢派的文體，是語言的最後努力，進步到語言這東西所能達到的最高境地」他曾解析感覺交錯說：「氣味與色聲相互回應，味之新鮮如嬰兒之肌膚，柔嫩如草莓，綠如茵草。」馬拉美用省略的語法以表現他詩中神秘的意象，他說：「作詩應竭力避免明瞭和確定」魏爾侖主張詩應如謎語，他強調音樂性和朦朧美。藍波運用感覺交錯的技巧，魔術化了聲色光影的變幻，而推翻了一切詩的規律。

覃子豪曾析介象徵派的本質與特徵，認爲法國的象徵派在本質上有兩種傾向：

1.頹廢（Decadent）的傾向：懷疑、苦悶、頹廢，是十九世紀末特有的現象。所謂「世紀末」（Fin de Siecle）的病態，就是歇斯底里（Histeria）的特質，這是由於對現實的失望而產生一種消極的狀態。

2.神秘的傾向：近代人由於頹廢、懷疑和苦惱，敏感的神經，極需追求官能的享樂，作對現實的逃避，故傾向神秘，陶醉於幽玄朦朧的境界中。

在表現方法上的特徵，約有四點：

1.象徵派打破了形式的束縛，創立了不定形（Vers amophes）的自由詩（Vers Libre）。

2.強調音樂性，重視節奏和旋律的音響，因爲，音樂才能表現出幽玄的情調。

3.感覺交錯，即是音和色的交錯。是象徵派特殊的表現技巧之一。

4.暗示，爲象徵派表現的根本方法，即是普通語言不能表現出神秘幽玄的境界，必須有賴於暗示。

綜合而言，象徵派在本質上是①：主觀主義的，重在抒寫他們靈魂的感覺；②：是反格律的，完全自由地創造形式，打破一切舊有格律的束縛；③：是音樂的，注重飄忽幽渺的節奏和音韻。

象徵派的詩給予當時法國詩壇影響很大。使法國十九世紀末葉及二十世紀初葉的所有詩人，莫不受到象徵派的影響，而且影響到歐洲各國乃至全世界。在二十世紀初葉，法國有新象徵派詩的出現；在詩的形式上更為自由了。任由每個詩人去自由創造；同時把個人那種高不可攀的內在意識放鬆，開始注意到客觀世界的力量。由完全的主觀主義，轉變到注重客觀世界，這是象徵派突破自己的一大演進。

二、格律詩作家作品析介：

徐志摩與胡適、潘光旦等創辦新月書店於上海，出版新月月刊，影響促進格律詩的進展。

㈠**徐志摩**：（一八九六—一九三一）原名章垿。浙江海寧人。一九一八年肄業於北京大學後去美國學習銀行學。一九二一年入倫敦劍橋大學當特別生，開始新詩創作。一九二二年回國後發表大量詩文，組織新月社，並參加文學研究會。一九二四年，與胡適、陳源等創辦《現代評論》，並任北京大學教授。一九二五年遊歷蘇、德、意、法諸國後出版《志摩的詩》，主編《晨報》副刊《詩鐫》，與聞一多、朱湘等人提倡新詩格律化運動。一九二七年春到上海與胡適、邵洵美等籌辦新月書店，次年創辦《新月》月刊，並任光華大學等校教授。一九二八年再度歷遊英、美、日、印度諸國。一九三一年任筆會中國分會理事，與陳夢家等創辦《詩刊》。為新月派代表詩人，一九三一年空難去世。詩集有志摩的詩，翡冷翠的一夜、猛虎集、雲遊集等。一九六九年臺灣傳記文學社出版全集六冊。

1. **詩例**：

輕輕的我走了，
正如我輕輕的來，
我輕輕的招手，
作別西天的雲彩。

那河畔的金柳，
是夕陽中的新娘；
波光裏的艷影，
在我心頭蕩漾。

軟泥上的青荇，
油油的在水底招搖；
在康河的柔波裏，
我甘心做一條水草；

那蔭榆下的一潭，
不是清泉，是天上的虹，
揉碎在浮藻間，
沈澱著彩虹似的夢。

尋夢？撐一支長篙，
向青草更青處漫溯；
滿載一船星輝，
在星輝斑斕裏放歌。

但我不能放歌，
悄悄是別離的笙簫；
夏蟲也爲我沉默，
沉默是今晚的康橋！

悄悄的我去了，
正如我悄悄的來；
我揮一揮衣袖，
不帶走一片雲彩。（再別康橋）

我昨夜夢入幽谷，
聽子規在百合叢中泣血，
我昨夜夢登高峰，
見一顆光明淚自天墮落。

古羅馬的郊外有座墓園，
靜偃著百年前客殤的詩骸；
百年後海岱士黑輦的車輪，
又喧響在楓丹白露的青林邊。
說宇宙是無情的機械，
爲甚明燈似的理想閃耀在前？
說造化是眞善美之表現，
爲甚五彩虹不常住天邊？

我與你雖僅一度相見——
但那二十分不死的時間！
誰能信你那仙姿靈態，
竟已朝霧似的永別人間？

非也！生命只是個實體的幻夢：
美麗的靈魂，永承上帝的愛寵；
三十年小住，只似曇花之偶現，
淚花裏我想見你笑歸仙宮。

你記否倫敦約言，曼殊斐兒！
今夏再見於琴妮湖之邊；
琴妮湖永抱著白朗磯的雪影，
此日我悵望雲天，淚下點點！

我當年初臨生命的消息，
夢也似的驟感戀愛之莊嚴；
生命的覺悟是愛之成年，
今又因死而感生與戀之涯沿！

因情是慣不破的純晶，
愛是實現生命之唯一途徑：
死是座偉秘的洪爐，此中，
凝鍊萬象所從來之神明。
我哀思焉能電花似的飛馳，
感動你在天日遙遠的靈魂？
我洒淚向風中遙送，
問何時能戳破生死之門？(哀曼殊斐兒)

我等候你。
我望著户外的昏黃，
如同望著將來，
我的心震盲了我的聽。
你怎還不來？希望
在每一秒鐘上允許開花。
你的笑語，你的臉，
你的柔軟的髮絲，
守候著你的一切；
希望在每一秒鐘上，
枯死——你在那裏？
我要你，要得我心裏生痛，
我要你的火燄似的笑，
要你的靈活的腰身，
你的髮上眼角的飛星；
我陷落在迷醉的氛圍中，
像一座島，
在蟒綠的海濤間，不自主的在浮沉——
喔，我在迫切的想望
你的來臨，想望
那一朵神奇的優曇
開上時間的頂尖！
你爲什麼不來，忍心的？
你明知道，我知道你知道，
你這不來於我是致命的一擊，

打死我生命中乍放的陽春，
教堅實如礦裏的鐵的黑暗，
壓迫我的思想與呼吸；
打死可憐的希冀的嫩芽，
把我囚犯似的交付給
妬與愁苦，生的羞慚
與絕望的慘酷。
這也許是癡，竟許是癡
我信我確然是癡；
但我不能轉撥一支已然定向的舵
萬方的風息都不容許我猶豫，
我不能回頭，運命驅策著我！
我也知道這多半是走向
毀滅的路；但
爲了你，爲了你
我什麼也都甘願；
這不僅是我的熱情，
我的僅有的理性亦如此說。
癡！想磔碎一個生命的纖微
爲要感動一個女人的心！
想博得的，能博得的，至多是
她的一滴淚，
她的一陣心酸，
竟許一半漠然的冷笑，
但我也甘願，即使
我粉身的消息傳到
她的心裏如同傳給
一塊頑石，她把我看作
一隻地穴裏的鼠，一條蟲
我還是甘願！
癡到了眞，是無條件的，
上帝他也無法調回一個
癡定了的心，如同一個將軍
有時調回已上死線的士兵。

枉然，一切都是枉然，
你的不來是不容否認的實在，
雖則我心裏燒著潑旺的火，
饑渴著你的一切，
你的髮，你的笑，你的手腳；
任何的癡想與祈禱。
不能縮短一小寸
你我間的距離！
戶外的昏黃已然
凝聚成夜的烏黑，
樹枝上掛著冰雪，
烏雀們典去了它們的啁啾，
沈默是這一致穿孝的宇宙。
鐘上的針不斷的比著
玄妙的手勢，像是指點，
像是同情，像是嘲諷，
每一次到點的打動，我聽來是
我自己的心
的活埋的喪鐘(我等著妳)

2.**分析**：徐志摩不斷地做域外詩體輸入和試驗的工作，有散文詩、自由詩、無韻體詩、駢句韻體詩。奇偶韻體詩、章韻體詩。開闢了許多新路供有志者發展。正如穆木天說他，是一個生命的信徒，相信生活即藝術，忠於理想，不斷地要求自我實現。

名家必須建立起屬於自我的獨特風格，但又要能不被此風格所囿，表現當如天馬行空，揮洒自如，任何風格、體裁、題材都不能範限：這一點，祇有第一流的作家才能做到。志摩不愧是詩壇宗匠，如以上所舉的詩例：「再別康橋」一首雍容典麗，是他獨擅的「穠艷」風格，而其中成功地擷取使用古典詩頂眞句法，且將頂眞使用由句與句的連接推展到段與段的連接，表現極是成功。「哀曼殊斐兒」一首，眞摯委婉。「我等候你」一首情感焚燃的熾烈眞率。各具特色，顯示出一流詩人才情之豐奇與不受羈勒氣慨之豪雄。

㈡**聞一多**：（一八九九—一九四六）原名家驊。湖北浠水人。一九一二年考入北京清華學校，「五四」運動前後開始寫新詩，一九二二年畢業於清華大學後赴美國留學，學習美術，並研究文學和戲劇。一九二五年回國後任北京藝專教務長，同時與徐志摩等主辦《晨報·詩鐫》，是新月詩派的主要詩人。一九二七年到武漢北伐革命軍政治部任藝術股長。一九二八年與徐志摩等編輯《新月》雜誌。次年因觀點不合，辭去編輯工作，任武漢大學文學院院長。一九三〇年起在青島大學任教。一九三七年抗戰爆發後長期在昆明西南聯大任教。一九四四年加入中國民主同盟，一九四六年七月五日死於昆明學潮。詩集有紅燭（一九二三年泰東圖書館）死水（一九二九年新月書店）。

1. **詩例**：

這是一溝絕望的死水，
清風吹不起半點漪淪。
不如多扔些破銅爛鐵，
爽性潑你些賸菜殘羹。

也許銅的要綠成翡翠，
鐵罐上鏽出幾瓣桃花；
再讓油膩織一層羅綺，
黴菌給他蒸出些雲霞。

讓死水酵成一溝綠酒，
飄滿了珍珠似的泡沫；

小珠笑一聲變成大珠，
又被偷酒的花蚊咬破。

那麼一溝絕望的死水，
也就誇得上幾分鮮明。
如果青蛙耐不住寂寞，
又算死水叫出了歌聲。

這是一溝絕望的死水，
這裏斷不是美的所在，
不如讓給醜惡來開墾，
看他造出個什麼世界。（死水）

我不騙你，我不是什麼詩人，
縱然我愛的是白石的堅貞，
青松和大海，鴉背馱著夕陽，
黃昏裏織滿了蝙蝠的翅膀。

你知道我愛英雄還愛高山，
我愛一幅國旗在風中招展，
自從鵝黃到古銅色的菊花。
記著我的糧食是壺苦茶！

可是還有一個我，你怕不怕？！
蒼蠅似的思想，垃圾桶裏爬。（口供）

2.**分析**：自稱是「穿著鐵鞋跳舞」，有精神、有聲色、是格律中的格律，運用北方口語而特別注意韻之整齊、著力於推敲雕琢字句，常說：「不知除了形式之外還有什麼？」主張節的勻稱、句的均齊、主張「音尺」、重音、韻腳。詩作代表平凡知識份子心聲，富有雄渾豪邁之力。與徐志摩不同的是，一是北方的蒼勁，一是南方的濃艷。「口供」一首以美、醜交錯深刻的解剖，揭露虛偽，對比鮮明，手法特殊：但這首詩的表露，作者偏激的主觀，也是很明顯的。「口供」一首敢於自剖，有家國之愛與個人自責，啓示眞實。

㈢**郭沫若**（一八九二—一九七八）詩人、劇作家、新文學運動的先驅者。原名郭開貞，號尚武，筆名麥克昂、鼎堂等。四川樂山人。一九一三年留日。一九一八年入九州帝國大學習醫。一九二一年與郁達夫、成仿吾等組織創造社。同年出版新詩集《女神》，爲我國新詩開創一代浪漫主義詩風。一九二六年參與北伐。一九二七年後，在日本隱居十年，抗戰後回國，領導文化活動。有詩集《女神》、《星空》、《瓶》、《前茅》、《恢復》、《蜩螗集》。

1. **詩例：**

序曲

除夕將近的空中，
飛來飛去的一對鳳凰，
唱著哀哀的歌聲飛去，
銜著枝枝的香木飛來，
飛來在丹穴山上。

山右有枯槁了的梧桐，
山左有梢歇了的醴泉，
山前有浩茫茫的大海，
山後有陰莽莽的平原，
山上是寒風凜冽的冰天。

天色昏黃了，
香木集高了，
鳳已飛倦了，
凰已飛倦了，

他們的死期將近了。
鳳啄香木，
他們的死期將近了。

鳳啄香木，
一星星的火點迸飛。
凰搧火星，
一縷縷的香煙上騰。
鳳又啄，
凰又搧，
山上的香煙瀰散，
山上的火光瀰滿。
夜色已深了，
香木已燃了，
鳳已啄倦了，
凰已搧倦了，
他們的死期已近了！

啊啊！
哀哀的鳳凰！
鳳起舞，低昂！
凰唱歌，悲壯！
鳳又舞，
凰又唱，
一群的凡鳥，
自天外飛來觀葬。

鳳凰更生歌

雞鳴

昕潮漲了，
昕潮漲了，
死了的光明更生了。

春潮漲了，
春潮漲了，
死了的宇宙更生了。

生潮漲了，
生潮漲了，
死了的鳳凰更生了。

鳳凰和鳴
我們更生了。
我們更生了。
一切的一切，更生了，
一切的一切，更生了，
我們便是他，他們便是我。
我中也有你，你中也有我。
我便是你
你便是我。
火便是凰。
鳳便是火。
翱翔！翱翔！
歡唱！歡唱！

我們新鮮！我們淨朗，
我們華美，我們芬芳。
一切的一，芬芳。
一的一切，芬芳。
芬芳便是你，芬芳便是我。
芬芳便是他，芬芳便是火。
火便是你。
火便是我。
火便是他。
火便是火。
翱翔！翱翔！
歡唱！歡唱！

我們熱誠！我們摯愛，
我們歡樂，我們和諧。
一切的一，和諧。
一的一切，和諧。
和諧便是你，和諧便是我。
和諧便是他，和諧便是火。
火便是你。
火便是我。
火便是他。
火便是火。
翱翔！翱翔！
歡唱！歡唱！

我們生動，我們自由，
我們雄渾，我們悠久。
一切的一，悠久。
一的一切，悠久。
悠久便是你，悠久便是我。
悠久便是他，悠久便是火。
火便是你。
火便是我。
火便是他。
火便是火。
翱翔！翱翔！
歡唱！歡唱！
我們歡唱，我們翱翔，
我們翱翔，我們歡唱。
一切的一，常在歡唱。
一的一切，常在歡唱。
是你在歡唱？是我在歡唱？
是他在歡唱？是火在歡唱？
歡唱在歡唱！
歡唱在歡唱！
只有歡唱！

只有歡唱！
歡唱！
歡唱！
歡唱！

2. **分析**：此詩原分六章，依序爲「序曲」、「鳳歌」、「凰歌」、「鳳凰同歌」、「群鳥歌」、「鳳凰更生歌」。本書僅選首、末兩章。此稿作於一九二〇年，改定於一九二八年，是爲作者的代表作。詩前有小序曰：「天方國古有神鳥名菲民克司（Phoenix），滿五百歲後，集香木自焚，復從死灰中更生，鮮美異常，不再死。按此鳥即中國所謂鳳凰：雄爲鳳，雌爲凰。『演孔圖』云：『鳳凰火精，生丹穴。』『廣雅』云：『鳳凰……雄鳴曰即即，雌鳴曰足足。』」

涅槃：佛教名詞。梵文 Nirvana 的音譯，意譯「入滅」「圓寂」，佛教所指的「最高境界」。佛經說，信仰佛教的人，經過長期「修道」，即能「寂（熄）滅」一切煩惱和「圓滿」（具備）一切「清淨功德」。這種境界，名爲「涅槃」。後世也稱僧人死爲「涅槃」、「入滅」或「圓寂」。這裏以喻鳳凰的死而再生，進入最高境界。

(四) **朱湘**：（一九〇四—一九三三）字子沅，筆名天用。安徽太湖人，一九二一年考入清華大學留美預備學校，並加入清華文學社，致力詩作，寫有《廢園》、《荷葉》、《春》等。後因不滿清華的一些措施被開除出校。一九二五年出版第一部詩集《夏天》。同時與徐志摩等人創辦《晨報詩鐫》，提倡新格律詩。一九二七年赴美留學。同年，出版詩集《草莽集》。一九二九年回國後曾任安徽大學外文系主任。一九三三年離職赴滬，因不容於世而投江自殺。爲新月派重要詩人。詩集有夏天（一九二五年商務印書館）、草莽集（一九二七年開明書店）、石門集（一九三四年商務印書館）。

1. **詩例：**

春天的花香眞正醉人，
一陣陣溫風拂上人身，
你瞧日光它移的多慢，
你聽蜜蜂在窗子外哼，
睡呀寶寶！
蜜蜂飛的眞輕。

一片白雲天空上行，
像是些小船飄過湖心，
一刻兒起，一刻兒沈，
搖著船艙裏安臥的人，
睡呀，寶寶！
你去跟那些雲。

天上瞧不見一顆星星，
地上瞧不見一盞紅燈，
什麼聲音也都聽不到，
只有蚯蚓在天井裏吟；
睡呀，寶寶！
蚯蚓都停了聲。

不怕它北風樹枝上嗚，
放下窗子來關起房門；
不怕它結冰十分寒冷，
爐火生在那白銅的盆。
睡呀，寶寶！
挨著炭火的溫。（搖籃曲）

葬我在荷花池內，
耳邊有水蚓拖聲，
在綠荷葉的燈上，
螢火蟲時暗時明——
葬我在馬櫻花下，
永作著芬芳的夢——
葬我在泰山之巔，
風聲嗚咽過孤松——
不然，就燒我成灰，
投入氾濫的春江，
與落花一同漂去，
無人知道的地方。（葬我）

水心

仰身呀槳落水中，對長空；俯首呀雙槳如翼，鳥憑風。
頭上是天，水在兩邊，更無障礙當前。
白雲駛空，魚游水中，快樂呀與此正同。

岸側

仰身呀槳落水中，對長空；俯首呀雙槳如翼，鳥憑風。
樹有濃蔭，葭葦青青，野花長滿水濱。
鳥啼樹中，鷗投葦中，蜻蜓呀頭綠身紅。

風湖

仰身呀槳落水中，對長空；俯首呀雙槳如翼，鳥憑風。
白浪撲來，水霧拂腮，天邊佈滿雲霾。
船晃的凶，快往前衝，小心呀翻進波中。

雨天

仰身呀槳落水中，對長空；俯首呀雙槳如翼，鳥憑風。
雨絲像簾，水渦像錢，一片白色的煙。
雨勢偶鬆，暫展朦朧，瞧見呀青的遠峰。

春波

仰身呀槳落水中，對長空；俯首呀雙槳如翼，鳥憑風。
鳥兒高歌，燕兒掠波，魚兒往來如梭。
白的雲峰，青的天空，黃金呀日色融融。

夏荷

仰身呀槳落水中，對長空；俯首呀雙槳如翼，鳥憑風。
荷花的香，繚繞船邊，輕風飄起衣裳。
菱藻重重，長在水中，雙槳呀欲舉無從。

秋　月

仰身呀槳落水中，對長空；俯首呀雙槳如翼，鳥憑風。
月在上飄，船在下搖，何人遠處吹簫？
蘆荻叢中，吹過秋風，蚯蚓呀應著寒蛩。

冬　雪

仰身呀槳落水中，對長空；俯首呀雙槳如翼，鳥憑風。
雪花輕飛，飛滿山隈，飛上樹枝上垂。
到了水中，它卻消融，綠波呀載過漁翁（棹歌）

淡黃色的斜暉，
轉眼中不留餘跡。
一切的擾攘皆停，
一切的喧囂皆息，
入了夢的烏鴉，
風來時偶發喉音，
和平的無聲晚汐，

已經淹沒了全城。

路燈亮著微紅，
蒼鷹飛下了城堞，
在暮煙的白被中，
紫色的鍾山安歇。

寂寥的街巷內，
王侯大第的牆陰，
噹的一聲竹筒響，
是賣元宵的老人。（有懷）

白雲是我的家鄉，
松蓋是我的房簷，
父母，在地下，我與兄姊，
並流入遼遠的平原。

我流過寬白的沙灘，
過竹橋有肩鋤的農人；
我流過俯巖的面下，
他聽到我彈幽澗的石琴。

有時我流的很慢，
那時我明鏡不殊，
輕舟是桃色的游雲，
舟子是披簑的小魚；

有時我流的很快，
那時我高興的低歌，
人聽到我走珠的吟聲，
人看見我起伏的胸波。

烈日下我不怕燥熱：
我頭上是柳陰的青帷；

曠野裏我不愁寂寞：
我耳邊是黃鶯的歌吹。

我掀開霧織的白被，
我披起紅縠衣裳，
有時過一息輕風，
紗衣玳簾般閃光。

我有時夢裏上天，
伴著月姊的寂寥：
伊有水晶般的素心
吸我騰沸的愛潮。

草妹低下頭微語：
「風姊送珠衣來了。」
兩岸上林語花吟，
讚我衣服的美好。

為什麼葦姊矮了？
伊低身告訴我春歸。
有什麼我可以報答？
贈伊件嫩綠的新衣。

長柳絲輕扇荷風，
綠紗下我臥看雲天；
藍澄澄海裏無波，
徐飄過突兀的冰山。

西風裏燕哥總別，
來生約止不住柳姊的凋喪。
剩疏疏幾根灰髮，
——雲鬢？我替伊送去了南方。

我流過四季，累了，

我的好友們又都已凋殘，
慈愛的地母憐我，
伊懷裏我擁白絮安眠。（小河）

2.**分析**：以西洋格律體裁爲詩，不似志摩之穠艷，而是恬淡平靜。李一鳴評爲：「好像中夏黃昏，微風動樹，遠山晚霞的情景。詞句是優美絕倫，音節是和諧異常。」作者善於融化舊詩詞的句法意境，極能表現音律之美，在清新俊逸中見工整，是明麗而不是纖細。例如「搖籃曲」一首柔和美好，多有啓示。「葬我」一首熱烈委婉。「棹歌」一首，明朗而具備有音響感。「有懷」一首狀物形聲特殊。「小河」一首典麗而有深情。

㈤**陳夢家**（一九一一—一九六六）：筆名陳漫哉。浙江上虞人。一九二七年考入國立第四中山大學，開始寫詩。早年受徐志摩影響較深，後學習聞一多，是聞的「入門弟子」，新月詩派後期的中堅。一九三一年編輯出版《新月詩選》。次年赴青島大學、清華大學任教。抗戰時任西南聯大教授。一九四四年赴美國芝加哥大學教授古文字學。次年回國後一直從事考古研究工作。詩集有夢家詩集（一九三一新月書店），鐵馬集（一九三三開明書店，夢家存詩），一九三六時代書局），不開花的春天（良友圖書公司），在前線等。

1.**詩例**：

一朵野花在荒原裏開了又落了，
不想到這小生命，向著太陽發笑，
上帝給他的聰明，他自己知道，
他歡喜，他的詩，在風前輕搖。
一朵野花在荒原裏開了又落了

他看見青天；看不見自己的藐小，就連他自己的夢也容易忘掉。
聽慣風的溫柔，聽慣風的怒號，（一朵野花）

2. **分析**：是徐、聞以後格律詩的中堅。例詩以物喻人，首段以野花的開落喻生命；次段以風的溫柔怒號，構成情景對比，暗示生命的不凡，抒情蘊含哲理，精美感人。

(六)邵洵美

(六)邵洵美（一九〇六－一九六八）：筆名邵文。浙江餘姚人。一九二三年畢業於上海南洋路礦學校，後到英國劍橋大學學習英國文學，再去巴黎學習繪畫。一九二七年回國與胡適、徐志摩等籌建並參加新月社，在《新月》上發表詩作。次年創辦金屋書店。一九三二年「一二八」事變後主辦抗日小報《時事日報》，並參加《論語》編輯。一九三八年在上海孤島出版有抗日傾向的《自由潭》月刊。抗戰勝利後，編輯《見聞》周刊。一九四六年秋去美國，半年後回上海主持時代印刷廠。他是新月派後期詩人，詩集有花一般的罪惡（一九二八金屋書店），天堂與五月，詩二十五首，散文詩集一個人的談話等。

1. **詩例**：

我便這樣地離開了你；啊！你我底永久的愛……
我便這樣地離開了帶淚的你，像是雲浪暫時寄居在天海。
你是染露的青葉子，啊來吧！你來吧！來吧！
我便像那花瓣灑落下了地。快像眼淚般的雨向我飛來。（來吧）

2. **分析**：沈從文評邵氏的詩：「以官能的頌歌那樣的感情，寫成他的詩集。讚美生，讚美愛，然而顯出唯美派的人生的享樂，對於現世的誇張的貪戀，對於現世又仍然看到空虛。」「來吧」一首的熱烈新穎，正如所述。

(七)**臧克家**（一九〇五—）原名臧瑗望：詩人。山東諸城人。一九二三年在濟南一師讀書時開始寫詩。一九二六年到武漢，考入中央學校。一九二九年入青島山東大學在聞一多的幫助下，開始了他的詩歌創作上的旺盛期。一九三二年開始發表新詩。被譽爲「農民詩人」。他的第一部詩集《烙印》問世後，受到讀者好評。抗戰後，奔赴前線後方，以筆當槍，進行抗日文藝宣傳活動。詩集有烙印、泥淖集、泥土的歌、罪惡的黑手、生命的秋天，運河、十年詩選、國旗飄在鴉雀尖、黎明鳥、從軍行、嗚咽的煙雲、第一朵悲慘的花，生命的零度、生、冬天、寶貝兒、生命的叫喊。長詩有自己的寫照，淮上吟、向祖國、古樹的花朵、感情的野馬等。

1. **詩例**：

開在妳腮邊的笑的花朵，
它要將人間的哀愁笑落，
妳的眸子似海深，
從裏面我撈到了失去的青春。

愛情自古結絆著恨，
時間會暗中偷換了人心，
我放出一匹感情的野馬，
去追妳的笑，妳的天眞！（感情的野馬）

一隻一隻生命的小船，
全部停泊在睡眠的港灣，
風從夜的海面上老死，
鼾聲的微波在恬靜的呼吸。

只有我一隻還衝跌在黑的浪頭上
暴風在帆布上鼓盪，
心，拋不下錨！
思想的繩索越放越長。（失眠）

太陽剛落
大人用恐怖的故事，
把小孩子關進了被窩。
（那個小心正夢想著，
外面朦朧的樹影，
和無邊的明月。）

再燃了小燈，
強撐住萬斤的眼皮。
把心和耳朵連起，
機警地聽狗的動靜。（村夜）

高上去又跌下來，
這叫賣的呼聲——
一支音標，沈浮著，
在測量這無底的五更。

深閨無眠的心，將把這
做成詩意的幽韻？
不！這是生命的叫喊，
一聲一口血，喊碎了這夜心。
（生命的叫喊）

我能向青山說話，同流水，

調眼皮，我能欣賞鳥兒的言語，
蟲兒的音樂，我心裏充溢著愛。
這愛深到不可丈量。
我愛泥土，愛窮人，愛大自然的風光
可是時代變了，社會也變了，
而生活的顏色，聲音，味道，意義，
都變得這麼可怕，這麼慘，
我曾經「拭乾眼淚瞅著他們變」
今天，我知道我該「拭乾眼淚跟著你們
變。」
歷史的情感，拼命的拖著我的腳，
理性的桿子卻牽引我向前……
（四十自壽）

2.**分析**：聞一多的學生，學習孟郊，詩風多變，有寫實詩，常藉對比方式表對人生、人性的嘲弄或對社會的諷刺（如村夜、生命的叫喊），張力強大。又有熱烈的抒情小品（如感情的野馬，失眠）表現精美，四十自壽一首寫矛盾痛苦的無奈。各種風貌都有特色，重點在詩作修辭之新穎，生動鮮活的幃幕之後更能有眞情與強烈的悲憫。

(八)**孫毓棠**：（一九一〇—）江蘇無錫人。出身清華，留學日本。專攻兩漢史，返國執教大學，新月詩人之一。詩集有海盜船（一九三四上海立達書局）、寶馬（一九三九年上海文化生活出版社）。寶馬一詩獲一九三六年大公報詩歌文藝獎，於一九三七年連載於天津大公報。

1.**詩例**：

西去長安一萬里草莽荒沙的路，
在世界的屋脊上聳立著葱嶺的
千巒萬峰，峰頂冠著太古積留的
白雪，瀉成了澀河，滾滾的濁濤
盤崖繞谷，西流過一個叢山環偎的
古國。七十幾座城池，户口三十萬：
麥花搖時有雲雀飛，無數的
牛羊牧遍了山野；中秋葡萄
幾百里香，園圃也垂起金黃的果子。
葡萄的歌聲從西山飄到東山，
飄著和平，飄著夢。葡萄熟時
村姑們跨著竹籃，鄉家人趕著
驢車，一筐筐高載了晶紅艷紫；
神廟前紮起慶賀的花燈，家家都
趕釀新秋的美酒；富貴人夜宴上
堆滿著罌缶，琉璃的夜光杯酌醉了
太平歲月。

宛王毋寡散著紅鬚，
在貴山城建築起輝煌的宮殿，
玳瑁鑲的王冠綠得像他的眼睛，
御苑裏的紅芍藥像他心頭的想望。
他愛條支的眩眼戲，身毒的大珍珠，
他愛大秦安息的美人和孔雀，他愛
于闐紫玉的透明，愛烏孫雕弓
能射呼揭的鐵箭。他愛他堂前
群群赤著身的女人披起沙縠與冰紈
躺在罽賓的花氈上魚樣的笑。
他愛用金樽來飲美酒，張血口
向黃月唱英雄的歌；美酒香透了
琵琶舞袖，灑紅了裸乳和王袍。
但是他更愛寶馬，（天注的劫數！）
愛他們八尺的腰身，紅鬃與黑鬣；
愛他們昂首的雄姿和千里奔馳的
骨力。他叫各地官司分苑來牧養，

佩上金鐙和花鞍，他喚他們作
騏驥駣驪騂騋和騄駓。他心窩裏
一條顫抖抖的尖毒舌，向四周
鄰國笑著火紅的傲岸的笑。
這消息越天山，經大漠，傳進玉門，
長安坐著漢家皇帝。他戴的是
世界上第一座神冠，治理著
天下第一處富麗堂皇的國度，
他的長安是世界上第一座城池，
是人間第一等的光榮他陛下
人民的勇武與文慧。東南從大海
西北到流沙，幾萬里說不盡的
青山綠水，市鎮的繁華；田疇麥隴，
村家的雞狗與桑麻河漢江淮裏
望不斷的帆影；金椎的大道上
飛馳著朱輪華蓋，郵傳和駟馬。
漢家皇帝東幸齊魯來封泰山，

北臨汾陰去祀后土，勒兵十八萬
西游朔方，他自稱是無上的天之子。
長安城南面象南箕，北象北斗，
右望終南山一架雋秀的風屏，
左帶著渭水滄滄歌古的浪。
長安城綦布著九街十八巷，
盤龍的罘罳下朱門遙對著朱門，
是王候將相和郡國的邸；第九市
開時，綠長了垂楊柳，紅豔了花枝，
羅衫墜馬髻是淡粉長袂的女子；
葛巾韋帶是商賈人；酒肆花街
坐滿了羽林郎吏，看騎馬跨雕鷹的
是王孫貴公子。樂府的歌吹飄過宮牆，
明光宮遠望著長樂的樓臺殿閣。
曉磬一聲敲，六宮的妃嬪傳動臘燭，
滿朝集會起玄冠，彩綬，黼黻玉珪，
貂蟬和銀璫；未央迴龍的宮闕

響起太鼓金鐘，華轂的雲蓋車集在
宮門，聽玉堂傳呼出金馬的待詔。
未央前殿下班列著猛將忠臣，在
這裏盤轉機樞便決定了一切
人間的命運。他們東吞了獩貊，
南下過牂牁，北封燕然又戰過姑衍，
他們要囊括四海，席捲八荒，都因爲
這是先祖先宗遺留的責任。

太初元年，這一天遠使回了國，
奏上中書說：『爲大宛的刁蠻有辱了
君命。大宛王詐留下錦繡繒帛，
強奪了錢寶，在使者車令的席前
推毀了金駒；逃過郁成又遭了劫掠。
他們說北邊有強胡挽著雕弓，
南傍天山又缺乏水草，漢軍插翅也
飛不過流沙，怕什麼漢皇？不獻寶馬！
天子沉下了臉，推開玉几，傳侍中
立刻命御史按蘭臺詔拜李廣利
去西伐大宛。虎符班發了六千鐵騎，
步戎編制起幾萬壯士；轉天五鼓
齊集在渭水橋頭看貳師將軍
親受了斧鉞。將軍被著鎖子鎧，
頭頂上閃亮著金鍪，勒白馬高聲
喊出誓詞：『爲爭漢家社稷的光榮，
男兒當萬里立功名。這一程
不屠平貴山，無顏再歸朝見天子。』
晁鼓一聲敲，萬人的歡呼直衝上
雲霄，旌旗搖亂了陽春的綠野。
將軍站在高壇上檢閱過全師，
渭水邊排設下四五里牛羊的饗宴，
文武官員們奉上玉爵；天子嘆
解開羈繩纔知道將軍本是條猛虎。

盤過六盤山，兵出狄道，一路
迤邐搖蕩著旌旗是幾萬軍馬。
焉支山深春的鳳仙正紅，居延河
佈滿了漢家新築的堡壘；山路
曲折鋪一地殘花，松林裏亂噪著
無名的山鳥。將軍傳令催促全軍
不許留連，趕夏末過姑師齊會在
烏壘。過了酒泉，敦煌，屯户人家
漸漸稀疏，遍野蔓衍著蓬蓬亂草。
兵過鹽水遠望見玉門在浩淼的
平沙上聳立著雄偉。玉門都尉
烹牛煮酒早備下了出關的祖道，
舉杯對將軍說：『今年怪，山東的
蝗蟲忽然飛到了河西，將軍前程可
善自保重。』將軍勒住馬低頭笑：
『丈夫該終生以塞外爲家，有鋼刀
還怕什麼天地的災異！』將軍捋著
鬚一口飲乾了兕觥，叫軍正催軍
加緊向西行。玉門外無邊的大漠
托著穹蒼，西天已經半吞了落日。
兵馬陸續出了關，橐駝璫瑯著大銅鈴，
老牛拉著車，軍中已燃起三尖的火把。
夜降了，關亭上淒清地敲響了更梆，
遠望大軍迎著落霞，在暮靄中
淡淡的消失在一片寂寥昏沉的
荒漠裏……

　　第二年邊疆陡然有騎馳
飛馬急報到未央東闕，說貳師將軍
遭了奇劫，已經敗退到玉門關外：
一路沿天山南麓城廓的小國都
緊閉上城門，不肯獻糧草；軍食
缺少又忍不過冬寒，兵纔到郁成
便遭了殺戮。踉蹌的只賸下幾千人，
和幾百輛轒車載回了多少具屍體。

漢兵不怕死，只愁忍著餓幾千里
遇不到敵人，路遠糧缺，求再補兵馬。
天子大怒。拍案叫草急詔，李廣利
不許偷進玉門，叫他在塞外屯兵等候！
明早五更招齊了公卿：『朕到如今
舉兵三十年沒受過這種侮辱。
別叫綠眼紅毛的看不起漢天子，
朕要推倒崑崙碾碎你們的骨肉！』
敗兵的消息一條時哄動長安，
傳遍了三輔。家家跑到市街頭
打探吉凶，老媽媽扶著小孫兒
步步向天呼，少婦們都拋開機梭
嚶嚶垂著淚，户户門前掛起喪麻。
傍晚的長安落下了愁春的雨，
昏夜滿街熄了燈光，叫夢魂早早哭到
天山，去收拾亂草黃沙裏餘溫的白骨！

但是天子息不了怒氣，班發羽檄
到四方火急去徵調材官與車騎，
叫太僕快準備收羅十萬匹好馬。
這一年，爲征伐大宛可忙亂了全國，
全國大道上都飛奔著使者車，
郡國到處騰空了武庫；叫更卒
伐春桑趕作弓弩，鋤犁都毀鑄了
鋼鏃的羽箭，箕斂了粟米堆成糧橐，
絺綌布帛都連綴成遮風的營帳；
家家聚了錢準備羊皮，來裁作
裘袍和革履；長安少女吞噎著淚
趕縫赤地青蛇飛虎的旗幟；
凶赳赳的縣吏挨著户徵索耕牛，
坐馬，田園裏只賸下嬰兒婦女。
轉年寒食節處處長亭擠滿了人，
老小都擔著筐籠，提了行李袋；

出師的冷酒苦酸酸的嚐不出香，

渡頭邊灑滿了別離的熱淚。
送走了，爹爹，兄弟！送走了好親人！
送走了，老黃牛，田地裏唯一的朋友！
到重陽在長安編好了遠征軍，
一共是十六萬八千四百多壯士，
五十幾個校尉，六百多個軍侯，
總領給貳師將軍作西伐的元帥；
將軍幕府裏設了八十幾個官員，
爲寶馬還詔派了兩名執驅校尉。
牛馬十三萬匹，無敵的驢騾與槖駝，
駕起軨獵武剛車，載著藁糧，輜重；
衝輣和樓櫓上紮滿了赤龍旗，
皮楯頭畫著藍蛟黑豹。卒伍裏
雜編著髠簪的逃犯，赭衣的匪徒，
惡棍，豪賊，和落魄成博徒的賈人子，
如今爲漢家的聲威混成了一軍，
都提著戈矛統領在貳師的旌帶下。
這十幾萬大軍陸續開行，循渭水，
出隴西，走上了萬里長征的路。
曲折逶迤，連綿著百多里的兵馬，
後隊的鐃歌還未唱過洮河，删丹山
已敲遍了前鋒的鼉鼓。這一路
踏著深秋的落葉，衰黃的枯草已
抖滿了寒山，寒山頂上的野松林
颳動黑風，塞外早落下無情的冷雨。
回頭看賀蘭山上一片片野雲飛；
滄滄的黑水向荒沙滾著嗚咽的浪；
大雪山黑峰挾著白峰，重重疊疊
直疊進了雲巒；從破曉到黃昏
山山谷谷聽不盡的哀猿的長嘯。
有時午夜遠遠有羌笛，似怨，似愁，
吹冷了祈連峰頂上的一輪白月。
纔知道一天天遠了家鄉，一天天
遠了，遠了家鄉的父母和妻子。

把清霜踏成雪，雪又結了冰，
轉過敦煌，出玉門，正交冬令。
玉門外沒有了人煙村落，沒有山河，
只展開茫茫的一片偉大單純的奇蹟：
北極的寒風旋過天山，直覺得
冷森森，無影無形地在大漠上轉，
無影無形的，他揚著黃沙，捲著
黃沙，捲著黃沙，又掃著無邊無極的
一片黃沙白草這一片黃沙白草，
無邊無極的，托住一座混沌高大
渾圓的天，叫你懷疑幾千里外
果眞還會有人民？有山？有水？
天邊似垂著一輪冷澀蒼白的，
聽說這叫作流沙上唯一的落日。
流沙，流沙，這是流沙？還是一片
陰風裏飄滿著怨魂的死之海？

向西去！曲折蜿蜒這幾十里大軍
像一條大花蛇長長地爬上了荒漠，
白亮亮戈矛的鋼刃閃爍著鱗光，
是鱗上添花紋，那戈矛間翻動的
五彩旌旗的浪。聽銅笳一聲聲
扭抖著鋼舌，戰鼓鼕鼕敲落下
鋼釘的驟雨；駝吼，驢嘶，牝騾的長嗥；
前軍的呼嘯應著後軍的吆喝；
半空裏抖著蕭蕭的怒馬的悲鳴，
和馬蹄得得得像雜亂地冰河上
敲碎了雹子點。這一片喧囂裏又
滾著隆隆的沉悶的澀雷，那乾沙上
頭交尾轂交轂是一串串輪軸的粗吼。
戰鼓鼕鼕撼著大漠，笳聲奔上天，
托著層鐃歌，像怒海上罡風的叫嘯。
向西去！長蛇頭頂著落日的寒光，
四面的凍雲壓下大野；回頭看東方

一片渾沌的莽蒼，玉門早遮蒙在
陰沉的暮色裏。夜降了，前鋒隊
紮住了領頭旗，全軍支起營帳，
億萬朵紅星像螢火顫抖著寒炊，
遠近在紅星外敲出刁斗聲，荒夜的
朔風吹斜了一鈎慘黃的上弦月，
幾點藍星：纔知道塞外的長天眞是座
長的天，塞外的月和星也遠比家鄉的
星月小。

　向西去！向西去！一天天
頭頂著寒空，腳踏著漠野，冷冰冰
叫你記不清北風已吹成什麼日子，
只知道月已兩回圓又兩回缺殘，
漏了破皮靴，羊裘也補過三五次洞。
頂著冷風一步步迎來更冷的風，
風似矛尖刺進了連環鎖子甲，
甲下襦裳加汗凝成了冰；一步步
高了黃沙，少了衰草。糒囊和水袋
都是冰沱，馬背上結起梅花的霜點；
迎面戮來的是看不見的鋼刀，
覺得刺進了胸膛，刺進了髓骨；
破曉和黃昏整頓釜竈，十指忘了會
伸屈，又愁颯風裏可眞難燃著炊火。
每天軍簿上總勾去幾什兵，這別怨
天蒼，是自己的爹娘沒給你鋼筋骨。

　這一天正趕著路，忽然領頭軍
一陣金鉦，全軍前後紮住了兵馬。
抬頭看，天空找不到一塊飛的雲，
卻丟失了太陽，黃沉沉的似霧，
似煙，也分不清是進了什麼季候。
飛馬傳下了令，叫『準備暴風！』
一時全軍都慌了手腳。騎兵臥下馬，
馬外擋住槖駝，教輜輛車軸交軸　摒

團團都團起了桃花鎖鍊。乾沙裏
掘了洞下行囊，緊堵住車輪
堆起了糧馱茭藁。只聽見不知是
天和地的那一面邊緣上遠遠地
像沉雷，悶塞的呻吟，又帶著長長的
屠殺似的尖號，撲來了無邊無極的一陣
凶蠻的噎塞。一轉眼打著旋的風飆
捲到眼前，半空裏只像是厚沉沉
一片呼嘯，似惡鬼狂魔揮動蠻兇的巨翼，
驅逐著一大群狒狒吼，狼嗥，和野虎的
咆哮，渾沌沌的撼著地，搖著薄的天，
瀰天掃下了堅硬的石雹和沙雨，
銅盔和鎧片上叮叮敲亂了蓋頭釘，
噎扼著咽喉，剝著肌骨。大漠的黃沙
捲著螺旋飛上了天，滿天的黃沙
又似攤崩了日月星辰狂塌下大地。
聽西營裏似劈山樣轟隆地倒碎了
一行車，背後又猛一陣狂鳴驚跳起
一隊驢駝和馬。暴風撒著野是一個多
時辰，兩耳裏只灌著說不出名的昏沉，
死怖，震撼，惡狠狠的癲狂，只叫你
想到白骨，寒冰，想到死——
風靜後，
大漠好平坦，拖開長長的柔浪紋，
沒有一星沾汙的痕跡；只剩給全軍
死洋洋的像一大塊零亂的垃圾
半沒在平沙裏。將軍叫重點人畜：
到傍晚軍校都相對無聲地蒼冷了臉，
默默低頭把軍簿冊捧上了幕府營，
將軍在無言的悽愴裏滴下了熱淚。
明天一清早，全軍緩緩地又向西行，
爲悼喪垂了旌旛，鞞鼓也停了響，
回頭看昨日的殘營，分不清是牛馬
是人，只烏鴉鴉一大片僵埋的屍體。

在鐵甲的寒冰裏把日子熬成了年，
夢也只夢到荒沙，荒沙，夢不見妻子。
這一天走到中午，漸漸清澄了天，
遠遠飄裊著村煙，有了城廓，樹木
不一刻迎面飛奔來了幾十騎
狐衣貂帽的人，趕到領軍前下了馬，
說姑師國王已預備下醪酒肥羊，
請將軍到交河城權且憩一下腳。
大軍緩緩地到交河城外紮下營，
七十天纔重想起房舍門窗，纔又看見
紅頰的白女人，青的天，亮的溪水。
這一晚姑師全城都燃起紅燭，金燈，
打初更便喝缺了全國的蓄酒。姑師王說：
『我們到今天纔眞見識了大漢的威嚴，
難怪朝鮮亡了國，匈如北退過余吾水！』
參軍李哆走到筵前舉觴來上壽，
道：『這都是今上天子無量的宏德，
托天福纔能統九洲，德化到四海。
代將軍敬謝姑師王。』姑師王連連稱
『是子國的義務。』姑師的左譯長捧上輿
圖，
報告說從此沿天山這一路都平坦，
再西行三十七日就能到貴山城。
將軍笑，『等踩平貴山可早備迎師酒。』
國王叫獻鼓樂：一對對琵琶，絃鼓和
小箜篌，擁出一隊隊緊袖長裙的舞妓，
軟軟地彎著腰，手裏擎著梅花枝，
在金碧的燭光裏舞成了飄花
碎月的舞。導軍王恢低聲說：『胡姬敢自
也有丰姿呢。』將軍嘆口氣，『駿馬和寶
刀到底敵不過眉黛紅胭脂，來得是美！』
宮庭外滿城噪雜著歡笑聲，兵士們
今夜把姑師當做了家鄉的大酺會，
忘了寒冬，忘了倦，忘了天明還得有

幾千里路途；沒留神一夜北風堆起
愁雲，白花花落下了天山的大雪。
第二天破曉趕早起程，一天飛飄著
軟鵝毛，大地上早積厚到尺來深淺，
冰著腳，埋著馬蹄。遠望模糊的天山
辨不清是雲頭還是登天的閶闔口。
回頭隔著雪，一步步消失了交河，
那似綠光一閃的溫柔鄉，從此又
只得留賸給夜營中飄忽的鄉夢裏。

雪片連天飛個不停，將軍的心坎中
卻漸漸疊積起恨和怒，對李哆說：
『你記得從此向西，就進了我們前年
飢寒的地獄，三四萬兄第都死在
這些刁頑的小沙洲的苦手裏』
前冬的故事一時傳遍全軍，全軍
壯士的心頭都燃燒起復讎的烈火。

雪止的這清晨，在天山山角邊，
墨灰愁雲下托出了一座孤城：
像一圈鬼影描畫在山坡，不見人煙，
只乾枯的幾叢樹。候騎先到了城門前，
堞頭躲著幾個背了弓的黑影，喊：
『知道是大漢的聖軍駕到，我們輪臺
小國，備不起薰糧酒宴來供奉。』
『快快開城，叫豪酋出來迎勞將軍！』
『人民寒苦，我們不敢納天兵，請趕向
西行，聽得烏壘城已經早備下糧草。』
將軍大怒，招集了軍候校尉們說：
『這裏就是前冬劫我們後距糧車的
強盜！軍士們殺進城，我們只要人頭，
不要財寶！』兵馬一聲喊，架起衝車，
搭上雲梯，鐵楯和長矛像黑浪山
向孤城拍著波濤，翻進了血井。
波濤裏兩晝夜的喊聲，殺聲，呼號聲，

刀劍聲，城中滾盪起黑紅的火焰；
兩晝夜的屠殺裏漸漸騰出笑聲，歡呼聲，
白雪上一地斑爛的污血。校尉
報將軍：『從雞狗到妃嬙沒敢餘留下
一條生命。』將軍傳令拿殘城犒賞全軍，
在城樓上豎起大漢的軍旗，即刻趕路。
全軍兵馬像洗新了勇氣，冰冷的
三個整月，這鐵刀鎗到今天纔嚐著了
腥鹹的煖人肉。是軍馬加了新裝，那
車轅邊矛纓下答拉著血淋淋的頭顱，
壓隊的輜車裏藏滿半活的女人腿。
輪臺掃得好乾淨，回頭漢旗下，像一團
鬼影描畫在山坡，焦了樹，滅了黑煙；
墨灰的愁雲邊遮沒了殘塌的壁壘。

向西去！這輪臺的消息幾日間
傳遍了大漠南北。沿著山陽大道是
連綿的綠洲，從輪臺過渠犁烏壘，
狡猾的龜兹，過溫宿，過姑墨，直到
隊商雲集的疏勒，七八座小城國
一路都結彩搭長壇趕著獻牛酒。
他們說眼看見雲朵裏有紫影的
天兵護著漢軍掃過輪臺飛向葱嶺。
壯士們一天天增加了勇氣，天山的
石壁也一天天高，白峰推著黑峰
密密層層擁進了葱嶺的一片，像海浪，
像狼牙，冠雪被松杉的千巒萬嶺。
羊腸的小路在亂峰裏盤繞著石岩，
算是這座隔絕羅馬與長安的
摩天的屏障間一線唯一的鳥道。
大軍在疏勒國餵足了馬匹，磨亮矛尖，
重整了部曲，班發伍符，分派作十七道，
旌旗浩蕩著鮮明，攀上高山，戰鼓和
銅笳一聲聲盤過白峰上十七座關卡。

一路常看見古怪的綿羊群，老牧人
吹著羚角笛；赤松林裏奔著長鬚鹿；
偶遇到挑著籠擔的西胡商旅人，和
背著弓繒的獵夫，咶噪著囫圇的言語。
盤下關卡，寒冬倒像轉變成春天，
澀河已溶了冰，兩岸像青青潤出芽草。
遠望大宛國村煙絞繞著村煙，綠野
雜青松，好一座太平熙攘的世界。

十七道大軍集合在徼亭，將軍
發令：『進宛國不許擾亂平民，剽劫良
善。』
宛國的翕侯早率領巡騎迎到邊疆，
來勞問漢軍，『爲什麼，萬里從東方
來到荒外？』軍正趙始成在馬上答話：
『你們還該記得三年前侮辱漢使，
摧毀了金駒？漢天子本著仁德原
不想動干戈；你們快去稟告宛王，
叫他迎饗天軍，三日內快獻出寶馬。』
巡騎退後，大軍靜靜地屯駐了三天，
只見遠近村民忙得慌張，大宛王
並沒有絲毫回訊。第四日清早
開拔了三萬騎兵，一晝夜齊擁到
貴山城下。貴山城石壁有四丈多高，
城堞光亮的戈矛密排著武士，
雷石堆得像沙丘，圍著城四丈寬
污黃的護城水。十二座城門都吊起大橋，
明楣上雕琢著猙獰的熊頭和虎爪。
遠遠地巡城一周，將軍皺了眉，吩咐
教離城三里半紮下營壘。看東北上
兩三道清流流進鐵城閘，左面是一片
赤松林黑得似個罪惡無底的洞
城背後背著一座奇瑰的嘎啦山，
滿山星點樣佈著烽燧和弓箭壘。

將軍叫司馬到城門前，一枝羽箭
把帛書高射上城樓，上面寫清楚：
『明早卯刻不回答便屠燒不赦。』
明早卯刻天剛破曉，忽然浮橋上
一面紫鷹旗，六千胡騎拖著平野
擺下魚麗的長陣。毋寡束著金盔
站在城樓，身邊一個軍酋高聲喊：
『請漢軍退兵！大宛國的血汗馬是
宛的國珍，大宛王也有六萬噬人的
虎頭軍，請回國轉奏長安漢天子！』
聽這話貳師將軍氣直了雙眉，
傳令『攻！』漢軍橫排開一萬鐵騎，
中堅是三重矛，左右伸張開兩翼，
挺矛的在後，牛皮楯接連在陣鋒前；
戰鼓鋼錘樣敲，一陣呼嘯衝向敵軍，
像一隻蒼鷹遮著天撲下四野。
胡騎也捲著狂風迎上前；兩軍戰鼓
擂成一片悶山雷，呼聲，馬嘶聲，
鋼刀和鋼刀聲，轉眼白光裏濺一地鮮血；
血水上＊＊著活人頭，馬腿，踩爛的
屍身，半截的胸腔，零落的手和腳。
漢軍的後應黑浪樣推湧上陣鋒，
貴山城也四路奔流出灰鐵甲，
兩軍黑狂的疊浪交滾著，交滾著
呼號的旋渦，輕飄飄渦旋著腥紅的生命。
到辰刻將盡，宛兵似頂不住狂濤，倒退向
城根，漢軍更壓著殘頹排砸下凶狠。
忽然左面赤松林裏猛一片殺聲，
飛騰出一鏖軍，截斷追兵的左臂，
護著殘師似一陣旋風旋進了城門去。
漢軍櫓棚上暴雨樣拍動連弩弓，
往滿野滿城斜掃下鋼鏃的驚羽箭，
轉眼給石城蒙上鋼刺的花被風；
城上的雕弓也截住了衝城的陣線，

貴山十二面拉起浮橋。兩軍擊了鉦，
漢兵也退回營壘；留下戰場上紅黑色
蠕動的一大灘……不，這一早漢軍
贏奪來幾百面旌旗，幾十尊戰鼓！
當晚在飛耀的火把中，漢軍
調開兵騎四面團團地圍住貴山，
爲叫城中絕斷水源，用沙囊堵塞了
河流；繞著城四周都築起了營壘；
松林亂草裏埋下鐵蒺藜，高崗上
架起譙樓，運軍糧修起彎曲的土牆道。
兵士天天出營挑陣，箭雨往城中
飛，城門外卻永遠再不見敵人的影子，
只女牆上密層層豎著槍矛，高積著
雷石，亂麻樣綳張開大黃三連弩。
看城壁的方石塊安穩得像山，叫你
搭不上梯鉤，城根也鑿不穿洞口。
連日中軍帳裏將軍校尉都悶著
焦愁；除了延拖下日子，等城中絕掉
水，絕掉食糧，想不出要推倒這座
鐵城牆得借什麼魔將神兵來攻打。

日子在焦心的戒備裏一天天過去，
一天天漢軍雖增了援兵，一天天
貴山城卻似圈上銅箍，倍加了穩固。
候騎探報說大宛的西界上來到了
康居的援兵，有六七千，騎著紅馬，
披著紅旃毳，像一群飛焰的焦面鬼；
又聽說烏孫順著赤谷河下來了
兩千豹胄軍，小昆彌還猶疑著
沒占卜是幫助宛城是該輔佐漢。
捕來的伏聽告訴說貴山積滿著
兩年半的茭藁食糧，並且新得的
秦人教給了他們用竹鞭挖掘水井。
一天天日子在焦慮過去，一天天

將軍沉了心；一天天青空上暖到了
陽光，初春的花又織雲樣蔓遮上
山野。花開倒不叫離鄉人想家，他
開給離鄉人以紅暈的想望。一天天
圍城的人像頹散了，像被時光磨倦了心
戰勝漢兵的不是恐懼，焦急，不是
疲勞（他們的意志硬過他們的刀矛），
戰勝漢兵的卻是陽春暖雨天，
和大宛國紅唇白肉體的年青女子。
每次巡營將軍眞按不住怒火燒心，
營營都搜得出葡萄酒甕，女人的
花衣裙，和叫不出名字的零星紅褲襖。
軍法的皮鞭下抽得死靈魂，可是
抽不死毒蛇樣一條男子的慾望。
一天天日子在等待裏拖著綿長，
拖軟了軍鞭，拖鈍了刀矛，淡拖了將軍
封候的夢影……

是三月三日，上巳佳節，
澀河兩岸楊柳都垂長了飄飄的綠，
漢軍在垂楊影裏佈下了祓除席，
爲醉鄉心享受了一天暢快的好羊酒。
計算籠城已拖過了一個月有零，
厭了想功名，厭了軍營的黃卓褥。
這一個多整月，這三十幾個長天，
貴山城的憂慌也漸漸搖落掉一頂
黃金的冠冕。宛王毋寡他忘了寶座，
忘了他的珊瑚樹，大秦的嬌美人，
他每天從清晨到深夜在他御宛裏
徘徊，徘徊，望著他幾十匹紅鬃的
寶馬；望著他們迎風飄動的頸鬣，
晶亮的大眼睛，聽他們在疏林裏
踢著蹄嘶吼。他忘了睡，忘了語言，
『殺退漢軍！殺退漢軍！』這是他一月來
唯一的唯一的命令。翕侯們相對

鎖著眉頭：『陛下，我們只賸了，只賸了
七十天羽箭，一個月的軍糧，
我們開了城插翅膀也飛不出
漢兵的羅網。』『，殺退漢軍！殺退漢軍！
你們去殺退漢軍！他們要寶馬，寶馬！』
貴山城街巷裏打水都背著木頭門，
不知道那片雲飛就落下了銅箭雨；
晝夜聽四野外漢軍的刁斗與銅笳，
吹慌了心，敲碎的膽魄。宛王的命令
調得動兵丁，卻壓者不住一天天
滿城人的接耳交頭，囁囁的細語。
『殺退漢軍！殺退漢軍！』唉！翕侯們
鎖著眉，煎熬的日子一天天在
毋寡的徘徊裏，徘徊裏長長地拖過。
上已這一夜大將煎靡奏上宛王：
『臣子們全體商量，大家不願等絕糧後
同作空頭鬼。如今有兩條路請陛下
裁度：是今夜大家去拿生命換點威風，
還是陛下爲幾十萬人民肯犧牲寶馬？』
『殺退漢軍！殺退漢軍！』他沒有躊躇，
『好，服從陛下是我們軍人的責任！』
煎靡退出宮，徵集敢死的兵丁，教厚甲
銜了枚，戰馬都解下銀鈴杏葉；午夜
偷開了四面城，一鉤昏月像答拉著
血舌頭，漢營黑沉沉只幾點燈火。
輕輕的，輕輕的向前進，東南角落上
飄動旗形的該是中軍，從西門向西
奪過松林便是通上康居的一條馬道。
輕輕的向前進——猛一聲狂呼，
城堞上搖紅了火花林，一片殺聲
似澀雷從城根直劈出大野。雹鞭的
急戰鼓催著鋼刀，夜襲兵層湧著
重疊的火浪燒進漢軍的鉤翅連環壘。
漢軍裏一陣雜亂的呼囂，將軍急令

叫連起鐵蛇兵，迎著敵飛出密雨箭，
中軍展開烏雲的兩翅擋住火潮；
但聽西北方一時踉蹌像頹塌了陣膀，
（可憐披甲的丟掉了頭盔，背弓的
慌張尋不著鞭袋，一顆顆瀨滿酒的
夢頭顱，都在刀光裏滾下草野。）
兩軍火光焚著地，搖著山林，滿城
滿野瘋顛的慘殺聲穿過夜的天，
駭淡了星光，駭白了東天一痕曉色。
城門下金鉦響時，零零落落奔回的
只有三二百兵丁；漢軍裏也一片殘頹，
塌碎了連環壘，斫了旌旗，燒了營帳，
斷臂折足的湊不起全身，甲冑上
沾紅的是自家兄弟的血。
　　　　　　　　貳師將軍
氣抖了喉嚨，傳全軍在轅門下聽令：
『大漢的男兒跋涉萬里來到西胡，
這一夜傷兵敗將都是誰的責任？
從今天我們拋掉生命，攻城！攻城！
要雪恨得洗清你們的軍營，先除盡
齦？你的讎敵，吞了你雄心的怪魔鬼！』
全軍一聲呼應，奔回了軍營，轉眼
在平野的中心山堆起一堆赤條條
雪白又顫抖著濕紅的女人的屍體；
積起枯柴，四面迎風縱起烈火來燒
污黑的濃油煙躥上天，躥上朝雲，
遮住東天那一團渾紅的新光采。
攻城！攻城！幾萬漢軍復仇的熱血
沸狂了心，『沒有犧牲便永沒有勝利』
爲塡塞城溝斫禿了赤松林，掘盡
碎山石和澀河兩岸的泥土；四面
鑽著箭雨頂著雷石，背了楯攀城的，

腰？別了小匕刀，幾千名赤手的壯士。
屍體堆成丘，堆成山陵，雲梯的鐵鉤
纔構上城堞；白晝四野的人浪湧成
狂濤，昏黑裏火把光燒焦了石壁壘。
他們忘了夜，忘了天明，只當他
箭雨變了枯樹枝，雷石只是茅簷的灰土；
只聽城壁下盪地的殺聲緊著搖，
好像搖得一座石城在飄忽裏顫抖。
六個整夜晚又六個白天，鼉鼓聲
十幾里雹雨樣地敲；六個白天又
六個整夜晚一座灰城已染成了
開滿紅花的一團血錦。屍體堆，堆，
一天天堆上城堞，一天天殺聲殺上了
城垛；轟隆一聲似罡風壓塌下
西南的城樓，隨著東城頭也崩裂開
三丈寬的缺口。第六天一早幾千人
湧著白鋒的刀浪狂呼著翻上了城牆，
砸碎了城樓，在血海的濤聲中
城堞上抛下了煎靡的頭顱和一具
亂刀剮碎了的血淋淋的屍體。
大軍像蔓蜂要奪窠巢，從四城的缺洞口
頂著箭雨的尖鏃飛擁進了城——將軍，
將軍抽一口氣，在城門的屍海裏勒住
韁繩，抬頭三百步外又一片似削壁，似
金山；在這塌碎的城圈內巍巍地
又豎立著同樣堅固的沉厚的一座
中城的石壁壘。

　　這夜晚貴山城裏
死沉沉沒有聲息，滿城的兵士和
人民在昏黑裏等待著他們最後的
命運。宮門外櫻花的廣場上集著群臣，
瑟索的火把光中顫抖著他們深深的
恐怖，焦愁，和怨憤。『漢兵並不要打
漢兵要的只是幾十匹寶馬和威名，

如今這罪過都是煎靡，煎靡……
都是毋寡！』『他要爲他幾十匹紅驢
把我們人民，把我們輕輕地投給
水火！讓我們……』『不過他是我們的
陛下，我們的王啊？』『對罪惡的魔王
裁判的威權該在我們手裏，讓我們
獻出寶馬，再送出那釀禍的王冠，
漢軍要不依從，那時再拼著血肉來買
我們的生命。』　這夜晚幾十把鋼刀
輕輕的進了宮，『殺退漢軍！殺退漢軍！
可憐老毋寡禿了頂的頭顱便隨著
王冠包住一個繡滿金駒的錦袋裏。
天還沒亮，掩開城門，一匹馬和一朵
孤清的白火光，使者飛奔到漢營裏。
『侮蔑大漢的都因爲毋寡一個人的
狂悖，我們如今獻上寶馬，斬了首凶，
請將軍休兵，寬赦過大宛幾十萬生命。』

將軍和李哆趙始成商議：十幾萬部曲
只剩到如今三四成人，看耐不住
貴山的穩固，康居又陸續來了援兵
如今既贏得寶馬，又斬了宛王頭，
不如趕早回朝，對付著留一星威望。
將軍許了約。第二天東郊外搭起
壇臺，大宛的翕侯們列開了儀仗，
斬白馬，將軍插血在赤龍旗下飲了盟杯，
兩軍啞著疲憊的喉嚨歡呼出萬歲。
翕侯們舉爵說：『今天纔眞眞認識了
大漢的宏威，從此祝兩國結起和平，
大宛願永遠侍奉在天子的陛下
請將軍給宛民重立個明君。』將軍
發令容赦過一切宛國善良的人民，
把大宛的王冠賜給了翕侯昧蔡。
叫御苑中牽出寶馬，將軍撫摸著那
黑鬣，紅鬃，空空地望著李哆，搖搖頭，

想不出說甚麼來稱讚，接連三晝夜
貴山在城外宴獻了白羊，美酒，與
肥牛；漢軍把寶馬繫在筵前，一路到
今天總算贏得了一頓西胡的好酒肉。

進三月中旬大軍起程，重整頓軍營，
只賸了三萬六千披了傷痍的騎士。
出關的牛駝早作了軍糧，死馬破輜車
也祭送了澀河的濁浪。執驅校尉
揀選了幾十匹血汗的千里駒（只愁
找不出比六郡的黃驃有甚麼奇特）
和幾千匹坐騎，大軍分兩路越過葱嶺。
南路的一枝兵去掃蕩了郁成國，
斬了蠻王，郁成屠剩了一座荒谷。
北路沿天山舊道，一路過城廓，過
沙洲，過河，天山點翠了碧藍的春夏；
一路上不斷的有諸國奉饗牛羊，
但鼉鼓聲已催不動疲乏的腳步。
離了姑師正逢著焦灼的毒太陽，
熱熱流沙上幾千里的乾澀；幾千里，
找不著樹木可以憩肩，沒有涼風，也
尋不到流水。一天天胸背上汗凝成膠，
玉門卻遠遠的，遠遠的隔著乾沙，
乾沙的幾千里地。腳掌下乾沙像焦熱
蒸著煙，天空卻永遠是金黃黃的
一輪好太陽，沒有雲絲也不滴一滴雨。
不久像有隻無形的魔爪抓住了全軍
瘟厲神每夜來解決百多個小生命，
遍身的紅斑點轉瞬便黑斷了舌根，
說是太陽神拿針尖刺焦的髓骨。
爲趕中秋賀萬歲，校尉的皮鞭下
那敢說聲憩，（好在寶馬已成了功，鞭的
不過是逃犯，剽賊，和落魄的賈人子）
天天的毒太陽接著無風的悶暑夜，

一步步好容易算捱到了玉門關外；
到玉門纔有人問起了去年冬天可寒？
忘記了，彷彿大漠是火燄，沒有過風雪。
玉門關都尉檢點這凱旋軍，怎麼？
怎麼只有瘦馬七千，和一萬來名
凹著頰拖著腿的像幽魂的老騎士。
怎麼，寶馬，沒留神寶馬也混進了關，
怎麼沒看見玉眼，金蹄，背脊上汪著血？

當然，晝夜地趕路也沒趕上中秋；
所幸天子寬仁，雖然傷折了大軍，
爲萬里振皇威，不錄將軍什麼過錯。
隨將軍一路來了西域多少國使臣，
黃門領他們遊覽了長安和上林宮苑：
上林八百里奇花異獸，三百多處離宮；
長安的錦繡樓臺，一座天堂的城市。
將軍牽了寶馬，拜登上未央龍鳳宮階，
群臣在玉堂前給天子舉爵上萬壽；
將軍捧金牒受封了萬户作海西侯，
賜了甲第；隨行的校尉們都除官
加了爵；寶馬也敕封了，喚作「天馬。」
殘傷的兵卒人人也都拜奉了皇恩：
四匹帛，二兩黃金，還有輕飄飄的
一頁還鄉的彩關傳。

　　　　　　　　但是這大宛
四載的征伐，消息傳遍了葱嶺西，
葱嶺東，傳遍了羌胡和天山南北。
流傳的故事說大漢的長安城中
坐著一位人皇，是上帝的兒子，
他三個頭，六條膀臂，他會說一種
神奇不可解的語言：他說要風，
大漠上就捲起了昏黑的風；他說
要西征，半天的黃雲裏就飛落下
千百萬神兵和雨點兒似的箭；

他說要神山，大海裏眞就飄出了
三座神山，飄進黃河，泊在昆明池裏。
西國的爛兵馬那能夠敵得他強？
讓我們趕緊帶了珍寶快到長安
去祈求他給我們錦繡，絲綢，和錢幣
但是大江南北和關東的老百姓，
從這時也傳出一個珍奇的故事，
雖然爹爹兄弟永不見回來，好親人
伴了老黃牛永遠在西方耕起地畝。
他們說寶馬已飛到了長安，上林苑
給他築起了一座高巍巍的安神殿，
他全身是麒麟甲，閃亮著霞光，
白玉作的四隻蹄，刻著「未央長樂，」
他兩眼是閃電，呼吸是風，他頭上的
金角一搖便落下了春天的甜雨點。
從此中國再不怕洪水或魃災，
他會體貼農人，給我們和風時雨，
幫我們的麥穗長得美，長得肥長，
幫我們的黃牛永遠年輕有氣力，
幫我們的春蠶多作大繭，幫我們的
小姑娘早嫁給坐駟馬高車的美男子。
每到寒食家家供奠了美酒，佳肴，
向西天遙遙的祈禱，（春風在墓地裏
垂著淚揚起紙錢灰）祈禱西天外
爹爹兄弟的安全，好親人永遠享著
和平，快樂；再祈禱蒼天教長安的
天馬萬壽無疆，保佑我們種地，摘桑，
年年有甘雨和風，過著太平好日子。

2. **分析**：寶馬是新文學運動空前史詩巨構，全詩長七百六十三行。題材是武帝爲汗血寶馬征大宛的戰事。氣魄雄大，而詩句又能細緻精巧，不愧傑作。

(九)**卞之琳**（一九一〇—）：江蘇海門人。一九二九年入北京大學英文系。一九三〇年開始詩歌創作。一九三三年大學畢業後在河北、山東等中學教書，並參加《文學季刊》、《水星》的編輯工作。一九三六年與何其芳、李廣田合集的《漢園集》出版；並與戴望舒合編《新詩》。抗戰後，在四川教書。一九四〇年後，到昆明西南聯大教書。一九四七年訪英。一九四九年回國。詩集有十年詩草（一九四〇年文化生活出版社），三秋草（一九三三年新月書店），魚目集（一九三五年文化生活出版社），蘆葉船（一九三六年北平立達書局），慰勞信集（一九四〇年文化生活出版社），漢園集（與李廣田、何其芳合著，一九三六年商務印書館）

1. **詩例**：

空靈的白螺殼，你，
孔眼裏不留纖塵，
漏到了我的手裏，
卻有一千種感情；
掌心裏波濤洶湧，
我感嘆你的神工，
你的慧心啊，大海，
你細到可以穿珠！
可是我也禁不住：
你這個潔癖啊，唉！
請看這一湖煙雨
水一樣把我浸透，
像浸透一片鳥羽，

我彷彿一所小樓
風穿過，柳絮穿過，
燕子穿過像穿梭，
樓中也許有珍本，
書葉給銀魚穿織
從愛字通到哀字，
出脫空華不就成！

玲瓏，白螺殼，我？
大海送我到海灘，
萬一落到人掌握，
願得原始人喜歡，
換一隻山羊還差
三十分之二十八；
倒是值得一只蟠桃，
怕給多思者檢起，
空靈的白螺殼，你
捲起了我的愁潮！

我夢見你的闌珊；
簷溜滴穿的石階，
繩子鋸缺的井欄……
時間磨透於忍耐！
黃色還諸小雞雛，
青色還諸小碧梧，
玫瑰色還諸玫瑰，
可是你回顧道旁，
柔嫩的薔薇刺上
還掛著你的宿淚（白螺殼）

半島是大陸的纖手，
遙指海上的三神山。
小樓已有了三面水，
可看而不可飲的。

一脈泉乃湧到庭心，
人跡仍描到門前。
昨夜里一點寶石，
你望見的就是這裏。
用窗帘藏卻大海吧，
怕來客又遙望出帆。（半島）

像候鳥銜來了異方的種子，
三桅船載來了一支尺八，
從夕陽裏，從海西頭，
長安丸載來的海西客
夜半聽樓下醉漢的尺八，
想一個孤館寄居的番客，
聽了雁聲，動了鄉愁。
得了慰藉於鄰家的尺八，
次朝在長安市的繁華裏，
獨訪一支淒涼的竹管……
（爲什麼年紅燈的萬花間，
還飄著一縷淒涼的古香？）
歸去也，歸去也，歸去也——
像候鳥銜來了異方的種子，
三桅船載來了一支尺八，
（爲什麼年紅燈的萬花間，
還飄著一縷淒涼的古香？）
歸去也，歸去也，歸去也——
海西人想帶回失去的悲哀嗎？（尺八）

你站在橋上看風景，
看風景的人在樓上看你。

明月裝飾了你的窗子，
你裝飾了別人的夢。（斷章）

2.**分析**：卞之琳的詩以質樸，整齊著稱，陳夢家說：「他的詩常常在平淡中出奇，像一盤沙子看不見底下包容的水量。」其後轉變，詩人憑籍細密感覺，以象徵手法表詩情，偏重想像與感覺，可意會不可言傳，有朦朧意趣，但部份晦澀難免。「白螺殼」一首以「你」，「我」交互錯綜表敏銳的感覺，「秋潮」代表現實與理想的衝突，結尾顯示無奈悵觸，全詩是想像中的一些感覺，安排成複雜的樣式，在形式方面，四段每段十行，每行一個單音節，又三個雙音節，共四個音節，正是卞氏致力勻稱整齊的形式。「半島」一首表現半島的立體觀，予讀者以視覺感受，後四行是作者感懷半島的環境，及遙望遠帆的匆忙。「尺八」一首表異鄉人寂寞思歸心情，運用重複句法，加強讀者共鳴，最後四行同時使用感歎與問話，使結構更爲堅湊完整。「斷章」一首，是爲妙手偶得，天成之作，表現緣命思想已臻哲學境界，象徵人生意義，極具價值。詩作絕非單純寫景，余光中曾在「詩與哲學」一文中詳析，錄供如下：

表面上，這首詩前二行在寫景，後二行由實入虛，寫景兼而抒情。就擺在這層次上來看，這首詩已經夠妙、夠美，不但簡潔而生動地呈現出畫面，更有一種勻稱的感覺。如果我們在耽於美感的觀照之餘，能越過表相去探討事物的本質與普遍的眞理，就發現這首詩的妙處不限於寫景與抒情。

原來世間的萬事萬物皆有關聯，眞所謂牽一髮而動全身。你站在橋上看風景，另有一人卻在高處觀賞，連你也一起看了進去，成爲風景的一部分，有如山水畫中的一個小人。同樣地，明月出現在你的窗口，你呢，卻出現在別人的夢中。你的窗口因爲有月而美，別人的夢呢，因爲你出現才有意義。

這麼看來，這首詩有一種交相反射，層層更進的情趣，令人想起「螳螂捕蟬，黃雀在後」的成語。波斯古諺「我埋怨自己沒有鞋子，直到有一天看見別人沒有腳」，也有這種層遞發展。只是波斯古諺的發展是遞減，而「螳螂捕蟬，黃雀在後」是遞加。卞之的琳的「斷章」也是遞加。

「斷章」的妙處尚不止此，因爲它更闡明了世間的關係有主有客，但主客之勢變易不居，是相對而非絕對。你站在橋上看風景，你是主，風景是客。但別人在樓上看風景，連你也一併視爲風景，於是輪到別人爲主，你爲客了。明月裝飾了你的窗子，你是主，明月是客。但是你卻裝飾了別人的夢，於是主客易位，輪到你做客，別人做主。同樣一個人，可以爲主，也可以爲客，於己爲主，於人爲客。正如同一個人，有時在臺下看戲，有時卻在臺上演戲。

再想一下，又有問題。臺下觀衆若是客，臺上演員果眞是主嗎？你站在橋上看風景，果眞風景是客，你是主嗎？語云「物是人非」，也許風景不殊，你才是匆匆的過客吧？

㈩**李廣田**（一九〇六－一九六八）山東齊東人，筆名黎地，一九三〇年考入北大外語系，開始發表詩與散文。一九三六年出版與何其芳、卞之琳合寫的詩集《漢園集》。一九四一年在昆明西南聯大任教。一九四五年至一九四七年，在天津南開大學、清華大學任教。詩集有春城集（一九五八年作家出版社）。漢園集（與卞之琳、何其芳合著）。

1. **詩例：**

偶爾投在我的窗前的，
是九年前你的面影嗎？
我的綠紗窗是褪了蒼白的，
九年前的卻還是九年前的。

隨微飈和落葉的蟋蟀而來的，
還是九年前的你那秋天的哀愁嗎？
這埋在土裏的舊哀怨，
乃種下了今日的煩憂草，青青的。

你是正在旅行中的一隻候鳥，
偶爾地過訪了我這秋的園林，
（如今，我成了一夜秋的園林，）
毫無顧惜地，你又自遙遠了。

遙遠了，遠到不可知的天邊，
你去尋，另尋一座春的園林嗎？
我則獨對了蒼白的紗窗，而沉默，
悵望向窗外，一點白雲和一片青天。

（窗）

在這座古城的靜夜裏，
聽到了在故鄉聽過的明笛，
雖說是千山萬水的相隔吧，
卻也有同樣憂傷的歌吹。

偶然間憶到了心頭的，
卻並非久別的父和母，
祇是故園旁邊的小池塘，
蕭風中，池塘兩岸的蘆和荻。

（鄉愁）

2. **分析**：新月詩人中的中堅，窗一首樸實之中且有幽深，詩情流露，常能使讀者體會到一份淡淡的親切。鄉愁一首悵觸萬端，如聞流浪者深長的嘘息。

（十一）**何其芳**：（一九一二—一九七七）四川萬縣人，一九三四年出版第一個選集《畫夢錄》。一九三五年畢業於北京大學哲學系。一九三六年與卞之琳、李廣田合出詩集《漢園集》。大學畢業後，曾在天津、山東的中學教書。抗戰後回四川，寫的一些短詩，大都收在第一個詩集《預言》中。新月新秀。詩集有預言（一九四五年詩文學社）刻意集（一九三八年文化生活出版社），夜歌（一九四七年文化出版社），星火集（一九四六年群益出版社），西苑集、燕泥集等。

1. **詩例**：

我是喪失了多少清晨露珠的新鮮，
多少夜星空的靜寂滴下綠蔭的松間，
春與夏的笑語，花與葉的歡欣？
二十年華待唱出歌聲？

我飲著不幸的愛情給我的苦淚，
日夜等待熟悉的夢來覆著我睡，
不管外面的呼喚草一樣青青地蔓延，
手指一樣敲到我緊閉的門前。

如今我悼惜我喪失了的年華，
悼惜它如死在青條上未開的花，
愛情雖在痛苦裏結了紅色的果實，
我知道最易落掉最難檢起（慨嘆）

這一個心跳的日子終於來臨，
你夜的嘆息似的漸近的足音。
我聽得清不是林葉和夜風私語，
麋鹿馳過苔徑的細碎的蹄聲，
告訴我，用你銀鈴的歌聲告訴我，
你是不是預言中年青的神？

你一定來自溫郁的南方
告訴我那兒的月色，那兒的日光，

告訴我春風是怎樣吹開百花？
燕子是怎樣痴戀著綠楊？
我將合眼睡在你如夢的歌聲裏，
那溫馨我似乎記得又似乎遺忘。

請停下，停下你長途的奔波，
進來，這兒有虎皮的褥你坐。
讓我燒起每一個秋天拾來的落葉，
聽我低低地唱起我自己的歌，
那歌聲像火光一樣沉鬱又高揚，
火光一樣將落葉的一生訴說。

不要前行，前面是無邊的森林，
古老的樹現著野獸身上的斑紋，
半生半死的藤蟒一樣交纏著，
密葉裏漏不下一顆星，
你將怯怯地不敢放下第二步，
當你聽見第一步空寥的回聲。

一定要走嗎，等我和你同行，
我的足知道每一條平安的路徑，
我將不停地唱著忘倦的歌，
再給你，再給你手的溫存，
當夜的濃黑遮斷了我們，
你可以不轉眼地望著我的眼睛。

我激動的歌聲你竟不聽，
你的足竟不爲我的顫抖暫停，
像靜穆的微風飄過這黃昏裏，
消失了，消失了你驕傲的足音，
啊！你終如預言所說的無語而來，
無語而去了嗎？年青的神！（預言）

開落在幽谷裏的花最香，

無人記憶的朝露最有光，
我說妳是幸福的小玲玲，
沒有照過影子的小溪最清亮。

妳夢見綠藤緣進妳的窗裏，
金色的小花墜落到髮上，
妳爲簷雨說出的故事感動，
妳愛寂寞，寂寞的星光。

妳有珍珠似的少女的淚，
常流著沒有名字的悲傷，
妳有美麗得使妳憂愁的日子，
妳有更美麗的夭亡。（花環）

2.**分析**：何其芳的詩風，特色是「明麗」。眞摯、清麗、簡潔、明暢，承繼古典文學中抒情傳統；更能以新穎句法詞彙表現新的創造。「慨歎」一首首段是一句的分行，第二段三、四兩句感性特強，使人記起江淹別賦中的「春宮閟此青苔色」。「預言」一首是他的成名作，述年輕的蹉跎與經驗熱情難以兼具的人生歷程，最有價值。「花環」一首勾劃特殊意境，顯示人生寂寞是痛苦也是享受。傳達的是一種無言之悲。

㈩**馮至**：（一九〇五—）原名馮承植。河北涿縣人。一九二一年入北京大學。一九二三年參加「淺草社」，出版《淺草季刊》。一九二五年，與原「淺草社」在北京的成員組成「沉鐘社」，出版《沉鐘》周刊。一九三〇年去德國留學，攻讀文學和哲學。回國任教。詩集有昨日之歌（一九二七年北新書局），北遊及其他（一九二九年沉鐘社），十四行集（一九四二年明日社）等。

1. **詩例：**

我們準備深深地領受，
那些意想不到的奇蹟，
在漫長的歲月裏忽然有
彗星的出現　狂風乍起！

我們的生命在這一瞬間，
髣彿在第一次的擁抱裏。
過去的悲歡忽然在眼前，
凝結成屹然不動的形體。

我們讚頌那些小昆蟲，
牠們經過了一次交媾，
或是抵禦了一次危險，
便結束了牠們美妙的一生。

我們整個生命在承受，
狂風乍起彗星的出現。（十四行）

什麼能從我們身上脫落，
我們都讓他化做塵埃，
我們安排我們在這時代，
像秋日的樹木一棵棵。

把樹葉和這些過遲的花朵
都交給秋風好舒開樹身，
伸入嚴冬我們安排我們
在自然裏像蛻化的蟬蛾。

把殘殼都丟在泥土裡，
我們把我們安排給那個，
未來的死亡像一支歌曲。

歌聲從音樂的身上脫落，
歸終剩下了音樂的身軀，

化做一脈的青山脈脈（十四行）

我的寂寞是一條長蛇，
冰冷地沒有言語——
姑娘，你萬一夢到牠時，
千萬啊，莫要悚懼！

牠是我忠誠的侶伴，
心裏害著熱烈的鄉思：
牠在想那茂密的草原，——
你頭上的，濃鬱的烏絲，

牠月光一般輕輕地，
從你那兒潛潛走過；
爲我把你的夢境銜了來，
像一隻緋紅的花朵！（蛇）

「也是這樣的風夜，
也是這樣的秋天——
我把生命啊，釀成美酒，
曾頻頻地送到你的唇邊，
一盞，兩盞，三盞……」

我屈指般般地暗算，
恰恰地滿了一年——
我沉埋我這座昏黃的城裏，
像海上被了難淚散的船板：
一片，兩片，三片……

我今宵靜息在秋星下，
如船板飄聚到海灣——
牠們再也當不起那海裏的洶濤，
我也怕望那風中的星焰，
一閃，兩閃，三閃……（風夜）

2. **分析**：不屬於新月派，而另鑄格律詩的新風格，馮至的成就有三方面：一是哲理詩，採西洋十四行詩方式表現，十四行英詩體式，詩體嚴密，不適合中國語言，馮氏專力於此，有十四行集，努力解決難題，表現雖不免特異，但卻能爲國人接受。例詩第一、二首中，分段的錯置原是遷就詩體，但卻造成了打破慣例之後可以忍受，可以接受的新穎。第一首主題在表達人生生命動力的企求肯定，及在付出之餘人生疲乏感的沉壓，極爲深刻熱烈。第二首寫生命的認知，轉爲恬然超脫。一般哲理詩雖免深奧枯燥，缺乏情味，馮氏能潤飾詩句以感性表達理性，成就實屬空前。

其次是他的抒情詩與敘事詩，「蛇」與「風夜」兩首委婉優美，均是抒情雋秀。另馮氏又能採取西洋敘事詩形式與技巧創作敘事詩。

(十三)**徐玉諾與于賡虞**：徐玉諾（一八九三—一九五八），河南魯山人。五四運動的時期在河南第一師範讀書時參加罷課、罷市等運動。一九二三年在《小說月報》發表小說《一只破鞋》、《祖父的故事》等。作品以粗獷的筆調，反映了河南農村匪禍兵災和人民的痛苦。他是文學研究會的重要詩人。詩作大多描寫了水災給人民帶來的不幸。一九二〇至一九四〇年在中學和師範任教。一九四〇年後長期失業。漂泊浙江等地。詩集有雪朝、將來之花園（一九二三年商務印書館）。于賡虞（一九〇二—一九六三），河南西平人。一九二一年入天津匯文學校。不久，與趙景深等共組新文學團體綠波社。一九二三年與趙景深等共同出版了詩集《春雲》。一九三五年赴英國留學。一九三七年回國後在多處高校任教。詩集有晨曦之前（一九二六年），落花夢（一九二七年）魔鬼的舞蹈（散文詩，一九二八年），孤靈（散文詩，一九三〇年），世紀的臉（一九二八年），以上均出版於北新書局。

1. **詩例：**

淅淅漓漓的雨滴，穿破嗚咽的哀音。滴滴滴到故鄉的像片上，思念的道路從此濕了，滑了，並且那一片一片的遺像上都發出一種淒楚的悲酸的味道來。

故鄉也永遠不可思念了。

我的，不可思念的故鄉啊！

1

滿眼是白馬奔騰的大海，
一瞬千變的天雲，蒼蒼的摺蓋了故鄉的圖畫；截斷了故鄉的情絲。
太陽一抖一抖的落下去了！
異鄉的孩子，性急而且無聊，
太陽墜著他的心了。

2

那裏是魯山的山谷？………

兩匹母牛三頭牛犢，依傍著，
沈靜靜的在一個小平原上吃草；
小犢也不叫，什麼聲音也沒有；
我同小弟弟不言不語擺弄著小石……
啊，我們且擺弄擺弄小石！
——我，小孩子的鄉土在，在那裏了！

3

那裏是魯山的田園？……
被小河纏繞成一方一方的，
遍地是秘密深濃的高梁
父親不歇的耘田，我剛從小河中爬了上來，我正要割草了。

4

海風一陣陣的衝開了窗門，
異鄉的小孩子失掉了一切；
故鄉的影片一片一片的都飛散在不可知的海上

漸漸的被海水濕了（徐玉諾、故鄉）

假若你在黑暗的夜間，你一個人來到這寂寞而且沉濁的密林裏；
那比在光亮裏更有趣！
你能聽見；
這一個樹葉拍著那一個的聲響，
蟋蟀的淒楚，
疲倦後的小鳥的密語！
寂寞、莫名——的美妙喲！
——黑暗的美麗喲！
只有深藍的點著繁星的天空，從林隙中看出渺渺茫茫的星光。（徐玉諾，在黑影中）

春去了，希望尚深眠於零落的落花之中，
爲了生命之慾願終日輾轉於骷髏之塚；
今凝思山頭之林下，痛哭於夕陽之残紅，
將不老的悲哀投寄於蒼空征途的孤鴻。

海鳥去了，三兩遊艇裏謳著幽婉之歌聲，
在夜神統治的天下諧和於葬禮的墓鐘；
此時我以神與魔鬼之樂獨自歌吟新生，
爲滿足敵人之歡笑我痛飲於此黑夜中！
「狂夫，將幻想展開，歌著，鞭打天上之群星！」
世紀死了疲憊的靈魂在荒誕之夢未醒；
無人了，野林顫慄之韻爲我慘笑於寂靜，
訴鴻鳴，似往日飛逝的夢影哀吟於古井！

悲哉！慘黑之山道上只我個人酩酊，獨行，
挽不回的青春如屍體正沉默於夜塋；
從此我嗟歎著去了，無論走入地獄，天宮；
將一切貽於人間之廢墟，輾轉骷髏之塚。（于賡虞山頭凝思）

3. **分析**：不屬新月派，徐、于兩位的詩作風格相似，都是感覺強烈，善用比喻象徵，意象幽玄而用語特殊，被稱爲魔鬼派。葉紹鈞評徐玉諾的創作是獵人捕獸，是感覺強烈，情緒興奮時不期然的作品。而于賡虞更被人稱爲苦吟詩人，詩作內涵陰深沉悒，形式整齊冗長，常以重疊之句表旋律，沈從文評爲「表現的是從生存中發出厭倦與幻滅的情調」。兩人的風格都已接近象徵。

四、象徵詩作家作品析介

(一)李金髮：

（一九〇〇—一九七六）本名淑良，廣東梅縣人。一九一九年去法國學習美術和雕刻。一九二三年開始創作新詩。受法國象徵派德萊爾、魏爾侖、馬拉美的影響甚大。一九二五年回國，加入文學研究會。歷任上海美專、杭州國立藝專和廣州美專等校教授、校長。抗戰期間曾去越南，一九四〇年回國從事文化外交工作。其後一直居留美國。是中國第一位西法雕刻家。詩集有微雨（一九二五年北平語絲社），食客與凶年（一九二七年北新書局），爲幸福而歌（一九二六年商務印書館）。嶺東情歌，李金髮詩集等。

1. 詩例：

長髮被偏我兩眼之前
遂隔斷了一切罪惡之疾視
與鮮血之急流，枯骨之沉睡。
黑夜與蚊蟲聯步徐來，
越此短牆之角，
狂呼在我清白之耳後，
如荒野狂風憤怒號：
戰慄了無數遊牧。
靠一根草兒，與上帝之靈往返在空谷裏。
我的哀戚惟遊蜂之腦能深印著……
或與山泉長瀉在懸岩，
然後，隨紅葉而俱去。

棄婦之隱憂堆積在動作上，
夕陽之火不能把時間之煩惱
化成灰爐。從煙囱裏飛去。
長染在遊鴉之羽，
將同棲止於海嘯之石上
靜聽舟子之歌。

衰老的裙裾發出哀吟，
徜徉在邱墓之側，
永無熱淚。
點滴在草地
爲世界之裝飾。（棄婦）

我願你的掌心，
變了船兒，
使我遍遊名勝與遠海
迨你臂膀稍曲，
我又在你的心房裏。
我願在你眼裏
找尋詩人情愛的捨棄
長林中狂風的微笑，
夕陽與晚霞掩映的色彩。
輕清之夜氣，
帶到秋蟲的鳴聲，
但你給我的只有眼淚。

我願你的毛髮化作玉蘭之朵，
我長傍花片安睡，
遊蜂來時平和地唱我的夢；
在青銅的酒杯裏，
長印我們之唇影，
但青春的歡笑，
忽如昏醉一樣銷散。（心願）

如殘葉濺
血在我們
腳上，
生命便是
死神唇邊
的笑。

半死的月下，
載飲載歌，
裂喉的音，
隨北風飄散。
吁！
撫慰你所愛的去。

開你户牖
使其羞怯，
征塵蒙其
可愛之眼了。
此是生命
之羞怯
與憤怒麼？
如殘葉濺
血在我們
腳上。
生命便是
死神唇邊
的笑。（有感）

我以冒昧的指尖，
感到你肌膚的暖氣
小鹿在林裏失路，
僅有死葉之聲息。

你低微的聲息，
叫喊在我荒涼的心裏，
我，一切之征服者，
折毀了盾與矛。（溫柔）

2.**分析**：最早將法國象徵主義的風格技巧輸入，是中國近代象徵詩的創始者。蘇雪林評他特點有四：⑴朦朧恍惚驟難了解（正是象徵派作品特色）。⑵表現神經藝術的本色（神經過敏是現代人特徵，而頹廢象徵詩人尤然）⑶感傷與頹廢色彩濃烈。⑷異國情調。又論李氏詩作藝術的三種手法是：觀念聯絡的奇特，善用擬人法，省略法，因爲省略過份，詩作難免晦澀。黃參島說李氏所歌詠的是「惟醜的人生」（超現實詩作的重點）。「棄婦」一首：第一、二行象徵棄婦可悲的現實環境，飽受歧視，孤獨隔離不願再見冷眼，鮮血枯骨象徵棄婦之蒼白憔悴，四至八行表示清白被誣，無情的毀謗時在耳後的悲憤。第九句象徵對上帝公理微弱的信賴，而空谷代表希望無憑。無依之哀戚祇能印之於遊蜂之腦，或流瀉於懸岩隨紅葉飄逝，三句強調棄婦的無告絕望。時間竟不能改變環境、觀念、隱憂雖歷久而不能稍減。長染一句象徵棄婦如同遊鴉，棲止海石，無家可歸。末段以衰老裙裾象徵棄婦已老，悲淚已盡，而她自己正如一滴辛酸之淚，作爲世界人類的裝飾，以她的悲苦，對比出部份人間的歡樂幸福。

第二、三首較第一首明朗。「心願」一首抒情熱烈，「有感」一首用詞古典，以精短之句表露對生命的認知。「溫柔」一首寫情愛心理，象徵細緻，感覺深刻。

㈡**穆木天：**（一九〇〇—一九七一）翻譯家。原名穆敬熙。吉林伊通人。一九二〇留學日本，研究法國文學。一九二一年參加創造社。一九二六年畢業於東京帝國大學。回國後在廣州、天津、吉林等地高校任教。早期詩作受象徵主義影響。詩集有旅心（一九二七年創造社），流亡者之歌（一九三一年）。新的旅途等。

1. **詩例：**

我願奔著遠遠的點點的星散的蜿蜒的燈光
獨獨的　寂寞的慢走在海濱的灰白的道上
我願飽嘗著淡淡消散的一口一口的芳鮮的稻香
我願靜靜的聽著刷在金沙的岸上一聲一聲的輕輕的打浪

我願去坐在那裏的路旁　那一片松原裏的橫臥的石上
我願寂對著一渦一渦的迴浪滾在那裏的岩石的窩上
我願細細的思維著掠在石面上的介殼的不住的滄桑
朦朧的憧憬著那裏　那裏　那裏的虛無的家鄉
我願寂對著那裏古樹底下枯葉掩著的千年的石像
我願凝視著掩住了柴扉的茶屋前虛設的空床
我願笑對著微動的泊舟吐不出煙絲不能歌唱

默默的夢想著那裏的天邊的孤鳥　散散的牛羊

啊！到底哪裏是我們的故鄉　哪裏的山頂　哪裏的角上
哪裏的風中　哪裏的雲鄉　還是呱呱波動的青蛙的聲聲浪浪
啊　我願寂寂的獨獨的慢步在夜半後的海濱的道上
我願熱熱的熱熱的奔著到那遠遠的燈光　而越奔越奔不上（我願）

蒼白的鐘聲　衰腐的　朦朧
疎散　玲瓏　荒涼的　濛濛的　谷中
——衰草　千重　萬重——
聽　永遠的　荒唐的　古鐘
聽　千聲　萬聲

古鐘　飄散　在水波之皎皎
古鐘　飄散　在灰綠的　白楊之梢
古鐘　飄散　在風聲之蕭蕭
——月影　逍遙　逍遙——

古鐘　飄散　在白雲之飄飄

一縷一縷　的　羶香
水濱　枯草　荒徑的　近旁
——先年的悲哀　永久的　憧憬　新觴——
聽一聲一聲的　荒涼
從古鐘　飄蕩　飄蕩　不知哪裏　朦朧之鄉
古鐘　消散　入　絲動的　游煙

古鐘　寂蟄　入　睡水的　微波　潺潺
古鐘　寂蟄　入　淡淡的　遠遠的　雲山
古鐘　飄流　入　茫茫　四海之間
——暝暝的　先年　永遠的歡樂　辛酸

軟軟的　古鐘　飛蕩隨　月光之波
軟軟的　古鐘　緒緒的　入　帶帶之銀河
——呀　遠遠的　古鐘　反響　古鄉之歌——

渺渺的　古鐘　反映出　故鄉之歌
遠遠的　古鐘　入　蒼茫之鄉　無何
聽　殘朽的　古鐘　在　灰黃的　谷中
入　無限之　茫茫　散淡　玲瓏
枯葉　衰草　隨　呆呆之　北風
聽　千聲　萬聲——朦朧朦朧——
荒唐　茫茫　敗廢的　永遠的　故鄉　之　鐘聲
聽　黃昏之深谷中（蒼白鐘聲）

2.**分析**：創造社後期詩人，穆氏詩作學法國安拉福克（Latorgure，困逆早夭，詩作多悲恨失望），充滿頹廢憂悒情緒。倡導「純詩」，認爲詩是透過時空的韻律運動。特別注重音節，幽玄朦朧，使人能感輕暗的歎息，並且去掉標點，以奇特形式加強讀者感受。「我願」一首就是以特異形式，音節，引讀者體味音感，吟味作者深邃，迷朦的抑悒。「蒼白的鐘聲」一首，以相隔排列與標點省略來加強表現詩境的虛幻，手法特殊。

㈢**王獨清**：（一八九八—一九四〇）原名王誠。陝西長安人。一九二〇年留學法國，專攻藝術。一九二六年歸國後，曾主編《創造》月刊，任中山大學文科學長。一九二九年任上海藝術大學教務長，主編《展開》月刊。一九三〇年主編托派刊物《展開》，並參加中國托派組織。早期詩作中的頹廢主義使他在詩藝上接近法國象徵派詩歌，講究詩的音韻和色彩美。詩集有死前（一九三一年樂華圖書公司），聖母像前（一九三一年光華書局），威尼市（一九二七年創造社），煆煉（一九三二年光華），埃及人（一九三二年光華書局），零亂草（樂華圖書公司），獨清的詩（新教育社）。

1.詩例：

唉！我願到野地
去掘一深坑，
預備我休息，
不願再偷生！

我設想，若是我短命死後，
那廢路邊定有一座濕墓
在亂草裏孤立地掩著我底瘦骨。

我設想，那時正是悲愁的秋季，
冷風從病林內向外號吹，
可憐的落葉便把我底墓來繞圍。

我設想，晝色是短促地消亡，
月兒已出在很高的天上，
照得我長眠處是一片的荒涼。

我設想，那沉靜中忽響著寂寞的步音，
由遠方小徑上來了我底愛人
她還是舊日的容鬢，還是舊日的衣裙。

我設想，只是她較舊日更是弱怯，
她又急急地前行，不肯少歇。
那不曾勞慣的腳兒像是在一步一跌。

我設想，她纔走到了我底墓前。

便迅速地跪下，全身振顫，
那些積累的落葉就做了她底拜姿。

我設想，她用她蒼白的兩手
掩住她底臉兒哽咽啼哭，
她底雙肩隨著她委曲的呼吸而起伏。

我設想，她那悽婉的哀聲
被冷風捉著向遍野傳送
月兒也像驚訝地吐出了更慘淡的光明。

我設想，不久她便因傷感過度而疲憊，
呼吸漸漸地閉塞沈低，
最後是倒了下去，唇兒親著我墓上的新泥。

我設想，不久她底口兒遂啞，
只有月兒在吻著她底淚頰，
向那一處走去，才是我底

冷風在解散著她蓬鬆的鬢髮。

我設想，就這樣又到了晝色復回，
她還睡在我底墓側，爲落葉護蓋：
從此她便伴著那個土堆，再也沒有
醒來……

唉！我願到野地
去掘一深坑，
預備我休息，
不願再偷生！（失望的哀歌）

我從 Cafe 中出來，
身上添了，
中酒的
疲乏，
我不知道
無言地

暫時的住家……
啊！冷靜的街衢
黃昏，細雨。
我從 Cafe 中出來
在帶著醉

獨走，
我的內心
感著一種，喪失了故國的
浪人的哀愁
啊！冷靜的街衢
黃昏，細雨！（我從 Cafe 中出來）

2.**分析**：創造社後期詩人，王獨清詩作受拜倫（Byron）影響，以氣魄豪邁著稱。感情傾瀉，不同於國人的含蓄，完全是西洋詩的風格。主張「（情＋力）＋（音＋色）＝詩」。「失望的哀歌」一首，想像幽玄，詩情強烈。「我從 Cafe 中出來」一首，深受法國象徵詩人魏爾倫（Verlane）的詩作秋日（Chan-Son d automne）影響，在技巧、形式、節奏上均有模仿，以婉轉音節隱約情調表現流浪者的迷惘、孤獨的感覺，氣氛濃重可感。

㈣**戴望舒**：（一九〇五—一九五〇）原名戴夢鷗，浙江餘杭人。早年曾在上海大學、震旦大學讀書並開始寫詩。一九二六年與施蟄存、杜衡、劉吶鷗等從事文藝活動。一九二八年在上海與人合辦水沫書店。同年發表代表作《雨巷》。一九三二年始創現代派，施蟄存主編「現代」現代派聲勢達到極盛。後去法國。一九三四年回國。一九三六年與卞之琳、徐遲等創辦《新詩》，提倡「純詩」。早期詩作受法國象徵派影響，充滿感傷情緒。一九三八年去香港主編《星島日報》文藝副刊《星座》。一九三九年參加英文版《中國作家》編輯。一九四一年因宣傳抗日被捕入獄，在獄中備受日寇酷刑摧殘。創作了《獄中題壁》，《我用殘損的手掌》等有強烈愛國熱情的詩篇。次年出獄後回上海在上海師專任教，兼任暨南大學教授。一九四八年去香港。次年抵達北平，從事編輯工作。詩集有我的記憶（民十八年水沫書店），後更名爲望舒草（一九三六年現代書局），災難的歲月（一九四八年星群書店）。望舒詩稿（一九三七年星群書店）。

1. 詩例：

答應我繞過這些木柵，
去坐在江邊的遊椅上。
囓看沙岸的永遠的波浪
總會從你投出的素足，
撼動你抿緊的嘴唇。

而這裏，鮮紅並寂靜得，
與你嘴唇一樣的楓林間，
雖然殘秋的風還未到來，
但我已從你的緘默裏，
覺出了她的寒意（款步）

撐著油紙傘，獨自
彷徨在悠長、悠長
又寂寥的雨巷
我希望逢著
一個丁香一樣地
結著愁怨的姑娘。
她是有

丁香一樣的顏色，
丁香一樣的芬芳，
丁香一樣的憂愁，
在雨中哀怨，
哀怨又彷徨；

她彷徨在這寂寥的雨巷，
撐著油紙傘
像我一樣
像我一樣地
默默彳亍著，
冷漠、淒清，又惆悵。

她默默的走近
走近，又投出
太息一般的眼光，
她飄過
像夢一般地
像夢一般地淒婉迷茫。

像夢中飄過
一枝丁香地，
我身旁飄過這女郎；
她靜默地遠了，遠了，
到了頹圮的籬牆，
走盡這雨巷。

在雨的哀曲裏，
消了她的顏色，
散了她的芬芳，
消散了，甚至她的
太息般的眼光，
她丁香般的惆悵。

撐著油紙傘，獨自
徬徨在悠長，悠長
又寂寥的雨巷，
我希望飄過
一個丁香一樣地
結著愁怨的姑娘。（雨巷）

我思想，故我是蝴蝶……
萬年後小花的輕呼
透過無夢無醒的雲霧，
來振撼我斑斕的彩翼。（我思想）

我用殘損的手掌
摸索這廣大的土地：
這一角已變成灰燼，
那一角祇是血和泥；
這一片湖該是我的家鄉，
（春天，堤上繁花如錦障，
嫩柳枝折斷有奇異的芬芳）
我觸到荇藻和水的微涼；
這長白山的雪峯冷到徹骨；
這黃河的水夾泥沙在指間滑出；
江南的水田，你當年新生的禾草
是那麼細，那麼軟……現在祇有蓬蒿；
嶺南的荔枝花寂寞地憔悴，
儘那邊，我蘸着南海沒有漁船的苦水……

無形的手掌掠過無限的江山，
手指沾了血和灰，手掌黏了陰暗，
祇有那遼遠的一角依然完整，
溫暖，明朗，堅固而蓬勃生春。
在那上面，我用殘損的手掌輕撫，
像戀人的柔髮，嬰孩手中乳。

我把全部的力量運在手掌
貼在上面，寄與愛和一切希望，
因爲衹有那裡是太陽，是春，
將驅逐陰暗，帶來甦生，
因爲衹有那裏我們不像牲口一樣活，
螻蟻一樣死……那裏，永恆的中國！
一九四二年七月三日（我用殘損的手掌）

2. **分析**：現代派始於現代書局發行「現代」雜誌，十九年發行「現代文藝」月刊，二十年發行「現代」月刊。這一派的作家詩作雖深受歐洲象徵派影響，但他們盡量揚棄象徵派的晦澀，幽秘，矯飾之弊，而採納其音色優美，內容含蓄等優點，形成爲新詩另一主流，中國象徵詩至此開創了可循的新途。戴望舒是現代派的領導詩人，詩作已脫出象徵窠臼走向明暢抒情。特色是能以散文入詩，情思綿密，纖巧靈秀。詩句琢磨精美，且能予人以清新活潑之感。他與早期愛好法國象徵派詩的李金髮大異其趣，他吸取象徵派的唯美傾向，表現手法，但力戒不可解的「神秘」；同時頗醉心於中國傳統文學的風土情調。因此有人批判他的詩爲「象徵派的形式，古典派的內容」。「款步」一首極具形象之美，清麗而新穎，有一種淡悒無奈的惆悵，極具搖曳之致。「雨巷」名作音節婉轉，情調隱約，色彩與音效諧和，而境界又能深邃，引領想像，體會作者那一種細密的情懷。「我思想」一首，受法國十七世紀哲學家笛卡兒（René Descartes）命題「我思故我在」影響，以爲精神的本質是思維，人的心靈是獲得眞理的唯一手段。戴作喻意有思想才有今生之情，來生之愛，才能如蝴蝶接受小花之輕呼，振起蛻變而成爲斑斕的彩翼，栩栩飛在一個如夢無醒的永恒之境。「我用殘損的手掌」是詩人在日本獄中受刑之作，全詩二十六行，是三整句。前十六行寫淪陷區，十七、十八行指抗日政府所在的西南，十九、二十兩行以比喻表對抗日祖國的熱愛。雄渾悲壯、感人至深。

(五)汪銘竹：現代派詩人，資料待考。

1.詩例：

熱情的細網，重又絡住他徬徨的心。紀德
向非洲發掘新的食糧去，驀地像
春天往他身上撲來，於是開始了蝶的狩獵。
他說：這是一種青年的計劃，在老年時
纔實現。嚮往著這簇新的世界，已待
二十年，或許三十年了，彷彿一支隱秘的夢。

非洲誠然是塊迷人的土地，有綠色大蛇，
有羚羊、有龐大的紙草田，灰色蜥蜴與大白鷺，
古代白蟻居室，如座圓頂的矮山丘。

木棉樹，旅人樹，棕櫚樹，像銀耳般大的

巨大的羊齒類寄生；鱷魚身上，是多好的
美的斑紋，野火燒過的荒地上，有獅子來往。

魔鬼一般的孩子們，頭頂上插著一翎大羽毛，
美的上肢之女人，骼骨上裝起金燦燦的銅環，
並以棕櫚纖維編成短短的裙，此外，還有文面的土人
凌壓超過一切奇異之上的，非洲更是蝶之王國；
大的燕尾蝶，蔚藍色，珍珠色，硫磺色嵌著
黑的斑點，有的翼背上更閃灼金光……

但不久紀德的時辰到來了，他的熱心
照射了非洲的空間，他闖入後臺，扯開了
眩目的佈景，在那裏他目擊了醜陋與可恥。
孩子們赤裸著上身，沒一片布，生疥瘡，生癬
生癩痢，象皮症，瞌睡病，像播種落在
每個人身上，死亡牽起手，拜訪著家家。

全像是沒有牧者愁慘的牲畜呀，女人在
雨淋下漏夜給修著汽車路，割樹膠者，
已是被搾乾的橘，剩下了空的皮殼。

太重的徭役，土人全都逃往荊棘中去了，
如一隻隻被獵逐的野獸，部落抛下了，鄉村
抛下了，自然更顧不了家庭與耕種。

一舉眼，荒蕪的田成了一片柴草，蟄伏在
向無人居的洞穴中，以草根果腹。在荊棘中，眞理
有何等昂貴之代價呀！一個土人頭目如是說。

於是憧憬之高塔跌下了，紀德深深詛咒
自己著了魔，眼光失卻了新奇的感覺，忘了蝶，
忘了長柄的捕蝶網，終於他衝出謊言的黑屋。（紀德與蝶）

巴黎，世界的花床，

剩下一堆灰燼，沒一星火。

千夫所指，十目所視，
紅睡衣是壓著法蘭西的魘魔。

黑蜘蛛拼命放出死前迴光
又紡織了一面毒網。

自柏林鐵甲車紛至沓來，
飽吞下法蘭西的煤炭。

播音員不斷喊著待訪的男女，
夜沙龍中，豎琴小鼓失了聲。

一扇扇鐵欄門，風癱，
在地上，碎玻璃，五彩繽紛。

千千萬萬的人，啞了，
喉頭裏則異模的怪癢。
集中營擁擠着人眾，
人眾日夜作聖貞德之幻想。（法蘭西與紅睡衣）

2. **分析**：現代派詩人汪銘竹的詩作致力於人性的批判，時代的反映，表現意識與詩的暗示性都已趨於明朗堅實，詩境擴大，內涵價值具備，但也正因爲如此，詩的形象美也相對地減低。「紀德與蝶」一詩是他的成名之作，寫紀德（Andre Gide）一生特愛蝴蝶，一九二四年他五十五歲時，曾到非洲剛果旅行捕蝶。詩中第三節到第六節特寫非洲事物，第七節起轉而表現紀德的悲憫，剛果之行引發了他人道主義精神。在他的「剛果紀行」（Voyage au Congo 1927）一書中，大膽揭露帝國主義者迫害非洲人的黑幕，詩中第八節至十一節盡寫殖民地人們生活之悲慘「在荊棘中，眞理有何等昂貴之代價呀！」這是一位土人酋長的話，帶著對眞理，對文明世界人道法律嚴重抗議的悲憤，於是在詩的結尾，紀德自「憧憬之高塔跌下」，「衝出謊言的黑屋」，向廣大讀者宣告他的悲憫與憤怒。「法蘭西與紅睡衣」一首，以戰前的巴黎與被德軍攻佔後的花都對比，黑蜘蛛象徵物質享受的墮落，罪惡，靡爛腐化，正是法蘭西亡國的主因。歌吹繁華在德人鐵甲車下掃地全休，集中營中播音員的喊叫，說明戰禍中家庭破碎，骨肉流離的悲慘，豎琴小鼓，聲斷隨風。在殘破的國土上，敵人橫暴的統治之下，痛苦的法國人祇能幻想貞德復出，歷史重演。詩作諷世之意沉重明朗，讀者能無警惕？

第三節　朗誦詩與寫實詩、抒情詩

一、特徵

受時局影響詩風大變，朗誦詩，寫實詩興起。偉大的聖戰序幕，在大動亂中，詩人們以其鋒銳之筆寫同仇敵愾、悲憤傾訴、激昂呼號、喚起我國族同胞，團結奮起，共紓國難、驅逐敵寇、還我河山。詩歌吸取了民間形式，便於朗誦，深入鄉村民間，在大後方、最前線展開，擔當起時代神聖的使命，鼓舞民心，振奮士氣，收效極宏，價值重大。

同時，在艱苦抗戰的歲月裏，儘多有痛苦的生活經歷，家庭破碎、骨肉離散、顛沛流離的生活；死別生離的悲哀；艱難求生的辛酸……一切一切，透過詩人的筆，留下我中華民族沉痛史詩，這便是寫實詩風。

而在抗戰勝利之後，抒情詩曾一度興起，其後雖因戰亂再度消失，但對遷臺之後，復興時期的詩文學甚具影響。

二、朗誦詩作家作品析介

(一)**臧克家：**

1. **詩例：**

耕破黑夜，
又馳去白日，
赴敵千里外，
挾一天風沙，
兵車向前方開。

兵車向前方開。
炮口在笑，
壯士在高歌，
風蕭蕭，
鬃影在風裏飄。（兵車向前方開）

2. **分析：**抗戰序幕，全民族總動員開始，許許多多原已很有成就的詩人，創作都有了變位，拋棄昔日格律的雕琢與象徵的含蓄，投入大詩代裏，貢獻熱情力量，改寫朗誦詩與寫實詩，臧克家便是其中的一位。創作不再注重形式格律，打開新的局面，要求在形式內容兩全的原則下，以充沛的創作力量作形式自由的詩歌。

(二)**高蘭：**（一九一〇——）原名郭德浩，筆名黑沙、郭浩等。黑龍江愛琿人。一九二八年考入燕京大學國文系。一九三二年畢業後在天津、武漢任中學教師。抗戰爆發後，在武漢參加中華全國文藝界抗敵協會，與光未然等提倡朗誦詩運動並創作詩歌。一九三八年後在重慶實驗歌劇學校、長春大學中文系任教，並致力於朗誦詩創作。其後任山東大學中文系教授、中文系主任。有《高蘭朗誦詩選》等。

1. **詩例：**

朋友！
一樣的明月白雲，

這不是感傷的別離，
且把哀愁付之高歌一曲，
讓你那年青的臉，
激越的歌聲，
再留下更深的記憶。

今夜
向燈火，我們發誓，
朋友！
你邁開壯健的步履。

我們這來自遠方的，
苦難的一群，
爲了戰鬥，我們才會相聚，
爲了戰鬥，我們又將別離。

一樣的春風秋雨，
在祖國廣大的土地，
那烽火燃燒處，
更有戰鬥號召著你？

去吧！朋友
千千萬萬的同胞呼喚著你
去吧！朋友！
我們是祖國戰鬥的兒女
我們所渴求的是光明與勝利。

去吧！朋友
爲了戰鬥，我們相聚
爲了戰鬥，我們別離
我們來自遠方的
還要回到遠方去！（送別曲）

2. **分析**：東北籍的老詩人穆木天曾爲這位同鄉後進的詩集寫序，說：「高蘭！爲民族革命高揚起你的歌喉罷！在詩歌中激發起民族的偉大感情吧！」高蘭的作品充具鼓舞力量，正已達到了穆木天的期許。

㈢**田間**：（一九一六—一九八五）原名童天鑒。安徽無爲人。一九三三年到上海光華大學讀書，參加《文學叢報》和《新詩歌》的編輯工作。一九三五年起出版詩集《未明集》、《中國牧歌》和《中國農村的故事》等。一九三七年去日本。抗日戰爭後回國。創作抒情長詩《給戰鬥者》，以催人上陣的號角之聲震動詩壇。他的《假使我們不去打仗》等詩，因其節奏急促、音調高昂，被聞一多譽爲「擂鼓的詩人」。詩集有呈在大風砂裏奔走的崗衛們（希望社）、給戰鬥者（一九三九年希望社）、抗戰詩抄（一九五〇年），未明集（一九三五年詩人社），中國牧歌（一九三六年詩人社），中國農村的故事（一九三六年詩人社）。誓詞、馬頭琴歌集、清明、青春中國、田間詩選等。

1. **詩例**：

聚攏，　　　　聚攏。
散開。
　　　　——踏著敵兵和漢奸的血膿，
散開，　　　　舞著……

在撞，
在衝，
在前進……
棕紅的
棒子，
紫黑的
槍，
土黃的
鋤頭，
白亮的
刀子……
全升起來了！都響了！（舞）
在沒有燈光
沒有熱氣的晚上，

日本強盜
來了，
從我們底
手裏，
從我們底
懷抱裏，
把無罪的伙伴，
關住強暴的柵欄，
他們身上
裸露著
傷疤，
他們心頭
呼吸著
仇恨，
他們顫抖，
在大連，在滿州
野營裏

讓喝了酒的
吃了肉的
殘忍的野獸，
用牠底刀，
嬉戲著——
荒蕪的
生命，
飢餓的，
血……

1

光榮的名字
——人民！
人民呀，
站在蘆溝橋
迎著狂風，
吹起衝鋒號；

人民呵，
在遼闊的大地之上，
巨人似的
雄偉地站起！

2

是開始了偉大戰鬥的
七月，七月呵！
七月，
我們，
起來了。
我們
起來了，
睜起悲憤的
眼睛呀。

我們
起來了。
揉擦紅色的腳跟，
與黑色的
手指呀。

我們
起來了，
在血的廣場上，
在血的沙漠上，
在血的水流上，
守望著
中部，
和邊疆。

經過冰雪，經過煙霧，
遙遠地

遙遠地
我們抬起頭來，
呼喚著
愛與幸福，
自由和解放……

七月，
我們
起來了。

嘹亮的號角，
晝夜地吹著
吹著
吹著，
我們一齊奔上戰場，
決心消滅強盜！

我們立誓：
誓死
保衛中國。

在中國，
人民底
幼兒
需要哺養呀，
人民底
牲群
需要畜牧呀，
人民底
樹木
需要砍伐呀，
人民底
禾麥
需要收穫呀

在中國
我們懷愛著——
自己造的
麥酒，
自己種的
瓜豆。
每天，
每天，
我們
要收藏——
在自己底大地上紡織的
祖國底
白麻，
祖國底
藍布。

在中國
博大的泥土呵，
這是一幅
壯麗的畫圖；
在它的
上面
我們的靈魂
是如此純樸。
我們要活著，
——在中國！
我們要活著，
——永遠不朽！

3

我們是勞動者
是偉大祖國底偉大的養子呵！
我們
曾經
在揚子江和黃河底
熱燥的
水流上，
搖起
捕魚的木船。
我們
曾經
在烏蘭浩特砂土與南部
草地周圍，
負起
狩獵的器具。
強壯的
少女，

曾經在亞細亞夜間篝火底
野性的
烈焰底
左右，
靠近紡車
辛勤地
紡織著。

我們
曾經
用筋骨，用脊背，
開擴著——
粗魯的
生活。

4

祖國，祖國呵，

槍聲響了……

敵人，
突破著
海岸和關卡，
從天津，
從上海。

敵人，
散佈著
炸彈和毒瓦斯，
到田園，
到池沼。

敵人來了，
惡笑著，
走向

我們。
惡笑著，
掃射，
絞殺。

今天，
你將告訴我們
是戰鬥呢，還是屈服？
祖國，祖國呵！

5

我們
必須
戰鬥了，
昨天是憤怒的，
是狂呼的，
是掙扎的
四萬萬五千萬呵！

鬥爭
或者死……

我們
必須
拔出敵人底刀刃，
從自己底
血管。

我們
人性的
呼吸，
不能停止；
血肉的

行列，
不能拆散。

我們
復仇的
槍，
不能扭斷。
因爲我們知道
這古老的民族，
不能
屈辱地活著，
也不能
屈辱地死去。

我們一定要
高舉雙手，
迎接——自由

…………
…………

太陽被掩覆了
看呵，
疆土的烽火，
已成了太陽。

堡壘被破壞了
看呵，
兄弟的旗幟
插在大路上。

光榮的名字，
——人民！

人民呵，
更頑強，
更堅韌。

……
6
……

我們
往哪裏去？
在世界上
沒有大地，
沒有海河，
沒有意志，
匍匐地
活著

也是死呀！

今天呀，
讓我們
死吧，
我們會死嗎？
——不，決不會！

我們是一個巨人，
生活就要戰鬥，
高貴的靈魂，
寧死也不屈服，
伸出
雙手來，
迎接——自由！

光榮的名字，

——人民！
人民呵！
前面就是勝利。
人民！人民！
抓出
木廠裏
牆角裏
泥溝裏
我們底
武器，
痛擊殺人犯！
人民！人民！
高高地舉起
我們
被火烤的
被暴風雨淋的
被鞭子抽打的
勞動者的雙手，
鬥爭吧！
在鬥爭裏，
勝利
或者死……

7

在詩篇上，
戰士底墳場
會比奴隸底國家
要溫暖，
要明亮。（給戰鬥者）

假使我們不去打仗，

敵人用刺刀
殺死了我們，
還要用手指着我們骨頭說：
「看！
這是奴隸！」（假使我們不去打仗）

2.**分析**：被聞一多譽爲「時代鼓手」的田間，詩作確具有鼓的節奏。「舞」一首以簡短的字句與分行，構成了短促激昂的節奏，便於表現詩中的煽動力，感染力與逼眞的想像。這種新的形式在中國新詩發展中前所未有，新形式適應新時代的需要而生，漸被接受，建立起價値，而更能影響開拓了朗誦新的里程。「給戰鬥者」長詩以短句鼓舞抗日救亡圖存的士氣，慷慨激昂，極具力量。「假使我們不去打仗」一首簡短著力，最具同仇敵愾之效。

(四)**胡風**：（一九〇二—一九八五）文藝理論家、詩人。原名張光人，湖北蘄春人。一九二三年入南京東南大學附中。後入北京大學預科和清華大學英文系。一九二九年去日本留學。一九三六年在同魯迅和馮雪峰商討後，提出「民族革命的大眾文學」的口號。先後擔任過中國左翼作家聯盟宣傳部長和書記，並大量寫作文藝評論，兼事寫詩。抗戰後，當選中華全國文藝界抗敵協會的常務理事、研究部副主任，兼任軍委會政治部文化工作委員會委員等職。創辦並主編《七月》、《希望》，編輯《七月詩叢》和《七月文叢》等。抗戰勝利後到上海。一九五五年因「胡風」事件在文壇消失，一九七九年復出。詩集有野花與箭、爲祖國而歌，掛劍集等。

1. **詩例：**

祖國呵！
爲了你，
爲了你的勇敢的兒女們，
爲了明天，
我要儘情地歌唱……
用我底感激，
我底悲憤，
我底熱淚，
我底也許迸濺在你底土壤上的活血。
（爲祖國而歌片段）

2. **分析：**胡風在抗戰時主編「七月」與「希望」，寫評論提倡新詩。在「爲祖國而歌」詩集題記中，他說：「戰爭一爆發，我就被捲進了一種非常激動的情緒裏面。在血火的大潮中間，祖國兒女們底悲壯的行爲，使我流感激的淚水；但也有祖國兒女們卑污的行爲，使我流悲憤的淚水。於是，我的喑啞了多年的咽喉，突然地叫了出來。」其人詩作，排斥了單純追求技巧的作風，以豐富感情自愛國赤誠中發出眞摯歌聲，直接鼓舞了當代新詩的發展。

(五) **綠原：**（一九二二—）成長於抗戰時期的青年天才詩人。原名劉仁甫，筆名劉半九。湖北黃陂人。早年曾在中國奧業公司鋼鐵部做練習生。一九四一年在重慶復旦大學讀書時，與鄒荻帆、曾卓等人合編《詩墾地》，並發表詩作。一九四四年在來華美軍譯員訓練班受訓時，離開重慶，流浪謀生。一九四六年以後，詩風由抒情轉向政論，寫了不少政治抒情詩。是「七月派」的重要詩人。一九四七年任武漢美商德士古石油公司職員。一九五五年受胡風問題株連。一九七九年平反。他的詩集有《童話》（一九四二年桂林出版）、《又是一個起點》、《集合》、《從一九四九年算起》、《人與詩》等，另有譯作多種。

1. 詩例——爲中國之抗戰而歌

有一天
旗和火燄
會憤怒地
滾過這貧窮的城……

旗和汽笛
和我們底演說
是完全一致的

旗和血
和我們的皮膚
就分不開了
旗命令
用冰雪抵抗著仇敵
用陽光保護著人民
用野花守衛著土地
用蜜蜂讚美著我們的國家
旗命令我們

大風擁護著旗
站在海拔幾千公尺的
青色的山脈上
向平原
向低谷
呼呼烈烈的響
像雷從平地起來一樣震動天空
呵，說旗就是我們的主人
又被大輪船底桅竿揚捲著
旗呵！航向藍色的海外
旗來了

就是野性的猿猴
就是愛斯基摩人
也不怕不向它
拍手歡迎
而黃色的沙漠
有駝鈴
就有旗的
而綠色的熱帶
雨和旗
一路旅行
升旗，唱歌，敬禮
旗
永不降落
旗呵
我們還沒有陣亡的士兵。（旗）

2.**分析**：青年詩人在抗日聖戰裏，以其龐沛熱烈的情感，抒寫對國家摯愛的血誠，眞切鮮活，足可引發國人們的同仇敵愾。

三、寫實詩作家作品析介

㈠**魯藜**：（一九一四—）原名許度地。福建同安人。早年僑居越南。一九三二年回國，開始詩歌創作。是七月詩派的代表詩人之一。詩集有醒來的時候、鍛鍊、星的歌、時間的歌、綠葉集、魯藜詩選等。

1.**詩例**：

老是把自己當作珍珠，
就時時有怕被埋沒的痛苦。
把自己當作泥土吧，
讓眾人把你踩成一條道路。（泥土）

2. **分析**：是「七月詩社」重要詩人之一，能以抒情筆觸表戰鬥情緒，泥土一詩，極是平實深刻。

㈡**蘇金傘**：（一九〇六－）原名蘇鶴田。河南睢縣人。一九二三年入河南省立體專。一九二五年在《洪水》上發表第一篇作品。後在開封高中、黃河水利專科學校和河南大學任教。抗戰勝利後在開封主編《中國時報》副刊，並主辦《春潮》、《沙漠文藝》等刊物。著有詩集《無弦琴》、《地層下》、《窗外》、《入伍》、《鵓鴣鳥》、《家園集》等。有《蘇金傘詩選》。

1. **詩例**：

從集上揹回一筐煤，
——以後不能再撿柴了。
又帶回幾粒金雞納霜，
叫正在害瘧疾的兩個孩子吃了。
然後打滿一缸水，
夠一天用的。
於是告訴他的妻子說：
家裏我眞不敢住了！
以後請你多操心吧！
不過我希望
回來時，你們都還活著。」

從窯洞裏走出來，
孩子躺在床上哭著，
妻子送到高崗上，
一再叮嚀：
「不打仗時，
可要回家。
切記著常來信！」
他茫然的答應著
走了……
兩旁穀地裏，
嘓嘓兒叫得正響。
他後悔不曾捉幾隻，
掛在床頭，
好讓他去後，
代替他，
安慰孩子的寂寞。（離家的時候）

2. **分析**：現代詩人象徵詩後期作家。抗戰時期詩風改變，「離家的時候」一詩沉哀眞實，寫丈夫之別家，盡最後的責任，叮嚀的希望正是人類在無奈環境中最低的希望（一如婦病行中臨終婦人的希望，莫使我兒飢且寒，有過愼莫笪笞）。妻子的叮嚀與行人茫然的答應，顯示渺茫的今後不由自主，結尾高峰再起，以寂寞童心襯出離家者的悲苦，沉重的迫壓極是感人。

㈢**韓北屏**：（一九一四—一九七〇）原名韓立，筆名歐陽夢等。江蘇揚州人。一九三一到一九三三年，任《江聲日報》編輯、《江都日報》編輯主任。一九三四年到上海，主編《詩志》等雜志。抗戰期間，任《詩》月刊編委、昆明《掃蕩報》編輯部主任等。一九四六年轉赴香港，任新聞學院教授等。一九五〇年到廣州，任華南大學藝術學院文學部副主任。一九五二年起專事創作。著有詩集《江南草》、《人民之歌》、《和平的長城》、《夜鼓》，長詩《鷹之妻》。

1. **詩例**：

東南風疾馳而過，
高齡的殿角，
已不復有鐵馬之綺語，
而枯松上的凌霄花，
卻飄然作孀婦之泣了；
二月午後的斜陽，
微睜其惺忪之眼，
曝於東廂的老叟之呵欠，
深重而蒼涼。（午後）

2. **分析**：韓北屏曾以「保衛武滿」一詩，傳誦大江南北，激勵士氣。「午後」一詩寫實蒼涼，把握形象創造，抒情用字精鍊，意境深刻可感。

㈣**覃子豪**：（一九一二—一九六三）原名覃基，又名天才。四川廣漢人。一九三一年在北平中法大學讀書，後留學日本。一九三八年回國，在軍事委員會政治部、第三戰區政治部任職，曾到浙東南抗日前線，創辦《東方周報》，倡導新詩歌。一九四五年曾創辦《太平洋日報》。一九四七年赴臺灣。一九五一年九月，與葛賢寧、鍾鼎文發起成立「新詩周報」社，任《新詩周報》主編。一九五四年起先後任《藍星周刊》、《藍星詩選》、《藍星詩頁》、《藍星季刊》主編。一九五六年任中華文藝函授學校詩歌班主任。他是「藍星詩社」的發起人之一和現代派的重要詩人。詩集有自由旗、海洋詩鈔、向日葵、畫廊，生命的弦，永安劫後，未名集等。

1.**詩例**：

一具殘缺的屍首
躺在那屋旁邊是很久很久
他呀！是沒有父母，沒有兄弟，沒有朋友
他躺在那兒
血肉模糊的
沒有了頭顱，認不清

他究竟是什麼人
他躺在那兒
只有一隻狗來到他的身邊
是爲了他的血腥
還是爲了與他作伴
（沒有人認識的屍體）

2.**分析**：民國三十三年十一月四日日寇轟炸永安，全城付之一炬。畫家趙一佛有「永安劫後」畫集，經覃子豪配以四十四首短詩，這是其中的一首。以素樸語言作沉痛之訴，筆觸深沉，悲憤強烈。

㈤**葛珍**：抗戰時期寫實詩人，資料待考。

1.**詩例**：

一個人
一個異鄉人
死在這裡

當時幾個好心人
草草把他埋葬
生前他寄住在村邊一處小店裡

突然他病了
他呻喚
身邊沒有多餘的錢
只一件貼身的棉襖
幾次想賣掉它
年老的女店主是個好心人
她替他配藥她可憐他
生前他是沉默的
死後也沒有留下好多話
只有一句
把棉襖留給媽媽……
但她不曾遵從他底遺言
卻給換了幾串紙錢
這是一座墳
很低
土已漸漸鬆了
這是一個荒涼的地方
很少人來到
只有秋風
每年回來
在他墳頭蓋上幾片落葉。（一個人）

2.**分析**：已是戰後創痛猶新的唏噓回顧，這首詩全無雕琢，刻劃出大戰亂中客死他鄉的凄涼，結尾抑悒填塞，是一種比發聲痛哭更爲深切的悲愴。

(六)**艾青**：（一九一〇—）原名蔣正涵，字養源號海澄。浙江省金華人。一九二八年入杭州國立西湖藝術院繪畫系。次年去巴黎學繪畫，受現代派文藝影響。一九三二年回國後參加中國左翼美術家聯盟。抗戰爆發後輾轉武漢、山西、西安。一九四〇年到重慶，寫了不少描寫北國人民在鐵蹄下的悲慘境遇和歌頌光明的詩篇。抗戰勝利後任華北聯合大學文藝學院副院長。出版的詩集有《大堰河》、《北方》、《曠野》、《向太陽》、《黎明的通知》、《

獻給鄉村的詩》、《火把》、《雪裏鑽》等，另有專著《詩論》。一九五七年被錯劃爲右派，全家到北大荒落戶，至一九七九年平反。出版詩集《歡呼集》、《寶石的紅星》、《海岬上》、《黑鰻》等。一九七九年發表抒情長詩《光的贊頌》，出版詩集《寶石的紅星》、《歸來的歌》、《落葉集》等。一九八五年被授予法國文學藝術最高勛章。有《艾青詩選》、《艾青選集》。

1. **詩例：**

雪落在中國的土地上，
寒冷在封鎖著中國呀……

風，
像一個太悲哀了的老婦，
緊緊地跟隨著
伸出寒冷的指爪
拉扯著行人的衣襟，
用着像土地一樣古老的話
一刻也不停地絮聒著……

那從林間出現的，
趕著馬車的
你中國的農夫
戴著皮帽
冒著大雨
你要到哪兒去呢？

告訴你
我也是農人的後裔——
由於你們的
刻滿了痛苦的皺紋的臉
我能如此深深地
知道了

生活在草原上的人們的
歲月的艱辛。

而我
也並不比你們快樂啊
——躺在時間的河流上
苦難的浪濤
曾經幾次把我吞沒而又捲起——
流浪與監禁
已失去了我的青春的
最可貴的日子，
我的生命
也像你們的生命
一樣的憔悴呀

雪落在中國的土地上，
寒冷在封鎖著中國呀……

沿著雪夜的河流，
一盞小油燈在徐緩地移行，
那破爛的烏篷船裏
映著燈光，垂著頭
坐著的是誰呀？

——啊，你
蓬髮垢面的少婦，
是不是
你的家
——那幸福與溫暖的巢穴——
已被暴戾的敵人
燒燬了麼？
是不是
也像這樣的夜間，
失去了男人的保護，

在死亡的恐怖裏
你已經受盡敵人刺刀的戲弄？

咳，就在如此寒冷的今夜，
無數的
我們的年老的母親，
都蜷伏在不是自己的家裏，
就像異邦人
不知明天的車輪
要滾上怎樣的路程……
——而且
中國的路
是如此的崎嶇
是如此的泥濘呀。

雪落在中國的土地上，
寒冷在封鎖著中國呀……

透過雪夜的草原
那些被烽火所嚙啃着的地域，
無數的，土地的墾植者
失去了他們所飼養的家畜
失去了他們肥沃的田地
擁擠在
生活的絕望的污巷裏：
饑饉的大地
朝向陰暗的天
伸出乞援的
顫抖著的兩臂。

中國的苦痛與災難
像這雪夜一樣廣闊而又漫長呀！

雪落在中國的土地上，

寒冷在封鎖著中國呀……

中國，
我的在沒有燈光的晚上
所寫的無力的詩句
能給你些許的溫暖麼？
（雪落在中國的土地上）

一天
那個科爾沁草原上的詩人
對我說：
「北方是悲哀的。」
不錯
北方是悲哀的。
從塞外吹來的
沙漠風，
已捲去北方的生命的綠色
與時日的光輝
——一片暗淡的灰黃
蒙上一層揭不開的沙霧；
那天邊疾奔而至的呼嘯
帶來了恐怖
瘋狂地
掃蕩過大地；
荒漠的原野
凍結在十二月寒風裏，
村莊呀，山坡呀，河岸呀，
頹垣與荒塚呀
都披上了土色的憂鬱
孤單的行人
上身俯前
用手遮住了臉頰，
在風沙裏
困苦地呼吸

一步一步地
掙扎著前進……
幾隻驢子
——那有悲哀的眼
和疲乏的耳朵的畜生，
載負了土地的
痛苦的重壓，
他們厭倦的腳步
徐緩地踏過
北國的
修長而又寂寞的道路……
那些小河早已枯乾了
河底也已畫滿了車轍，
北方的土地和人民
在渴求著
那滋潤生命的流泉啊！
枯死的林木
與低矮的住房
稀疏地，陰鬱地
散佈在灰暗的天幕下；
天上，
看不見太陽，
只有那結成大隊的雁群
惶亂的雁群
擊著黑色的翅膀
叫出牠們的不完與悲苦，
從這荒涼的地域逃亡
逃亡到
綠蔭蔽天的南方去了……
北方是悲哀的
而萬里的黃河
洶湧著混濁的波濤
給廣大的北方

傾瀉著災難與不幸；
而時代的風霜
刻劃著
廣大的北方的
貧窮饑餓啊。
而我
——這來自南方的旅客，
卻愛這悲哀的北國啊。
撲面的風沙
與入骨的冷氣
決不曾使我咒詛；
我愛這悲哀的國土，
一片無垠的荒漠。
也引起了我的崇敬
——我看見
我們的祖先
帶領了羊群
吹著笳笛
沉浸在這大漠的黃昏裏；
我們踏著的
古老的鬆軟的黃土層裏
埋有我們祖先的骸骨啊，
——這土地是他們所開墾
幾千年了
他們曾在這裏
和帶給他們打擊的自然相搏鬥，
他們爲保衛土地
從不曾屈辱過一次，
他們死了
把土地遺留給我們——
我愛這悲哀的國土，
它的廣大而瘦瘠的土地
帶給我們以淳樸的言語
與寬闊的姿態。

我相信這言語與姿態
堅強地生活在大地上
永遠不會滅亡；
我愛這悲哀的國土
　古老的國土
——這國土
養育了爲我所愛的
世界上最艱苦
與最古老的種族。（北方）

2.**分析**：艾青約在民國二十一年開始他的詩創作，在本質上他是一位抒情詩人，在浪漫與感傷的形相中受到象徵派的影響。抗戰軍興詩人的詩作題材丕變，以其沉痛的悲憫寫苦難的祖國，苦難的同胞：「雪落在中國的土地上」與「北方」兩詩，爲那一悲慘的時代刻下了寫照。

(七)高　蘭

1.**詩例**：

你哪兒去了呢？
我的蘇菲，
去年今日，
妳還在臺上唱；
「打倒日本出口氣！」
今年今日呀，
妳的墳頭已是綠草凄迷。
告訴我　孩子！
在那個世界裡，
妳是否把手指頭含在口裡，
呆望著別人家的孩子吃著花生米，

妳憂鬱地低下頭去。

孩子呵！
妳患的不過是瘧疾，
卻被醫生挖完我最後一個錢幣，
我賣盡了所有的衣物，
只不過買來一口小小的棺木，
把你深深地埋在土裡。
因爲妳生時愛寫又愛畫，
你那痴心的媽媽呀，
在盛殮妳的時候，
在妳的左手放了一捲白紙，
在妳的右手放了一支鉛筆，
可是直到如今，
不見妳有一封信來自天涯，
不見妳有一個字寫給妳的媽媽。

孩子呵
我曾一度翻看妳的箱篋，
妳的遺物都好好地收起，
淺紅的書包，深藍的裙子，
還有呵　孩子
——妳珍藏的小綠玻璃……

（哭亡女蘇菲）

2. **分析**：是高蘭對亡女的悼亡詩，約發表在三十一、二年間，當時正是抗戰進入最艱苦的階段，從詩中可看出當時民生的困境，藉著詩人的沉痛表白，使我們回顧唏噓。

四、抒情詩作家作品析介

㈠**穆旦**（一九一八—一九七七），原名查良錚，筆名梁眞等。浙江海寧人。一九三五入清華大學學習。抗戰後，轉昆明西南聯大。畢業後留校任助教，並開始寫詩。詩作多發表於《詩創造》和《中國詩歌》，與杭約赫、辛笛等，風格相近，同屬於「九葉詩派」詩人。一九四九年去美國深造。一九五二年獲文學碩士學位，次年回國後任南開大學副教授。著有詩集《探險者》、《旗》等，譯作《普希金抒情詩選》、《拜倫抒情詩選》、《雪萊抒情詩選》、《唐璜》、《別林斯基論文學》等。有《穆旦詩選》。

1. 詩例——詩八首之三、四

三

你底年齡裏的小小野獸，
它和春草一樣地呼息，
它帶來你底顏色，芳香，豐滿，
它要你瘋狂在溫暖的黑暗裏。

我越過你大理石的理智底殿堂，
而爲它埋藏的生命珍惜；
你我底手底接觸是一片草場，
那裏有它底固執，我底驚喜。

四

靜靜的，我們擁抱在
用言語所能照明的世界裏，
而那未成形的黑暗是可怕的，
那可能和不可能的使我們沉迷。

那窒息著我們的
是甜蜜的未生即死的言語，
它底幽靈籠罩，使我們遊離，
遊進混亂的愛底自由和美麗。

2. 分析：第三首寫青春如一頭小獸，色香豐滿，瘋狂在溫暖的黑暗裏，理性不能壓抑感情激動，手的接觸如一片青青草場之鮮嫩，同時象徵愛的滋長一如青草的生長，有對方的矜持與逐漸接受，有自身的驚喜。第四首勾繪愛的世界的明暗兩面，言語所能交流的使兩人擁抱，那未成形的，未知的，充滿各種奇幻可能的，更使兩人又怕又迷醉。有許多話不需說，有許多話說不出口，戀愛中的人就在這種窒息、恍惚、混亂中感受到愛的甜蜜和苦悶、自由和美麗。

(二)綠 原

1. 詩例：

當星逃出天空的門檻
向這痛苦的土地上謝落
據說就有一個閃爍的生命
在這痛苦的土地上跨進（驚蟄）

雨落著城樓
（晚鐘被十字架底影子敲響了）
常有一種透明的聲音
召喚著你底名字

好，你該醒著做夢底客人了（憂鬱）

十九年前，茂盛的天空
那片豐收著金色穀粒的農場裏
我是哪一顆呢？（驚蟄）

我要做一個流浪的少年
帶著一隻鍍金的蘋果
一隻銀髮的蠟燭
和一隻埃及國飛來的紅鶴

旅行童話
去向糖果城的公主求婚（小時候）

芭蕉的日子
我想起北方的雪

駝鈴和沙漠的日子
我也會想起南方的果園
正如
工作的時候
我要想著你
陪著你，又想著工作……
（碎琴之四）

小河彎過浮橋回家了，
最後一隻帆船兒回家了，
蝙蝠也回家了，
螢火蟲也回家了，
月亮也滾著回家了。
弟弟，你還沒有回來！
弟弟，你到哪兒去了？
弟弟，你今晚歇在什麼地方？

是不是
那個野鬍子吹著小笛子，
將你裝進他的黑布袋裏去了？
是不是
那位扶著手杖的老姆姆，
請你到她的矮草屋，
去唱一支歌呢？喝一杯茶呢？
或者是
沿著河塘去訪蝌蚪哥兒，
忘記媽媽的叮囑，
讓露水凝鎖著小眼睛，

讓星星流落在夢邊，
你躺在潮濕的水草地上睡著覺呢？

好靜的夜呀，
弟弟，

你那閃閃發光的金錶兒，
滴滴答答地作響；
你那小小風車兒，
還在吱吱哪哪的轉著哩；
黃色的瓜兒和青色的豆兒，
紅色的胡桃兒和綠色橄欖，
都在等著小主人回來。

弟弟呀，弟弟！
啄木鳥向林子喊著你的名字，
鸚哥兒向窗外喊著你的名字，

紡織娘悲傷地哭泣，
玫瑰花也在流淚，
還有長尾的松鼠兒呀，
小鴨子和白色的鵝子啊，

弟弟呀，弟弟！
你的小伴侶——
那像春花一般美麗的，
　像璧玉一般美麗的，
　　像珍珠一般美麗的，
有一頂用鳳尾草結出來的王冠，
一粒冰糖，一張畫片兒，
和一隻盛著藍色肥皂泡的小水桶
要送給你，送給弟弟的！

弟弟，
你爲什麼還沒有回來。

當南風先生搖著扇兒，
從芭蕉王國旅行回來，
你也該回來了，
你也該騎著小馬兒回來。

用小手蒙住眼睛，
醒來便在媽媽的懷抱裏……
（弟弟呵！弟弟）

2. **分析**：抗戰時與抗戰後，綠原的詩廣泛地受到青年學生們的喜愛。詩作中表現這位青年天才詩人銳敏的感覺，豐富的想像，眞摯熱烈的情懷，以及他新穎精巧的手法。詩人以詩作表現自己的生命、生活。「驚蟄」小詩是他對生命的解說。「憂悒」是對夢想的憧憬。「小時候」是對愛情的嚮往。「碎琴之四」寫愛情工作是他生活的食糧。「碎琴之五」寫夜的奇妙與黎明的鼓舞。最好的當是「弟弟呵！弟弟呵」一首：全詩甚長，開頭寫，小河彎過浮橋，最後一隻帆船，蝙蝠，螢火蟲，月亮也滾著輪環兒回家了，只有弟弟還沒回家；中敘童話裡和生活裡所見的金錶兒，小風車兒，黃色瓜兒，青色豆兒，胡桃兒和橄欖都在想著小主人回家；啄木鳥，鸚哥兒，紡織娘，玫瑰花，松鼠，小鴨兒，小鵝都在喊弟弟的名字；而那像春花，璧玉，珍珠般美麗的小戀人，有一頂王冠，一粒冰糖，一張畫片兒和一隻盛著藍色肥皂泡的小水桶要送給他。結尾於盼歸的殷切，落實在「醒來便是媽媽的手臂」親情的溫暖。上天入地，儘以奇異的色、香，表眞切之情，反襯出弟弟逝後的孤獨與寂寞。以及作者的自憐與希冀平衡之切。情懷紆結，宛轉細密，淒楚搖曳，確是不凡。

㈢**鄒荻帆**：（一九一七—）湖北天門人。抗戰前夕開始發表詩作。抗戰後，參加中華全國文藝界抗敵協會，曾與馮乃超、穆木天等創辦詩刊《時調》。一九三八年去大別山區文化工作團從事抗日救亡宣傳活動，並參加救亡演劇二隊，在武漢等地從事演劇活動。一九四一年入復旦大學外文系。主要作品有詩集《意志的賭徒》、《雪與村莊》、《青空與林》、《噩夢備忘錄》、《走向北方》、《祖國抒情詩》、《都門的抒情》、《浪漫曲》、《愛與神的搏鬥》。另有譯詩多種。有《鄒荻帆抒情詩》。

1. 詩例：

櫻桃樹搖曳在井邊，
赤裸的少女的腳踐踩著果實，
而在鄰近的潮濕的泥印，洩露了
笨重的釘靴的痕跡。

他們會見的地方現在是多麼寂靜，
而寂靜也是無用的
在我的心底，情熱的回聲重訴著
他們底私語——水桶濺起的水聲。（井）

有人從沙漠來
說
　那裏
　寂寞的太陽紅
孤獨的
孤獨的
風鼓著帳蓬
一個孕婦提著皮囊去汲水
愛情是有的
曾有一個沙漠兵
被一隻金錢豹所愛

那裏
收熱和散熱是一樣迅速的
作用和反作用是一樣抵消的

願你
擁抱著風砂皂大鍵盤
像那個面對著狂暴的海講話的人
直到他的聲音壓倒了海……（有人）

2.**分析**：鄒荻帆的短詩，極富想像情趣。「井」一首寫愛情，活潑俏麗。「有人」一首，充盈理性，在新美的句裏多可引領讀者的深思。

㈣**辛　笛**：（一九一二—）原名王馨迪。江蘇淮安人。一九三五年畢業於清華大學外國語文系。次年到英國愛丁堡大學研究英國文學。一九三九年回國，任上海暨南大學、光華大學教授。三十年代中期開始詩歌創作。抗戰勝利後，在《詩創造》、《中國詩歌》上發表不少詩作，和曹辛之、穆旦等九人因美學趣味和藝術風格相近，被人稱爲是「九葉詩派」詩人之一。有《辛笛詩稿》。

1.**詩例**：

「HT，你喜歡家嗎
——隔院的花開過了牆。」
但我更愛北國春日之遲遲，
看高風下，
暈了酒的月亮安心。

你知道，
當輕馬車輕碾著柳絮的時候，
我將是一個御者，
載去我的，或是你的，
一蓑風，一蓑雨。

「是的，朋友，二月雨如絲

——二月的好天氣」（二月）

2. **分析**：辛笛的詩風溫柔親切，細密清新，能把生活感受以恬淡胸懷與明秀筆觸表露。瘂弦在「中國新詩研究」中說他的詩是二十年代到四十年代中國純正詩流一貫發展的代表。接受完整學院教育，並能適切運用移植而來的技巧不失本國風味。「二月」一詩，主題懷鄉，筆觸輕快，情景交融，使人神往。

第三章　詩人與詩作

第一節　五十、六十年代名家名作析介（依首字筆劃排）

一、白萩：

本名何錦榮，一九三七年生於臺灣臺中。十八歲時獲四十四年度詩人節新詩獎，參加藍星詩刊爲初期主幹，參加現代派，南北笛詩刊，創世紀詩社。現在臺中主持美術設計中心，並與林亨泰等詩人共同主持「笠」詩雙月刊編務。出版著作有蛾之死（藍星詩社）、風的薔薇（笠詩社）、天空象徵（田園出版社）、白萩詩選（三民書局）、香頌（笠詩社）、（石頭出版社）、詩廣切（熱點文化公司）、風吹才感到樹的存在（光復書店）、自愛（笠詩社）、觀測意象（臺中市文化中心）等。

㈠詩例：

有時妳會將愛偷偷地炒進菜裏
讓我嚐起分外的酸楚
窗外長著芒果樹在天天枯葉
像你的愛甘願一層層的死去
只爲了長出新蕊
「也像你的詩在歷史中時時腐爛

卻又拼命地在發芽」
妳淡淡地又將愛炒進菜裏（有時）

望著遠方的雲的一株絲杉
　望著雲的一株絲杉
　　一株絲杉
　　　絲杉
在
地
平
線
上
一株絲杉
在
地
平

線
上
他的影子，細小。他的影子，細小
他已忘卻了他的名字。忘卻了他的名字。祇
站著。　　祇站著。孤獨
　地站著。站著。站著
　　站著
向東方。
　孤獨的一株絲杉。（流浪者）

我們仍然活著。仍然要飛行
在無邊際的天空
地平線長久在遠處退縮地引逗著我們
活著。不斷地追逐
感覺它已接近而抬眼還是那麼遠離

天空還是我們祖先飛過的天空。
廣大虛無如一句不變的叮嚀
我們還是如祖先的翅膀。鼓在風上
繼續著一個意志陷入一個不完的魘夢

在黑色的大地與
奧藍而沒有底部的天空之間
前途祇是一條地平線
逗引著我們
我們將緩緩地在追逐中死去，死去如
夕陽不知覺的冷去。仍然要飛行
繼續懸空在無際涯的中間孤獨如風中
的一葉

而冷冷的雲翳
冷冷地注視著我們（雁）

天空必有母親般溫柔的胸脯。
那樣廣延，可以感到鮮血的溫暖，隨
時保持著慰撫的姿態。

而阿火躺在撕碎的花朵般的戰壕
爲槍所擊傷。雙眼垂死的望著天空
充滿成爲生命的懊恨

不自願的被出生
不自願的被死亡
然後他艱難地舉槍朝著天空
將天空射殺。（天空）

黃昏的街道漂浮著模糊的人群
你浮沉，是其中之一且被肢解
腦髓仍粘附著語言的銼磨聲
心中飽充著權勢的氣泡

而腳趕不上潮流
掉在背後似已走不回來
有時會淺擱，翻身
看看稀奇的天空
「那些鳥兒在傷感裏飛得多自在啊」

在更遠處已是黑暗裏
你繫著一個小小的企望
希望女人今夜好脾氣地
把你撿回去細心的縫合。（漂浮）

㈡**分析**：白萩的創作特重語言，詩集出版，代表他不斷的蛻變。他的語言的新層面是以直接的、日常簡易性的、新的，綜合來做適當的關聯運用。他是在不斷地表現操作語言，尋找新關聯的能力，認爲詩是一種思考的語言，要求作「對我們所賴以思考和表達的語言，給予警覺的凝視和解剖。」詩作意象，常能將人性、物性、生與死、愛與恨等素材凝鍊表現，而使讀者產生一種銳利戰慄的直接感受。

「有時」一首寫生活與創作，有一份無奈的酸楚。「流浪者」是他擅長的圖示詩之一，特點在排列的方式予人以視覺上的特殊，可貴的是形象祇是幫助表達意境，並未喧賓奪主，主題流浪者的孤獨淒茫，意念強烈不減。「雁」一首，說明人類生命歷程，永無休止的向前，盡頭未知，生死既不可知，存在的時限中又復起伏著多樣的衝突，詩人以其敏銳作強烈的質問，顯示的正是人類心底深沉的悲愴。在「天空」一首裏，對神的依仗已被否定，而企圖以己力建造，肯定又是十分軟弱，結句將天空射殺，訴說出生命的被命定地存在的無奈。在「漂浮」一首中，詩人對生命無奈的吶喊已趨緩和，帝鄉既是渺遠，現實還須繼續，鳥們既然能在傷感裏飛得自在，人又何嘗不能？祇希望能在痛苦焦燥的人生裏稍沾甜酒，有愛情的溫柔來癒合心理上的創痕。

二、余光中

福建永春人，一九二八年出生於南京。抗戰時在四川唸中學，勝利後回京入金陵大學，來臺後在臺大外文系畢業。四十三年與覃子豪等詩人共創「藍星詩社」，四十八年得美國愛奧華藝術大學碩士學位，先後在師大、政大、臺大執教，擔任訪問教授赴美講學，赴港擔任中文大學教授，現在中山大學執教。

他的詩、散文、評論、譯著都有佳績。詩集有舟子的悲歌（野風出版社）、藍色的羽毛（藍星詩社）、鐘乳石（中外畫報）、萬聖節（藍星詩社）、蓮的聯想（文星書店）、五陵少年（文星書店）、天國的夜市（三民書局）、敲打樂（純文學）、在冷戰的年代（純文學）、白玉苦瓜（大地出版社）、天狼星（洪範書店）、隔水觀音（洪範書店），余光中詩選（洪範書店）、紫荊賦（洪範書店）與永恆拔河（洪範書店）、夢與地理（洪範書店）等十餘種。

㈠詩例：

昨夜妳對我一笑
到如今餘音嫋嫋
我化作一葉小舟
隨音波上下飄搖
昨夜妳對我一笑

酒渦裏掀起狂濤
我化作一片落花
在渦裏左右打繞

昨夜妳對我一笑
啊！
我開始有了驕傲
打開記憶的匣子
守財奴似的
又數進了一遍財寶。
（昨夜妳對我一笑）

獨行於摩天大廈的陰影裏
我頓足復頓足頓不掉太平洋對岸
帶來的塵埃。頓不掉
那透過破履吻著我倦足的塵埃
頓不掉
那混凝著異鄉人的淚和母親的骨灰的
塵埃。

昂首的摩天大廈們不識我
滿街怒目的紅燈不識我
向秋風數著一張張死去的春的巨黑
橡也不識我
而校園的幽徑旁，曳尾竄過的
小松鼠亦以疑惑的小眼睛打量我。
走過長橋教堂的鐘敲落清遠的十二時
長針與短針高擎著雙臂
欲接住北美洲瓜熟的太陽——
而此刻。祖國正是午夜……
大陸正是午夜……
而伍子胥的簫呢？
而申包胥的淚呢？（塵埃）

等你、在雨中，在造虹的雨中
蟬聲沈落，蛙聲升起
一池的紅蓮如紅焰，在雨中
你來不來都一樣，竟感覺
每朵蓮花都像你
尤其隔著黃昏，隔著這樣的細雨
永恆，剎時，剎那，永恆
　等你，在時間之外
在時間之內，等你，在剎那、在永恆
如果你的手在我的手裏，此刻
　如果你的清芬
在我的鼻孔，我會說，小情人
諾，這隻手應該採蓮，在吳宮
　這隻手應該
搖一柄桂槳，在木蘭舟中

一顆星懸在科學館的飛簷
耳墜子一般地懸著
瑞士錶說都七點了。忽然你走來
步雨後的紅蓮，翩翩，你走來
像一首小令
從一則愛情的典故裏你走來
從姜白石的詞裏，有韻地，你走來。
（等妳在雨中）

當我死時。葬我，在長江與黃河
之間。枕我的頭顱，白髮蓋著黑土
在中國。最美最母親的國度
我便坦然睡去，睡整張大陸
聽兩側，安魂曲起自長江，黃河
兩管永生的音樂。滔滔，朝東
這是最縱容最寬闊的床
讓一顆心滿足地睡去，滿足地想

從前一個中國的青年曾經
在冰凍的密西根向西瞭望
想望透黑夜看中國的黎明
用十七年未饜中國的眼睛
饕餮地圖，從西湖到太湖
到多鷓鴣的重慶，代替回鄉。
（當我死時）

風信子和蒲公英
國殤日後仍然不快樂
不快樂，不快樂，不快樂
仍然向生存進行
　　不公平的辯論
輸掉一個冬季
再輸一個春天
也沒有把握不把夏天也貼掉
蕁麻疹和花粉熱

　　啊嚏
噴嚏打完後仍然不快樂
而且註定要不快樂下去
除非有一種奇蹟出現
中國啊中國
何時我們才停止爭吵？

奇颺醍以及紅茶囊
燕麥粥，以及草莓醬
以及三色冰淇淋意大利烙餅
鋼鐵是城水泥是路
七十哩高速後仍然不快樂

食罷一客冰涼的西餐
你是一枚不消化的李子
中國中國你是條辮子

商標一樣你吊在背後
總是幻想遠處
有一座驕傲的塔
總是幻想
至少有一座未倒下
至少五嶽還頂住中國的天
夢魘因驚呼而驚醒
四周是一個更大的夢魘
總是幻想
第五街放風箏不違警
立在帝國大廈頂層
該有一枝簫一枝簫
諸如此類事情
總幻想春天來後可以卸掉雨衣
每次一死就蛻一層皮結果是更不快樂
理一次髮剃一次鬍子就照一次鏡子
看悲哀的副產品又有一次豐收
理髮店出來後仍然不快樂
中國中國你剪不斷也剃不掉
你永遠哽在這裏你是不治的胃病
——蘆溝橋那年曾幻想它已痊癒
中國中國你跟我開的玩笑不算小
你是一個問題，懸在中國通的雪茄煙
霧裏
他們說你已經喪失貞操服過量的安眠
藥說你不名譽
被人遺棄被人出賣侮辱被人強姦輪姦
輪姦
中國啊中國你逼我發狂

華盛頓紀念碑，以及林肯紀念堂
以及美麗的女神立在波上在紐約港
三十六柱在仰望中昇起
拱舉一種泱泱的自尊

皆白皆純皆堅硬，每一方肅靜的科羅拉
多
一吋也不屬於你，步下自由的台階
白宮之後曼哈呑之後仍然不快樂
不是不肯快樂而是要快樂也快樂不起來
蒲公英和風信子
五月的風不爲你溫柔
大理石殿堂不爲你堅硬
步下自由的台階
你是猶太你是吉普賽啊吉普賽
沒有水晶球也不能自卜命運
沙漠之後紅海之後沒有主宰的神
四巷坦坦，超級國道把五十州攤開
這是一九六六，另一種大陸

三千哩高速的暈眩，從海岸到海岸
參加柏油路的集體屠殺，無辜或有辜
踹踏雪的禁令冰的陰謀
闖復活節闖國殤日佈下的羅網
方向盤是一種輪盤，旋轉清醒的夢幻
向芝加哥
看摩天樓叢拔起立體的現代壓迫天使
每一扇窗都開向神話或保險公司
乳白色的道奇
風的梳刷下柔馴如一匹雪豹
飛縱時餵他長長的風景
餵俄亥俄和印第安納餵他艾文斯敦

這是中西部大草原，草香沒脛
南風漾起萋萋，波及好幾州的牧歌
麵包籃裏午睡成千的小鎮
尖著教堂，圓著水塔，紅著的農莊外，
白著柵欄落英和玉米
牛羊仍然在草葉集裏享受著草葉

嚼苜蓿花和蘋果落英和玉米倉後偶然的
雲
打一回盹想一些和越南無關的瑣事
暗暗納悶，胡蜂們一下午在忙些什麼
花粉熱在空中飄盪，比反舌鳥還要流行
半個美國躲在藥瓶裏打噴嚏
在中國（你問我陰曆是幾號
我怎麼知道？應該是清明過了在
等端午
整肅了屈原，噫，三閭大夫，三閭大夫
我們有流放詩人的最早紀錄
（我們的歷史是世界最悠久的！）
早於雨果，早於馬耶可夫斯基及其他
盪盪的麵包籃，餵飽大半個美國
這裏行吟過惠特曼，桑德堡，馬克吐溫
行吟過我，在不安的年代
在艾略特垂死的荒原，呼吸著旱災
　　老鼬死後
草重新青著青年的青青，從此地青到落
磯山下
於是年輕的耳朵酩酊的耳朵都側向西岸
敲打樂巴布，
狄倫的旋律中側向金斯堡和費靈格蒂
　　從威奇塔到柏克麗
　　　降下艾略特
升起惠特曼，九繆思，嫁給舊金山
這樣一種天氣

就是這樣的一種天氣
吹什麼風，升什麼樣的旗，氣象台？
升自己的，還是眾人一樣的旗？
阿司匹林之後
仍是咳嗽是咳嗽是解嘲的咳嗽
不討論天氣，背風坐著，各打各的噴嚏

用一條拉鍊把靈魂蓋起
在中國，該是呼吸沈重的清明或者不清
明
蝸跡燐燐菌子們圍著石碑要考證些什麼
考證些什麼
考證些什麼

一些齊人在墓間乞食著剩肴
任雷殛任電鞭也鞭不出孤魂的一聲啼喊
在黃梅雨，在黃梅雨的月份
中國中國你令我傷心

在林肯解放了的雲下
惠特曼慶祝過的草上
坐下，面對鮮美的野餐
中國中國你哽在我喉間，難以下嚥
東方式的悲觀
懷疑自己是否年輕是否曾經年輕過
（從未年輕過便死去是可悲的）
國殤日後仍然不快樂
仍然不快樂啊頗不快樂極其不快樂不
快樂
這樣鬱鬱地孵下去
大概什麼翅膀也孵不出來
中國中國你令我早衰
白晝之後仍然是黑夜
一種公式，一種猙獰的幽默
層層的憂愁壓積成黑礦，堅而多角
無光的開採中，沈重的睡下
我遂內燃成一條活火山帶
我是神經導電的大陸
飲盡黃河也不能解渴
捫著脈搏，證實有一顆心還沒有死去
還呼吸，還呼吸雷雨的空氣
我的血管是黃河的支流

中國是我我是中國
每一次國恥留一塊掌印我的顏面無完膚
中國中國你是一場慚愧的病，纏綿三十
八年
該爲你羞恥？自豪？我不能決定
我知道你仍是處女雖然你被強姦過千次
中國中國你令我昏迷
　　何時
才停止無盡的爭吵，我們
關於我的怯懦，你的貞操

（敲打樂）

如果遠方有戰爭，我應該掩耳
或是該坐起來，慚愧地傾聽？
應該掩鼻，或應該深呼吸
難聞的焦味？我的耳朵應該
聽你喘息著愛情或是聽榴彈
宣揚眞理？格言，勳章，補給
可能餵飽無饜的死亡？
如果戰爭煎一個民族，在遠方
有戰車狠狠地犁過春泥
有嬰孩在號啕，向母親的屍體
號啕一個盲啞的明天
如果一個尼姑在火葬自己
寡慾的肪脂炙響一個絕望
燒曲的四肢抱住涅槃
爲了一種無效的手勢，如果
我們在床上，他們在戰場
在鐵絲網上播種和平
我應該惶恐，或是應該慶幸
慶幸是做愛，不是肉搏
是你的裸體在臂彎，不是敵人。
如果遠方有戰爭，而我們在遠方
你是慈悲的天使，白潔無疵

你俯身在病床，看我在床上
缺手、缺腳、缺眼、缺乏性別
在一所血腥的戰地醫院
如果遠方有戰爭啊這樣的戰爭
情人，如果我們在遠方！
（如果遠方有戰爭）

我想在我們這一代，最後
該有個乞丐從冷魘中醒來
揮起他的打狗棒
牙印斑斑的打狗棒
猛敲猛捶昏黃的月亮
把月亮敲成半缺的銅鑼
把一條街的叫化子全吵醒
幾十根打狗棒圍打月亮
把月亮敲成一面戰鼓
激昂的鼓聲昇起，昇起
把月亮昇成一面戰旗
高於一切的犬吠，鬼哭
鼾聲，一切失眠的訴苦
在長於歷史的，那一夜裏
（蓮花落）

㈡**分析**：從早年韻律詩的延續到最近民歌特性的加入，余光中的詩風的改變進展繁富。我認爲他最大的特點是詩的題材擴大。自狹小的個人抒情擴展到對大我群體的關懷。兩項價值極爲突出，一是懷鄉素材的表露，一是對現實改進的呼籲，足可代表現代中國知識份子的良心；余氏詩作之所以特能引發知識份子的共鳴，原因在此。此外他的詩最能融合中西詩風特色，有歐化的新穎，亦有我國族傳統的深度與秀美。在他豐富的創作成績中，有許多長詩，能以熱烈情感，充沛氣勢表現重大主題，引領讀者在感情激盪之後更作理性思考，爲現代詩另闢坦道，影響之大，自又非一般短小的抒情作品所可比。「昨夜妳對我一笑」是他早年的詩，民國四十年左右，「豆腐干」體的小詩風行，還是昔年韻律詩風的延續，這首抒情小詩，已被譜爲清新的歌曲。「塵埃」一首，是赴美時所作，鄉愁洶湧，結尾用的兩個典故曾引起批評，我認爲典故代表一種濃縮的意念，最能迅捷引發讀者認知共鳴，祇要是國人中一般智識份子熟悉的，不是僻典，應當是可行當行的。「等妳在雨中」一首，典麗婉約，古典文學中蓮的意念，透過時空聯繫表現，多有想像。「當我死時」一首，是余氏鄉關之思的力作，根的血緣的眷念強烈，我認爲這是人之常情，文學史上，每當國族播遷，多有懷鄉之作（如東晉的新亭之泣，南宋的李清照、陸游等人的詩詞）以眞摯之情，清剛之音，喚起同仇敵愾，所具的鼓舞作用是很大的，若以爲中共政治高唱「回歸」「認同」，而故意避免這種自然情感的抒寫，那是因噎廢食的淺見。　余氏的另一特色——對現實改進的呼籲，在「如果遠方有戰爭」「鼓打樂」兩詩中表露，對現今國人生活之奢靡，文化停滯不前的現況提出改進呼喊。因爲表現強烈，難免招致非論。我以爲在前一首之中的性意識，作用是媒體而非主體，是在以對照比較方式，使讀者能迅捷深刻地接受主題，並無不可；敲打樂中的激烈成份，也是詩人愛國之切，期盼之深的表現。批評者應當就詩作主題去認知，不應掇拾片斷詞語而固陋、緊張。「蓮花落」一首，在意象經營與氣氛把握上都很成功，內涵是對新而有力進展的期盼，而表現手法已在象徵之外更加上了他近期特重的音樂性。

三、周夢蝶：

河南淅川人，一九二〇年生，師範畢業，曾服務於軍中，退伍後曾在台北武昌街擺書攤。是藍星詩社的一員。詩作有孤獨國（藍星詩社）還魂草（文星書店）

(一)詩例：

誰是心裏藏著鏡子的人呢？
誰肯赤著腳踏過他底一生呢？
所有的眼都給蒙住了
誰能於雪中取火，且鑄火為雪？
在菩提樹下，一個只有半個面孔的人
抬眼向天，以歎息回答
那欲自高處沉沉俯向他的蔚藍。

是的，這兒已經有人坐過！
草色凝碧，縱使在冬季
縱使結趺著底跫音已遠逝
你依然有枕著萬籟
與風月底背面相對密談的歡喜。

坐斷幾個春天？
又坐熟多少夏日？
當你來時，雪是雪，你是你
一宿之後，雪既非雪；你亦非你
直到零下十度的今夜
當第一顆流星忽然重明
　你乃驚見：
　雪還是雪。你還是你
雖然結趺著底跫音已遠逝
唯草色凝碧（菩提樹下）

乘沒遮攔的煙波遠去
頂蒼天而蹴白日；
如此令人心折，光輝且妍暖
那自何處飛來的接引的手？
雪塵如花生自我底腳下。
想此時荼蘼落盡的陽台上
可有誰遲眠驚夢，對影歎息
說他年陌上花開
也許有隻紅鶴蹁躚
來訪人琴俱亡的故里
空中鳥跡縱橫；
星星底指點冷冷的
我想隨手拈些下來以深喜
串成一句偈語，一行墓誌；
「向萬里無寸草處行腳！」
悠悠是我我是誰？
當山眉海目驚綻於一天暝黑
啞然俯視，此身仍在塵外。（聞鐘）

㈡**分析**：周夢蝶詩作特色兩項：一是佛教的哲思；一是汲自古典文學的精美。表現的是典麗濃縮，詩境深邃。正由於他的詩有哲理的深度與古典的深度，不同於一般的平易，使知識份子讀者必須思索玩味，甚至必須通過一些轉折之後才能體認境界，基於人性中珍視付出之後的獲得，周氏的詩之所以耐看、耐記，特別擁有一群讀者的原因在此。

「菩提樹下」一首，葉嘉瑩用以評周氏為「一位以哲思凝鑄悲苦的詩人」。葉氏在為還魂草所作的序中說：「常好論及詩人對自己感情的一份處理安排之態度與方法，由於其對感情之處理與安排的不同，因此詩人們所表現的境界與風格也各異。如果舉一些重要詩人爲例證：則淵明之簡淨眞淳，是由他能夠將其一份悲苦，消融化解於一種智慧的體悟之中，如同日光之融七彩而爲一白，不離悲苦之中，而脫出於悲苦之外，這自然是一種極難達致的境界。其次則如唐之李太白，則是以其一份恣縱不羈的天才，終生自悲苦之中，欲騰擲跳躍而出的超越；杜子美則以其過人之強與過人之熱的力與情，作者面對悲苦的正視與擔荷；至於宋之歐陽修，則是以其一份遺玩的意興，把悲苦推遠一步距離，以保持其所慣用的一種欣賞的餘裕；蘇東坡則以其曠達的襟次，把悲苦作著瀟灑的擺脫：以上諸人其類型雖儘有不同，然而對悲苦卻似乎都有著一種足以奈何的手段。此外更有着一種從來對悲苦無法奈何的詩人；如『九死其未悔』的屈靈均，『成灰淚始乾』的李商隱，他們固未嘗解脫，也未嘗尋求過解脫，他們對於悲苦只是一味的沉陷和耽溺。

另外更有一種有心尋求安排與解脫，而終於未嘗得到的人，那就是『言山水而包名理』的謝靈運。大謝之寫山水與言名理，表現雖爲兩端，而用心實出於一源。他對山水幽峻的恣遊，與對老莊哲理的嚮往，同樣出於欲爲其內心凌亂矛盾之悲苦，覓致得一排解之途徑。然而佛家有云：『境由心造』，若非由內心自力更生，則山水之恣遊既不過徒勞屐齒，老莊之哲理亦不過徒託言筌……周先生乃是一位以哲思凝鑄悲苦的詩人，因之周先生的詩，凡是禪理哲思之處，不但不爲超曠，而且因其汲取自一悲苦的心靈，而殊見其用情之深，而其言情之處，則又因其有着一份哲理之光照，而使其有着一份遠離人間煙火的明淨與堅凝。如此『

於雪中取火且鑄火爲雪』的結果，其悲苦雖未嘗得片刻之消融，而卻被鑄鍊得如此瑩潔而透明，在此一片瑩明之中，我們看到了他的屬於『火』的一份沉摯的淒哀，也看到了他的屬於『雪』的一份澄淨的淒寒。周先生的詩，就是如此往復於『雪』與『火』的凝鍊之間……」這一段批評實在是對極了，周夢蝶正如大謝，詩作藝術表露的不是超然的解脫，而仍是悲苦的凝鍊，雖然矛盾，卻是眞切。

「聞鐘」一首，宗教崇仰眞切，詩句極爲古典精美，陌上花開，紅鶴蹁躚、來訪人琴俱杳，委婉之中，又有一份惘然之情的迴盪，「向萬里無寸草處行腳」一句標示犧牲、克苦之旨，藉肉體之磨鍊以昇華精神力量的可貴，啓示人生，價值具在。

四、洛夫：

原名莫洛夫，湖南衡陽人，一九二八年生，湖南大學肄業，政工幹校、淡江學院外文系畢業。服務海軍二十年，六十二年以中校官階退役。曾在四十三年與張默、瘂弦共同創辦「創世紀」詩刊。曾執教於東吳大學外文系，現任創世紀詩刊總編輯，亞盟總會專門委員。

詩集有靈河（創世紀詩社）、石室之死亡（創世紀）、外外集（創世紀）、無岸之河（大林書店）、魔歌（中外文學）、（蓬萊出版社）、衆荷喧嘩（楓城出版社）洛夫自選集（黎明文化公司）時間之傷（時報文化公司）釀酒的石頭（九歌出版社）、月光房子（九歌）、天使的涅槃（尚書出版社）等。詩論有詩人之鏡（大業書店）、孤寂中的迴響（東大圖書公司）、洛夫詩論選集（開源出版公司）。

㈠詩例：

閃電從左頰穿入右頰
雲層直劈而下，當回聲四起
山色突然逼近重重撞擊乃閉的眼瞳
我便聞到時間的腐味從唇際飄出
而雪的聲音如此暴躁，猶之鱷魚的膚色。

我把頭臚擠在一堆長長的姓氏中
墓石如此謙遜，以冷冷的手握我
且在他的室內開鑿另一扇窗，我乃讀到
橄欖枝上的愉悅，滿園的潔白
死亡的聲音如此溫婉，猶之孔雀的前額
（石室之死亡十二）

築一切墳墓於耳聞，只想聽清楚
你們出征以後的靴聲
所有的玫瑰在一夜萎落，如同你們的
名字
在戰爭中成爲一堆號碼，如同你們的
疲倦
不復記憶那一座城曾在我心中崩潰
還默禱什麼，我們已無雙目可閉
已再無法從燃熱中找到我們的第七日
是冬天，就該在我們裏面長住
是冰雪，就該進入耳中，脫自己的衣
裳
去掩蓋我們赤身的兒子
（石室之死亡四十九）

一顆顆頭顱從沙包上走了下來
俯耳地面
隱聞地球另一面有人在唱

自悼之輓歌

浮貼在木椿上的那張告示隨風而去
一付好看的臉
自鏡中消失（沙包刑場）

嗆然
鈸聲中飛出一隻紅蜻蜓
貼著水面而過的
柔柔腹肌
靜止住
全部眼睛的狂嘯
江河江河
自你腰際迤邐而東
而入海的
竟是我們的胸臆中的一聲嗚咽

飛花飛花
你的手臂
豈是五絃七絃所能縛住的？
揮灑間
豆莢炸裂
群蝶亂飛

升起，再升起
緩緩轉過身子
一株水蓮猛然張開千指
扣響著
我們心中的高山流水（舞者）
那薔薇，就像所有的薔薇，
祇開了一個早晨

——巴爾札克

1

唐玄宗
從
水聲裏
提煉出一縷黑髮的哀慟

2

她是
楊氏家譜中
翻開第一頁便仰在那裏的
一片白肉
一株鏡子裏的薔薇
盛開在輕柔的拂拭中
所謂天生麗質
一粒
華清池中
等待雙手捧起的
泡沫
仙樂處處
驪宮中
酒香流自體香
嘴唇，猛力吸吮之後
就是呻吟
而象牙床上伸展的肢體
是山
也是水
一道河熟睡在另一道河中
地層下的激流
湧向
江山萬里
及至一支白色歌謠
破土而出

3

他高舉著那隻燒焦了的手
大聲叫喊
我做愛
因爲
我要做愛
因爲
我是皇帝
因爲
我們慣於血肉相見

4

他開始在床上讀報，吃早點，看梳頭
批閱奏摺
蓋章
蓋章
蓋章
蓋章
從此
君王不早朝

5

他是皇帝
而戰爭
是一灘
不論怎麼擦也擦不掉的
黏液
在錦被中
殺伐，在遠方
遠方，烽火蛇升，天空啞於
一綑叫人心驚的髮式
鼙鼓，以火紅的舌頭
舔著大地

6

河川
仍在兩股之間燃燒
仗
不能不打
征戰國之大事
娘子，婦道人家之血只能朝某一方向流
於今六軍不發
罷了罷了，這馬嵬坡前
你即是那楊絮
高舉你以廣場中的大風

一堆昂貴的肥料
營養著
另一株玫瑰
或
歷史中
另一種絕症

7

恨，多半從火中開始
他遙望窗外
他的頭
隨鳥飛而擺動
眼睛，隨落日變色
他呼喚的那個名字
埋入了回聲

竟夕繞室而行
未央宮的每一扇窗口
他都站過
冷白的手指剔著燈花
輕咳聲中

禁城裏全部的海棠
一夜凋成
秋風

他把自己的鬍鬚打了一個結又一個結，解開再解開，然後負手踱步，鞋聲，鞋聲，鞋聲，一朵晚香玉在簾子後面爆炸，然後伸張十指抓住一部水經注，水聲汩汩，他竟讀不懂那條河爲甚麼流經掌心時是嚶泣，而非咆哮
他披衣而起
他燒灼自己的肌膚
他從一塊寒玉中醒來

　　千間廂房千燭燃
　　樓外明月照無眠
　　牆上走來一女子
　　臉在虛無飄渺間

8

突然間
他瘋狂地搜尋那把黑髮
而她遁過去
一縷煙

是水，必然升爲雲
是泥土，必然踩成焦渴的蘚苔
隱在樹葉中的臉
比夕陽更絕望
一朵菊花在她嘴邊
一口黑井在她眼中
一場戰爭在她體內
一個猶未釀成的小小風暴
在她掌裏
她不再牙痛
不再出

唐朝的痲疹

她溶入水中的臉是相對的白與絕對的黑
她不再捧著一碟鹽而大呼饑渴
她那要人攙扶的手
顫顫地
指著
一條通向長安的青石路……

9

時間七月七
地點長生殿
一個高瘦的青衫男子
一個沒有臉孔的女子
火焰，繼續升起
白色的空氣中
一雙翅膀
又
一雙翅膀
飛入殿外的月色
漸去漸遠的
私語
閃爍而苦澀
風雨中傳來一兩個短句的迴響。
（長恨歌）
撐著一把油紙傘
唱著「三月李子酸」
眾山之中
我是唯一的一雙芒鞋
啄木鳥　空空
回聲　洞洞

一棵樹在啄痛中迴旋而上
入山
不見雨
傘繞著一塊青石飛
那裏坐著一個抱頭的男子
看煙蒂成灰

下山
仍不見雨
三粒苦松子
沿著路標一直滾到我腳前
伸手抓起
竟是一把鳥聲
（隨雨聲入山而不見雨）

相傳峨嵋峰頂有一塊巨石，石上鋪有一張白紙，一天午後，風雨大作，天震地撼之際，一隻碩大無比的鵬鳥碎石破紙，沖天而飛……

第一站
他飛臨長安一家酒樓

1

整個天空驟然亮了起來
滿罈的酒在流
滿室的花在香
一支破空而來的劍在呼嘯
眾星無言
只有一顆以萬世的光華發聲
驚見你，巍巍然
據案獨坐在歷史的另一端
天爲容，道爲貌
山是額頭而河是你的血管

乘萬里清風
載皓皓明月
飛翔的身姿忽東忽西，忽南忽北
中央是一團無際無涯的混沌
雷聲自遠方滾滾而來
不，是驚濤裂岸
你是海，沒有穿衣裳的海
赤赤裸裸，起起落落
你是天地之門
醞釀了千年的一聲咆哮

2

撩袍端帶
你昂然登上了酒樓
負手站在闌干旁，俯身尋思
誰是那燈火中最亮的一盞
這時，半空驀然飄落一條白色儒巾
隨風化爲滿城的蝴蝶
旋舞中，把所有窗口的燈
一盞盞撲滅
這樣正好，你說你要用月光寫詩
讓那些閃爍的句子
飛越尋常百姓家
然後一路亮到宮門深鎖的內苑
拿酒來！既稱酒仙豈可無飲
飲豈可不醉
你向牆上的影子舉杯
千載寂寞萬古愁
在一俯一仰中盡化爲聲聲低吟
你猶記在那最醉的一天？
在禁宮，在被一大叢牡丹嚇醒之後
磨墨濡筆的宮女問：
你就是那好酒，吐酒，病酒的飲者？
寬衣脫靴的內侍問：

你就是那飛揚跋扈的詩人？
你仰著臉不答，揮筆如舞劍
頓見紙上煙霞四起
才寫下清平調的第一句
便驚得滿園子的木芍藥紛紛而落
沉香亭外正在下雪
在盈尺的冰寒中
你以歌聲爲唐玄宗暖手
以詩句爲楊貴紀舖設了
一條鳥語花香的路

3

而長安
是一個宜酒宜詩不宜仙的地方
去吧！提起你的酒壺
挾起你的詩冊，詩冊中的清風和明月
邊走邊飲去遊你的三江五湖
去黃河左岸洗筆
右岸磨劍
讓筆鋒與劍氣
去刻一部輝煌的盛唐
而做官總是敗壞酒興的事
再也瀟灑不起來的事
永王不見得能分享你月下獨酌的幽趣
對飲的三人中
想必不會有喋喋不休
向高山流水發表政見之輩
你又何苦去淌那次渾水
放逐夜郎也罷，泛舟洞庭
出三峽去聽那哀絕的猿聲也罷
人在江湖，心在江湖
江湖註定是你詩中的一個險句

4

不如學仙去
你原本是一朵好看的青蓮
腳在泥中，頭頂藍天
無需穎川之水
一身紅塵已被酒精洗淨
跨鯨與捉月
無非是昨日的風流，風流昨日
而今你乃
飛過嵩山三十六峰的一片雲
任風雨送入杳杳的鐘聲
能不能忘機是另一回事
就在那天下午
訪戴天山道士不遇的下午
雨中的桃花不知流向何處去的
下午，我終於看到
你躍起抓住峰頂的那條飛瀑
溢入了
滾滾而去的溪流（李白傳奇）

(二)超現實風格說明

1. 與寫實題材相對，而廣度遠較寫實爲。
2. 線路圖示

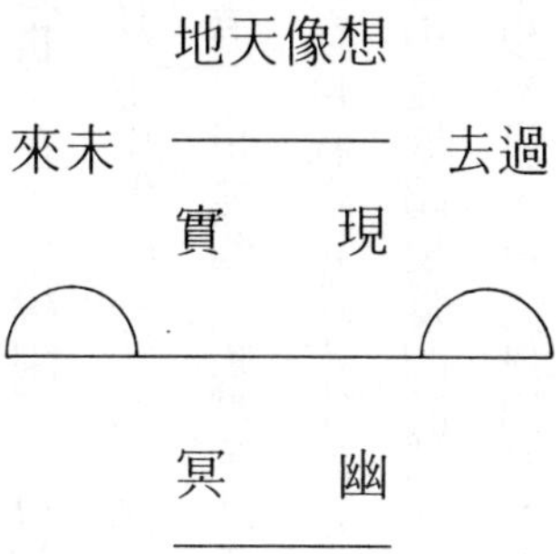

3. 說明：

(1)超向過去：以歷史素材人物事件而借屍返魂，在舊題材中貫注現代人的感情理念，是爲舊瓶新釀。作用在反諷現實，使讀者在驚心之後謀求調通。

(2)超向未來：不同於寫實現在性的檢討省思，也不同於取材已往的回顧之唏噓，而是取材於假想未來的新鮮之瞻望。作用在以美好的構圖減輕現實的迫壓痛苦；或是預料結果，警告人類盲目發展科技，破壞自然的不智。

(3)想像天地：作者使用造境，製造子虛烏有的人物情節，超離現實，不是眞人眞事。意識作用在以塑造的人物與假想的情節來表現理想或抒發情感，提供調適。

(4)超向幽冥：死亡結束的必然，是爲人類與生俱來先天性最大的恐懼迫壓，最大的悲情。文學創作就利用這人性最爲敏銳的部份來作爲素材，藉陰森恐怖的媒體引發讀者怖慄的感官刺戟（不同於一般的理念思考或情感振撼）。通過強烈刺戟使讀者獲致快感舒暢（基於自虐被虐的人性），進展到醜暗昇華美化。使讀者在比較之後平衡；同時藉著憐憫心理（良知）的運作而強化正常，獲得調適效應。原理與亞里士多德的，「以憐憫與恐怖使情緒得到正當的發洩」悲劇定義相合。

4.創作要點與效應：

(1)唯醜：特異的醜暗素材之使用，旨在造成昇華後具備深度的美感。

(2)唯奧：藝術深度的要求，基於人類忽略輕易的共性，提供一些閱讀的障礙使讀者自去克服，在參與感具備之後，使作品更爲耐看。

(3)效應：在預防作用：一如我國文化傳統中禮樂（不成文法）治世的理想，以作品提昇讀者到「觀照」層面，促使人性向上，謀求人生調適。

㈢**分析**：在大學校園裏，以前的青年們一般都認爲洛夫的詩難懂、深奧，而近年來喜歡他的詩，甚至學他的手法的已越來越多。這一事實，說明了洛夫的詩作張力最大，最爲耐看，發展的潛力也最強。張默等詩人在所編的選集中評爲：「從明朗到艱澀，又從艱澀返回明朗，洛夫在自我否定與肯定的追求中，閃現出驚人的韌性而對語言的錘鍊，意象的塑造，以及從現實中發掘超現實的詩情，乃得以奠定其獨特風格，其世界之廣闊，思想之深緻，表現手法之繁複多變，可能無出其右者」，這肯定的佳譽，對已是大將重鎮的洛夫，實已不是什麼溢美之辭了。

「石室之死亡」意象鮮活懾人，但因詩質密度過大，難免明朗不夠。詩作表現的是以矛盾語法與反諷來說明「生兮死所伏，死兮生所伏」的原始類型。也就是當戰爭威脅生命之時，詩人對生死所產生的冥想。第十二首中，想像當死亡突臨，（閃電從左頰穿入右頰，雲層直劈而下）想像到死後（……在它的室內開鑿另一扇窗，我乃讀到／橄欖枝上的愉悅，滿園的潔白）復由想像回歸現實，領悟到生死同衾的原型觀念。四十九首中虛無之感特濃（所有的玫瑰在一夜凋落，如同你們的名字／在戰爭中成爲一堆號碼，如同你們的疲倦／不復記憶那一座城曾在我心中崩潰）而惘然空寥之情沉重（我們已無雙目可閉／已再無法從燃燒中找到我們的第七日），懾人的，鮮活的超現實成份冷然森立。

「沙包刑場」一首，意象突兀，一、二兩行以冷漠嘲謔的擬人處理寫頭顱落地，加深悲劇意味。地球另一面可指幽冥世界，死者自唱輓歌造成反諷效果。第二段三行寫人死後，執行死刑的告示隨風而去，好看的臉不再照鏡，詩人僅作客觀的描述，未有任何暗喻，不落言筌的手法，提供了餘地讓讀者自去想像。「舞者」一首，藉詩作的敘述形式，意象結構隨著「千指」「扣響著」「高山流水」的知音，讀者的體會能與舞者胴體的律動相合，詩作中的音樂性與律動感覺表現極佳。而最值得分析的是「長恨歌」，九節長詩，長達一百三十四行，第一節，是一個開場白，就「水聲」（象徵女性）「黑髮」（青春之意象）兩詞構成相互的關聯，相互對照，藉「提煉」（時空過程）表達「哀慟」的主題。典麗而簡潔，迅速引領讀者進入詩境。第二節，雙關語「一片白肉」極其赤裸有力、以「仰在那裏」顯示天下所有可憐的弱女子的命運，都如鏡中薔薇，在輕柔拂拭中盛開，而天生麗質，祇是一粒華清池中泛起的泡沫，嘲諷性的暗喻，暗示著紅顏命薄與愛情的虛幻一如泡沫，薔薇之開短暫得祇有一個早晨。跟著來的，第二節裏出現了性行爲的意象，在洛夫詩作裏，最引人非議的；除去因濃密跳躍意象造成的艱澀以外，就是「性」與「現代虛無」的反傳統。我們或可說，存在於一般作家意識中，常會有一種表現人性基本的衝動，一種不甘被傳統表現方式拘束規範而欲掙脫的衝力。「性」力在作品中所造成的煽動巨大，固然是作家壓抑意識的掙發，同時也是引領讀者深入作品的一劑觸媒。「長」作之中，表現的手法極其脫俗，重點不在情慾的描寫，而在藉動盪的「山」「水」「河」「江山萬里」表現雙關，暗示出動亂之理，動盪的江山終於譜出了「長恨歌」（一支白色歌謠）可悲的結果。第三節，作者將唐玄宗寫成個耽於逸樂的昏君，手掌已被情慾之火燒焦，更以三個「因爲」表現專橫。在後卻又讓這昏君喊出一句含有戲劇反諷效果的雙關語「血肉相見」以顯示戰爭意象的初現。第四節是全詩用字最散文化的一節，以現代床上看報生活錯置到唐代宮庭，產生荒謬與諷刺的效果，而最特殊的是詩句的排列，四個蓋章之上形成空白，暗示政治除了蓋章之外一片空白，視覺意象表現最佳。第五節，烽火揚起，對皇帝，戰爭祇是錦被中的殺伐，但眞正的戰場上的殺伐，卻也如擦也擦不掉的黏液一般地不容否認，戰爭是雙關語，烽火與髮式形成交互對照。第六節，戰爭意象繼續發展，皇帝獨白裏的動搖，招致「罷了罷了這馬嵬坡前」的悲劇高潮，楊玉環祇是情慾與戰爭的犧牲品，白肉薔薇固然可愛，但皇帝的寶座權力更重要，她必需成爲「一堆昂貴的肥料」，既然「另一株玫瑰」會再生長，而情慾祇是「歷史中的一種絕症」，則所謂海誓山盟，也無非全是騙人的謊言而已。絕症行將繼續存在，美麗的弱女子還得在專橫淫亂戰爭之下繼續作奉獻與犧牲。第七節，寫憶念，憶念之強烈是基於太上皇權力已失之後的寂寞，人的型式本就如此，不能有未來的希望時，就祇好耽溺在回憶裏去反芻，於是冷清的生活使手指冷白，冷清的心情更在冷清的環境中沉重。入夢之後，作者突然加上了一段打油詩，描寫貴妃的出現，勾劃出一種虛幻的淒迷。八節「隱在樹葉中的臉，比夕陽更絕望」寫出對死亡的絕望性，其後詩作中以菊花與黑井的意象，雕鏤出枯髏的形象，美的終結竟是黑暗與醜陋。須臾的美感存在奄忽即過，而無窮的死亡之醜惡令人悚然。生者在憶念中去溫習美感，獲得的是極其虛幻的空濛「而她遞過去，一縷煙」。最末一節尾聲，高潮再現，「一個高瘦的青衫男子，一個沒有臉孔的女子」塑造怪異，形成爲淒厲已極的虛幻世界，而在「火焰，繼續升起，白色的空氣中」，以紅火，白氣烘托渲染出淒異，苦澀的氣氛。最末獨立的一行，傳達出悠然，悵觸幽恨無窮的韻味。這一首長詩，就形式之多樣（有散文，甚至有打油詩），意象結構的嚴密，用字的精鍊，敘事過程之濃縮，各方面說確是現代詩壇難得一見的力作。超現實的方向採古事題材，而賦以現代意義（歷史絕症行將延續，人生苦澀不免）是一首富有批判性，震撼強大的結構。「隨雨聲入山而不見雨」有如一幅水墨圖畫「空空」「洞洞」雙關詞義造成觸覺意象與空洞寂寞內涵雙重效果，第二段寫聽雨不成，下山拾得松子，攜回作爲紀念，拾得的松子，是鳥聲，也是山景，是以換喻「鳥聲」所代表的恬然回憶，與前「一棵樹在啄痛中迴旋而上」所隱含的時間觀念相呼應，表現手法最是新穎。

「李白傳奇」可見詩人的豪力，工力之龐沛，詩人仍能在創作高原以雄力騁馳，實是難能可貴。

五、商禽：

本名羅燕（羅硯），四川珙縣人，一九三〇年生。受過初中教育，民國三十四年從軍，輾轉服役於西南各省，其後隨軍來臺，迄至民國五十七年以上士一級士官退伍。退伍後做過編輯、碼頭臨時工、跑單幫、私人園丁。五十八年應邀赴美兩年，偏遊美加各地，曾多次在美國大學及文化機構朗誦詩作，並膺選爲艾德華大學榮譽作家。民國六十年返國，曾任國中書記，後辭去，又曾在永和地區賣牛肉麵，因經營不善而結束。現任時報周刊編輯主任。

商禽曾參加現代詩派，曾任創世紀詩刊編委，詩宗社社員。詩集有夢或者黎明（十月出版社）、（書林出版公司）、用腳思想（漢光文化出版公司）

1.詩例：

那個年青的獄卒發覺囚犯們每次體格檢查時身長的逐月增加都是脖子之後，他報告典獄長說：『長官，窗子太高！』而他得到的回答卻是：『不，他們瞻望歲月。』

仁慈的青年獄卒，不識歲月的容顏，不知歲月的籍貫，不明歲月的行蹤；乃夜夜往動物園中，到長頸鹿欄下，去梭巡，去守候。（長頸鹿）

憤怒昇起來的日午，我凝視著牆上的滅火機。一個小孩走來對我說：『看哪！你的眼睛裏有兩個滅火機。』爲了這無邪告白，捧著他的雙頰，笑，我不禁哭了。我看見有兩個我分別在他的眼中流淚；他沒有再告訴我，在我那些淚珠的鑑照中，有多少個他自己。

（滅火機）

2.**分析**：張默等詩人所編的選集中，有關商禽的評語是：「商禽是中國現代詩壇眞正的超現實主義者之一。他善於運用語言的歧義性和意象的迴旋性，使那些被他所挖掘，吟詠的物象，往往達到抒情境界的極致，在暴晒現實最陰暗最淒楚的一面，他的詩往往是最透明的詮釋。」形成爲他創作動力泉源的該是他的生活，流浪坎坷、痛苦的另一詮釋即是多采多姿。商禽，這位「變調的鳥」沒有什麼歡愉可唱，他唱的是沉悒特殊。

「長頸鹿」以虛構的第三人稱來敘述，散文詩的形態，已具有小說的性質，充具人道思想。「滅火機」一首，迸溢著對痛苦壓抑難忍的抗議，表現手法特殊。「牆上的滅火機」變爲「眼裏的滅火機」，藉孩子的口所說的「你的眼睛」，便由於「他的眼睛」「兩具滅火機」而變爲「兩個流淚的我」。更進而在那些淚珠裏去鑑照「有多少個他自己」，小孩子的眼睛鑑照出「我」的哭泣。「我」的淚珠鑑照出「小孩」的影像，全詩在這種「迴旋的」動向中暗示出「小孩」即是「我」性格中原始純眞的象徵，憤怒之後昇起來的暴戾，原始純眞的性格發揮了滅火機的功能。林亨泰評爲「極其眞摯，而這首詩即可充份地證明眞摯性作爲語言溶化於詩表現體裏最有效的溶劑」。

六、楊牧

原名王靖獻，臺灣花蓮人，一九四○年生，東海大學外文系畢業，美國愛荷華大學藝術碩士，柏克菲加里福尼亞大學文學碩士，比較文學博士。民國四十五年開始寫作，原用的筆名是「葉珊」，三十二歲時改用楊牧爲筆名，曾返國在臺大任教，現在美國加州大學任教。詩集有水之湄（藍星詩社）、花季（藍星詩社）、燈船（文星書店）、非渡集（仙人掌出版社）、傳說（志文出版社）、瓶中稿（志文出版社）。北斗行（洪範書店）、吳鳳（洪範書店）、海岸七疊（洪範書店）、楊牧詩集（洪範書店）、有人（洪範書店）、完整的寓言（洪範書店）等十餘種。

1. 詩例

風起的時候
廊下鈴鐺響著
小黃鸝鳥低飛簾起
你倚著欄杆，不再看花，不再看橋

看那西天薄暮的雲彩

風起的時候，我將記取
風起的時候，我凝視你草帽下美麗的

驚懼
你肩上停著夕照
風沙咬嚙我南方人的雙唇

你在我波浪的胸懷
我們並立，看暮色自
彼此的肩膀輕輕地落下
輕輕的落下。（風起的時候）

我總是聽到這山岡沈沈的怨恨
最初的飄泊是蓄意的，怎能解釋
多少聚散的冷漠？罷了！罷了！
我爲你瞑目起舞
水草的蕭瑟和新月的寒冷
異邦晚來的擣衣緊追著我的身影
嘲弄着我荒廢的劍術，這手臂上
還有我遺忘的舊創呢
酒酣的時候才血紅
如江畔夕暮裏的花朵

你我曾在烈日下枯坐——
一對瀕危的荷芰，那是北遊前
最令我悲傷的夏的脅迫
也是江南女子纖弱的歌聲啊
以針的微痛和線的縫合
令我寶劍出鞘
立下南旋贈予的承諾……
誰知北地胭脂，齊魯衣冠
誦詩三百竟使我變成
一介遲遲不返的儒者

誰知我封了劍（人們傳說
你就這樣念著念著
就這樣死了）只有蕭的七孔，

猶黑暗地訴說我中原以後的幻滅
在早年，弓馬刀劍本是
比辯論修辭更重要的課程
自從夫子在陳在蔡
子路暴死，子夏入魏
我們都悽惶地奔走於公侯的院宅
所以我封了劍，束了髮誦詩三百
儼然一能言善道的儒者了……

呵呵儒者，儒者斷腕於你漸深的
墓林，此後非俠非儒
這寶劍的青光或將輝煌你我於
寂寞的秋夜
你死於懷人，我病爲漁樵
那疲倦的划槳人就是
曾經傲慢過，敦厚過的我

（延陵季子掛劍）

2. **分析**：常存於楊牧詩作中的意象，是對「無上的美」的服膺：溢出的是古典的驚悸，自然的律動，童稚眼中雲的倒影。在他的散文中自己說：「我的心靈不能適應這塵世，我所夢想的，我所遨遊的是中世紀的風景。我隨著一首長詩進入了古典的天地，我的旅程甚遠，所以我很疲乏。」「那一次我一腳踩進一座荒涼的宗祠，從斑剝的黑漆大門和金匾上，我看到歷史的倏忽和曩昔的煙霧，蒙在我眼前的是時空隱退殘留的露水，我想到你（濟慈），一個半世紀以前的你，想到你詩中的中世紀，想到你憧憬的殘堡廢園。」

「風起的時候」一首，婉約美好，結句尤其具有一種輕靈搖曳之姿。「延陵季子掛劍」一首，以古事寓現代意識，抑悒蒼涼，深沉可感。

七、楊喚

原名楊森，遼寧省興城縣人，一九三〇年，出生在遼東灣沿岸的一個小島——菊花島。襁褓失母（祇留下一條墨綠色的俄國毯子，代表她淒苦的愛，最後成爲楊喚的殉葬）父親好酒，忽略幼子，幼年靠年邁的祖父母照顧，其後自菊花島搬到沙後所，祖父母逝世，父親娶了繼母，楊喚的境遇更不如前（正如他詩中所述，小時候／在哭聲裏長大／讓我的日子永遠蒼白憂悒）。小學畢業後，進入初級農職畜牧科，生活自由了，獲得友情溫暖，開始寫作。民國卅六年父親病歿，隨二伯父離鄉，到青島報社擔作校對，卅七年升副刊編輯，出版了他第一部詩集（青島文藝社），戰亂中青報解散，失業飽受白眼，去廈門從軍（電影隊），又因生疥瘡而被開缺，病癒後入伍爲上等兵，卅八年來臺，擢升爲文書上士，寫抒情詩，寫童話詩，一九五四年在北市中華路平交道上被火車壓死。

詩集「風景」（光啓出版社）係在死後由友人整理出版的。

1. **詩例：**

憂愁夫人的灰色的面紗，
快樂王子的病苦的眼淚，
把我屋子裏的太陽輕輕網住，
把我窗外的夜叮叮噹噹地敲響，
哎，我再也不能入睡，再也不能入睡。

（雨）

花是無聲的音樂

果實是最動人的書籍，
當它們在春天演奏，秋天出版，
我的日子被時計的齒輪
給無情地嚙咬，絞傷；
庭中便飛散著我的心的碎片，
階下就響起我的一片嘆息。
（花與果實）

白色小馬般的年齡。
綠髮的樹般的年齡。
微笑的果實般的年齡。
海燕的翅膀般的年齡。

可是啊，
小馬被飼以有毒的荊棘，
樹被施以無情的斧斤，
果實被害於昆蟲的口器，
海燕被射落在泥沼裏。

Y・H！你在哪裏？
Y・H！你在哪裏？（二十四歲）

輕輕地，我想輕輕地
用一把銀色的裁紙刀
割斷那像藍色的河流的靜脈
讓那憂鬱和哀愁
憤怒地泛濫起來。

對著一顆垂滅的星
我忘記了爬在臉上的淚
（垂滅的星）

壁上的米勒的晚鐘被我的沉默敲響了，
騎驢到耶路撒冷去的聖者還沒回來。

不要理會那盞燈的狡猾的眼色，
請告訴我，是誰燃起第一根火柴。
（詩的噴泉㈠，黃昏）

每一顆銀亮的雨點是一個跳動的字，
那狂燃起來的閃電是一行行動人的標題。

從夜的檻裏醒來，把夢的黑貓叱開，
聽滾響的雷爲我報告晴朗的消息。
（詩的噴泉㈢，期待）

不要再在我的藍天的屋頂上散步！
我的鴿子曾通知過你：我不是畫廊派的
信徒。

看我怎樣用削鉛筆的小刀虐待這位鏟形
皇后，
你就會懂得：這季節應該讓果子快快成
熟。
（詩的噴泉㈣，雪）

昨天，曇。關起靈魂的窄門，
夜宴席勒的強盜，尼采的超人。

今天，晴。照相機的眼睛，
拍攝梵，谷訶的向日葵，羅丹的春。
（詩的噴泉㈦，記）

山林裏有帶槍的獵者，
貓頭鷹且不要狂聲獰笑。
沙漠裏有汲水的少女，
駝鈴啊，請不要訴說你的寂寞和憂鬱。
（詩的噴泉㈧，獵）

催眠曲在搖籃邊把過多的朦朧注入脈
管，
直到今天醒來，才知道我是被大海給
遺棄了的貝殼。

親過泥土的手捧不出綴以珠飾的雅歌
這詩的噴泉呀，是源自痛苦的尼羅
（詩的噴泉㈩，淚）

像披著如絲的長髮的少女，
椰子樹嬌羞的站在寂寞的窗口。
默默地凝視著她，凝視著，
因爲，我今天異常的需要溫柔。

不必給她寫長長的信
也不必陪她去月下輕輕的散步
她知道怎樣愛著我，
也知道怎樣愛著小樓。
（椰子樹）

2.**分析**：天才早夭的楊喚，生前坎坷痛苦，默默無聞，慘死後竟然成名，到現在他的詩已被選進學校教材，被公認是現代兒童詩創作最有成績的一位，作爲他痛苦吶喊的抒情詩被讀者讚賞歎息，而「才如江海命如絲」的詩人早已墓木已拱。

楊喚的成就有兩項，一是他的兒童詩，由於他自己「在哭聲裏長大」極度地缺乏溫暖，使得他特能體會到孩子們愛的需要，遂以其眞摯愛心在詩作中作全然的付出，爲早年兒童文學貧瘠的園地裏種開鮮麗，到現在，兒童詩已漸興盛，楊喚的精神已有承祧與進展，充具愛心付出愛心的詩人雖已長逝，他的價值影響永在。

另一是他的抒情詩，正如尼采所說：「一切文學，余愛以血書者」楊喚的淒涼身世，身受的流浪坎坷，痛苦折磨，藉他的詩作吶喊出悲憤沉悒，讀其人詩，如見其人，可以想見到他孤獨、閉鎖、痛苦心靈不安的輾轉，讀者的感受是當沉重如石。他的「苦悶的象徵」，正如文學史中許許多多淒苦靈魂的自剖，搖盪著悲切之聲，予人以強烈的感慨。楊喚詩作中常有向上心志的表現，有時難免流於口號式的凡俗。「雨」「花與果實」兩首都是他蒼白生活心情的表露，到了「二十四歲」一首，表現手法已成爲直抒的傾瀉，「垂滅的星」一首，已有絕望的自棄，言爲心聲，淒楚沉悒之音實已顯示反常，（楊喚死於翌年）。

詩的噴泉一共十首，詞彙求新，境界深刻，可比泰戈爾的散文詩，祇是表現不同於泰翁的愛與美，仍多是楊喚寂寞、憂悒的自畫。是楊喚集中最精鍊優美的部份。

在「椰子樹」一首裏，詩人似已夢遊（楊喚在大陸時有過幾次戀愛）企盼生命中的一滴甜酒，溫柔的愛情於他竟然絕緣。一個焦渴心靈的悲歌，極其深切可感。

八、瘂弦

本名王慶麟，河南南陽縣人，一九三二年生。政工幹校影劇系畢業，曾在海軍服務八年民國四十年開始發表詩作，與洛夫、張默共創「創世紀」詩刊，美國威斯康辛大學碩士，在愛荷華大學國際文學創作班研究，返國後任幼獅文藝主編，執教大學，現任聯合報副刊主編。

詩集有瘂弦詩鈔（香港國際圖書公司）深淵（晨鐘出版社）、瘂弦詩集（洪範書店）、瘂弦自選集（黎明文化事業公司）、論評有中國新詩研究（洪範書店）。

1. **詩例：**

二嬤嬤壓根兒也沒見過妥斯妥也夫斯基。春天她只叫著一句話：鹽呀，鹽呀，給我一把鹽呀！天使們就在榆樹上歌唱。那年豌豆差不多完全沒有開花。

鹽務大臣的駱隊在七百里以外的海湄走著。二嬤嬤的盲瞳裏一束藻草也沒有過。她只叫著一句話：鹽呀，鹽呀，給我一把鹽呀！天使們嬉笑著把雪搖給她。

一九一一年黨人們到了武昌，而二嬤嬤卻從吊在榆樹上的裹腳帶上，走進了野狗的呼吸中，禿鷲的翅膀裏；且很多聲音傷逝在風中，鹽呀，鹽呀，給我一把鹽呀！那年豌豆差不多完全開了白花。妥斯妥也夫斯基壓根兒也沒見過二嬤嬤。（鹽）

奈帶奈藹，關於床我將對你說什麼呢？

——A・紀德

你唇間軟軟的絲絨鞋
踐踏過我的眼睛。在黃昏，黃昏六點鐘
當一顆殞星把我擊昏，巴黎便進入
一個猥瑣的屬於床笫的年代

在晚報與星空之間
有人濺血在草上
在屋頂與露水之間
迷迭香於子宮中開放

你是一個谷
你是一朵看起來很好的山花
你是一枚餡餅，顫抖於病鼠色
膽小而窸窣的偷嚼間

一莖草能負載多少眞理？上帝
當眼睛習慣於午夜的罌粟
以及鞋底的絲質的天空；
當血管如兔絲子
從你膝間向南方纏繞
去年的雪可曾記得那粗暴的腳印？
上帝
當一個嬰兒用渺茫的淒啼詛咒臍帶
當明年他蒙著臉穿過聖母院
向那並不給他什麼，猥瑣的　床笫的
年代

你是一條河
你是一莖草
你是任何腳印都不記得的，去年的雪
你是芬芳，芬芳的鞋子

在塞納河與推理之間
誰在選擇死亡

在絕望與巴黎之間
唯鐵塔支持天堂（巴黎）

那純粹是另一種玫瑰
自火焰中誕生
在蕎麥田裏他們遇見最大的會戰
而他的一條腿訣別於一九四三年

他曾聽到過歷史和笑

什麼是不朽呢
咳嗽藥刮臉刀上月房租如此等等
而在妻的縫紉機的零星戰鬥下
他覺得唯一能俘虜他的
便是太陽。（上校）

2. **分析**：瘂弦的詩作特色是多樣的，抒情詩有戲劇性，善用重疊句法，善用典實，有他北方故鄉的鄉土性，也有異國精神，語言揉合古典與現代，精鍊新穎，且有音樂性與繪畫性，能使讀者有着一種很「甜」的感覺（應當就是親切的感覺）。當然最重要的是他有一流詩人所必應具備的「同情心」，以此去抒寫他對人生，人性的認知，遂能使詩作具有價值影響。

「巴黎」一首中，語言技巧最為佳妙，林亨泰評為：在這首詩裏瘂弦對「你」「我」間所存的關係作了強力的「推前」，「巴黎」這都市是「你」「我」的背景，而「你」「我」的關係並不是為了在說明第三者巴黎，沒有「你」「我」不得不退居劣勢地位的情形。瘂弦將「你」「我」關係置於對立，由於有一種勢不兩立的緊張感充盈詩中，所以詩的張力更加拉緊了。瘂弦揚棄直接吶喊，以語言的技巧先予冷凝，然後再作為「人工的語言」而寫下來洗鍊的語言因隱喻之使用而富於暗示性，想像領域大為擴展，詩的吟味也就更為微妙而持久。「上校」一首，精巧有味，退伍的，斷腿的上校，經歷過絢爛的大場面，歷史和笑，與現在的平淡瑣事對比，嘲弄性特強，「妻的縫紉機」猶如機槍達達，而「戰鬥」一語雙關，可以解說為「生活的戰鬥」，英雄已矣，生活現實，妻子必須去設法工作來補貼家用，斷腿的上校祇能在陽光下蜷縮回憶，眞是「話到英雄末路，忽涼風索索」，予人以沉重的憮然的抑悒。

九、鄭愁予

本名鄭文韜，河北人，一九三三年生。軍人家庭，童年時代曾隨父征戰，足跡遍大江南北。法商學院畢業，曾在基隆碼頭任職，詩作多在此時產生。一九六八年赴美在愛荷華大學深造，獲藝術碩士學位。曾參加現代詩派，現旅居美國，任教於耶魯大學東亞語文系。

詩集有夢土上（現代詩社）、衣缽（商務印書館）、長歌（自印）、窗外的女奴（十月山版社）、鄭愁予詩選集（志文出版社）、（洪範書店）、燕人行（洪範書店）、雪的可能（洪範書店）、刺繡的歌謠（聯合文學月刊社）等。

1. **詩例：**

戍守的人已歸了，留下
邊地的殘堡
看得出，十九世紀的草原啊
如今，是沙丘一片……
怔忡而空曠的箭眼
掛過號角的鐵釘

被黃昏和望歸靴子磨平的

戍樓的石垛啊
一切都老了
一切都抹上風沙的鏽

百年前英雄繫馬的地方
百年前壯士磨劍的地方
這兒我黯然地卸了鞍
歷史的鎖啊沒有鑰匙
我的行囊也沒有劍
要一個鏗鏘的夢吧
趁月色，我傳下悲戚的「將軍令」
自琴弦……（殘堡）

我打江南走過
那寫在季節裏的容顏如蓮花的開落
東風不來，三月的柳絮不飛
你底心如小小的寂寞的城
恰若青石的街道向晚
跫音不響，三月的春帷不揭
你底心是小小的窗扉緊掩。

我達達的馬蹄是美麗的錯誤
我不是歸人，是個過客……（錯誤）

每夜，星子們都來我的屋瓦上汲水
我在井底仰臥著，好深的井啊。

自從有了天窗
　就像親手揭開覆身的冰雪
　　——我是北地忍不住的春天

星子們都美麗，分佔了循環着的七個夜，

而那南方的藍色的小星呢？
源自春泉的水已在四周壁間蕩著
那叮叮有聲的陶瓶還未垂下來。
啊，星子們都美麗
而在夢中也響着的，祇有一個名字
那名字，自在得如流水……（天窗）

在一青石的小城，住著我的情婦
而我什麼也不留給他
祇有一畦金線菊，和一個高高的窗口
或許，透一點長空的寂寥進來
或許……而金線菊是善等待的
我想，寂寥與等待，對婦人是好的

所以，我去，總穿一襲藍衫子
我要她感覺，那是季節，或
候鳥的來臨

因我不是常常回家的那種人（情婦）

——爲楊喚十年祭作

當長夜向黎明陡斜
其不禁漸漸滑入冥思的
是惘然佇候的召魂人
在多騎樓的台北
猶須披起鞍一樣的上衣
我已中年的軀體畏懼早寒

星敲門　遄訪星　皆爲攜手放逐
而此夜惟盼你這菊花客來（註）
如與我結伴的信約一似十年前
要遨遊去（便不能讓你擔心）
我會多喝些酒　掩飾我衰竭的雙膝

但晨空澹澹如水
那浮著的薄月如即溶的冰
（不就是騎樓下的百萬姓氏？）
但窄門無聲　你不來

哎哎　我豈是情怯於摒擋的人（召魂）
註：楊喚生於菊花島

卑南山區的狩獵季，已游在雨上了
如同夜臨的瀘水
是歛盡妖術的巫女的體涼。
輕……輕地划著我們的十槳
我怕夜已被擾了
微飆般地貼上我們底前胸如一綹亂髮
（十槳之舟）

在天涯踏雪
月亮就在臉前

冉冉地升著
（其聲息可聞）
風來拂拭
一面出土的古鏡
光華暗暗流轉

風卻冷了　而向
天地之隙擠著
（是盜墓人的鏟
向棺蓋深入？）

左右的伴侶
忽然顫巍巍地笑
怎麼得手之後就成了
詭異的
寒梅了

足印還在背後跟著
風卻一古腦兒
把它們捲起
像一群驚鳥
連綴飛去
所謂雪
即是鳥的前生
所謂天涯
即是踏雪而無
足印的地方（天涯踏雪記）
於加拿大，聖勞倫河口

2.分析：鄭愁予的詩風是「纖麗柔美」，他的詩是「很中國化」的「現代詩」（不同於囿於古典未能鎔鑄新美的），長於形象的描繪，準確明朗、聲韻美好。此外還有一項重要的特色，他的詩作內涵，多有「浪子意識的變奏」，許是與他流浪的身世經歷有關，當然也是他意念中常有大陸故園縈迴的悲愴。楊牧評他是新詩運動以來，最能把握表現此一題材的詩人，正因爲這種題材，使他的詩作時能予人以「蒼涼」之感，稍可中和他的纖麗柔美，而加深一些強度與硬性。

「殘堡」一首收在他「夢土上」詩集中，浪子詩人魂夢牽縈的故土之思，蒼涼的悲婉的清剛之音，結尾倒裝句法造成效果極佳。

鄭愁予的詩常是一個意象的旋轉分裂，點破一個刹那間智慧的主題，這一點承繼著中國古典抒情傳統的特色，十分顯然。如在「天窗」一首，詩人仰臥觀察天窗，以爲自己是在井底，而星子們是汲水的少女。「情婦」一首中，詩人的語調口氣不斷地順應人物場合而變化，頗近短篇小說的手法。「召魂」一首爲楊喚逝世十週年而作，悼亡之中有自傷之情，「我會多喝些酒，掩飾我衰竭的雙膝」這種蒼涼之音，表現酒的詩意透過文學的佈置亦將氾濫爲浪子多愁的江湖。「十槳之舟」是一首最纖巧的小詩，奇異的比喻與感覺表露使人驚異的柔細深密。「天涯踏雪記」結尾顯示天涯夐遙，「泥上偶然留指爪，鴻飛那復計東西」仍是浪子意識的變奏。

㈢表解分析「錯誤」

句	解	形式	實質
1.	浪子自江南經過	短促	暗示過客匆匆
2.	少女等待如江南蓮放，開時歡樂落時幽怨，等待之時長，如蓮開蓮落	忽然開展，以傳統意象之典麗表時序之變遷，擴見最現代之敏感	暗示流浪時長
3.	時序變遷之長 期待之苦	「東風」與「柳絮」之古典因「不來」「不飛」的句型變化而新奇	亦飄泊者希冀渴望之無成

4.	心如小城（大）	揭起寂寞小城暮景	寂寞深密滋味
5.	夕照蒼茫	以飽和的音響收煞表詩的漸進性、暗示性	感受之耽溺
6.	等待不來，三月春帷應揭未揭		
7.	心如小窗（小）之緊掩	小大並喻經過「向晚」意象過程而使讀者接受是爲詩的催眠力 由「如」之明喻轉進爲「是」的隱喻指出詩中人物認知過程，數行間跌宕起伏表對偶句法 緊掩預留開窗線索	
	空行一頓		
8.	開窗、心跳未寫出		
9.		峰迴路轉	惘然

最婉美的情詩，主題非寫少女情懷之幽怨，實是藉少女幽怨寫浪子意誠之變奏（流浪之苦）。可憐的是守候少女的失望惘然，更可想的是浪子無休止流浪的悲戚。易位手法一如杜甫之「今夜鄜州月：閨中祇獨看」蘇軾江城子的「料得年年腸斷處，明月夜，短松崗」。

第二節　七十、八十年代名家名作析介（依首字筆劃排）

一、北島：（一九四九—），

本名趙振開，原籍浙江湖州，生於北京。中學時參加紅衛兵，一九六九年當工人，自七十年代起開始寫詩，他的詩常以人生的高度濃縮形象，呈現給讀者，他寫的詩屬於「朦朧詩」派。一九八五年當選大陸十大青年詩人，在青年中有相當的影響力，他還是中共官方讚許的少數幾個新潮詩人之一，成爲大陸新潮詩的代表人物。

一九七八年，與友人創辦「今天」文學雜誌，刊登詩歌、小說和言論，結合一大批後來成爲新潮詩代表人物的青年詩人。出版九期後，在一九八〇年遭禁。

北島目前旅居瑞典，他曾說：作爲詩人，他不想和政治有什麼聯繫。但他坦承，自己的困惑就在於常常劃不清界線。北島在一首題爲「回答」的詩中寫道：「卑鄙是卑鄙者的通行證，高尙是高尙者的墓誌銘，……如果陸地注定要上升，就讓人類重新選擇生存的峰頂。」著有《北島詩集》（新地出版社一九八八年版）。

據說他曾被提名候選諾貝爾文學獎，一九八九年春曾發起北京知識分子爭取民主簽名運動，名噪自由世界。

1. 詩例：

也許最后的時刻到了
我沒有留下遺囑
只留下筆，給我的母親
我並不是英雄
在沒有英雄的年代裏
我只想做一個人

寧靜的地平線
分開了生者和死者的行列

我只能選擇天空
決不跪在地上
以顯出劊子手們的高大
好阻擋自由的風

從星星般的彈孔中
將流出血紅的黎明

（宣告）

㈡分析：

這首詩流傳極廣，天安門學運總指揮柴玲自大陸逃抵法國，在最初的公開講話中就引用此詩。副題「獻給遇羅克」，遇羅克在文化大革命初期是許多人心目中的青年英雄，他以反批判海瑞罷官及血統論，抗爭文革歪風，遭到中共中央文革小組批鬥，寧死不屈，卒遭槍決，年僅廿七歲。

北島曾說：「詩人應該通過作品建立一個自己的世界，這是一個眞誠而獨特的世界、正義和人性的世界。」他的詩作並不多，還不是一個完全成熟的詩人，但他的優秀詩篇，語言簡勁，節奏感亦佳，思維方式頗有值得借鑒的地方。

此詩以遇羅克的口吻提出「宣告」，不立遺囑、只留下筆，爲的是可以做一次又一次新的宣告；「給我的母親」——從另一個角度思考，也就是給母親一般的中國。「在沒有英雄的年代裡／我只想做一個人」既控訴了時代，也提出了尋常百姓逼人落淚的嚮往。

第二節用遼遠的「地平線」、用開闊的「天空」來烘托他死的精神。「從星星的彈孔中／將流出血紅的黎明」，更把個人的死慘烈地「渲染」成日夜交接的情境，以象徵新生，展現了詩這門藝術最大向度、最動人的質素。

二、沙穗

本名黃志廣，廣東省東莞縣人，一九四八年生。空軍通信電子學校畢業，現任職於交通界。曾和詩友創辦「盤古詩頁」「暴風雨詩刊」，現爲「創世紀」詩社同仁。著有詩集「風砂」。（盤古詩社）「燕姬」（心影出版社）

㈠詩例

——獻給燕姬

爲了找一棵竹

我們迷失在竹林裏
綠色的陽光

正沿著一棵棵的竹子
一節節的升起

傳說
這是孝子孟宗的淚水
灌溉而成的竹林
不妨妳也滴一顆淚
讓筍子苦一點？
要不露一個微笑
筍子會甜一點

爲了找四年前我們刻下名字
的那一棵竹　妳說
再找下去　我們
都變成一對竹了（孟宗竹林）

註：「孟宗竹林」位於溪頭。
是個「很適合度蜜月」的地方。

華燈初上
台北沒有一盞燈火是爲我而點
我是九點半平快車上　熱著來
而冷著回去的　一杯茶
當太陽升起的時候
我用什麼去面對太陽
一付AO眼鏡
能把自己瞞過去嗎？
我嚼著茶葉　很苦　窗外
很黑　此刻我喜歡黑
露水濺入我的
眼裏　我是我自己眼中升起的
一顆淚　在濕冷的車廂裏
唯淚是熱的

我是詩人工人還是廣告人？
我不是人
我是一個標點一枚螺絲
一個Idea　如此而已　我是什麼
我都死了
我摟著我的妻子燕姬
我們是在逃難
逃現實的難
　（燕姬摟著小廣
　　小廣摟著一個空的奶瓶）
不說話
說話就不莊嚴　我是悲劇的
　悲劇都沒什麼好說
一切我都體　會了
我點起一根煙

我用煙槍　對準喉嚨
一槍想把自己打死　燕姬望著我

她把一個滷蛋塞在我的嘴裏
我想做什麼吃了再說
其實吃了我就什麼
也不想說了

她說雖然沒有一盞燈是爲我們而點
但至少火車卻是爲我們而開
時尚是一種輪迴　風和水
都是動的　所以我們
要信風水
　我摟著燕姬
想說什麼
但又是一個滷蛋
天亮了（歸鄉）

天亮了
我醒來手中還握著一個滷蛋　燕姬
習慣的在天亮梳她的髮　小廣很乖
他的哭聲和火車一道
停在月臺
太陽升起了
我用一個滷蛋
去面對太陽？
風水呀　風水　我是迷信的
握著滷蛋也在想著風水
在台北　我餓過
被風水餓的？
（燕姬說誰不會餓？
賣詩不如賣麵，好啦！南北小吃店）
三更起床四更買菜五更燉排骨六更倒餿水
我是打更的還是賣麵的？
從水裏來油裏去
南北一把刀

我是掌廚的
幹過主編幹主炒？
燕姬蓮步端著蓮子湯
三步一朵蓮
馬臉的要喝酒
吊眼的要碗茶
我們是可憐的
要看馬臉的臉
吊眼的眼
來了一個苦行僧
四大皆空
「難無阿米填腹」

化了緣
不知他還空不空？
小廣的爹

你在想什麼？
五號桌　蛋炒飯　魚香肉絲
大碗酸辣湯（賣麵）

㈡**分析**：詩人在現實社會中，儘管也會失業、也會漂泊，他可能嚐盡各式各樣的苦楚；但在精神世界——他自己心靈的小天地中；卻仍然充滿了「愛」和微覺苦澀的「歡樂」，供他品嚐。

沙穗曾有過一段貧苦的日子，以上所舉的詩都能深刻地記下了當時的感受。把非常複雜的心思，溶融在一些單純的動作與言談中，那種反映生活而能托出生命況味的詩篇，極為感人，幾可使讀者為之下淚。「歸鄉」與「賣麵」兩篇，仍是他最擅長的寫實筆調，在平易的語言中傳達愛情、貧苦而快樂的生活，引人深思無限。「孟宗竹林」是一首意象俱佳的情詩，以淡然筆融表眞摯之情，最是自然，精美可感。這首詩同時也證明了古典詩創作「由濃而淡」的原則，眞情的自然高妙，原是不須多事雕琢的。

三、吳晟

本名吳勝雄，彰化縣溪州鄉人，一九四四年生，省立屏東農專畜牧科畢業。現任教於溪州國中。曾獲第二屆「中國現代詩獎」。著有詩集飄搖裏（中國書局）、（洪範書店）、泥土（遠景出版社）、吾鄉印象（洪範書店）、向孩子說（洪範書店）等。

(一)詩例：

日日，從日出到日落
和泥土親密爲伴的母親，這樣講——
水溝仔是我的洗澡間
香蕉園是我的便所
竹蔭下，是我午睡的眠床

沒有週末，沒有假日的母親
用一生的汗水，辛辛勤勤
灌溉泥土中的夢
在我家這片田地上

一季又一季，種植了又種植
日日，從日出到日落
不了解疲倦的母親，這樣講——
清爽的風，是最好的電扇
稻田，是最好看的風景
水聲和鳥聲，是最好聽的歌

不在意遠方城市的文明
怎樣嘲笑，母親
在我家這片田地上
用一生的汗水，灌溉她的夢（泥土）

古早古早的古早以前
吾鄉的人們
開始懂得向上仰望
吾鄉的天空
就是那一付無所謂的模樣
無所謂的陰著或藍著

古早古早的古早以前
自吾鄉左側綿延而近的山影
就是一大幅
陰悒的潑墨畫

緊緊貼在吾鄉人們的臉上

古早古早的古早以前
世世代代的祖公，就在這片
長不出榮華富貴
長不出奇蹟的土地上
揮洒鹹鹹的汗水
繁衍無奈的子孫（序說）
在乾燥的風中
一束一束稻草，瑟縮著
在被遺棄了的田野

午後，在不怎麼溫暖
也不是不溫暖的陽光中
吾鄉的老人，萎頓著
在破落的庭院

終於是一束稻草的
吾鄉的老人
誰還記得
也曾綠過葉、開過花、結過果？

一束稻草的過程和終局
是吾鄉人人的年譜（稻草）
金光閃閃的閃電，怒叫著雷聲
　雷聲，催趕著驚惶
剛剛還是猛烈的太陽呢

滿身的汗水，還來不及揩拭
又是滿身的雨水

你們的驚惶，苦苦相勸
你們的固執——
趕快躲避吧
每一塊急切等待翻掘的泥土
隨他暫蕪吧
每一顆急切等待生根發芽的種籽
隨他腐爛吧

容易變臉的老天
陰冷冷的恥笑
坐在客廳唱着歌的人們
以一大堆雄辯的理論
陰冷冷的指責

所有的苦勸，所有的恥笑和指責
金閃閃的閃電交映下
你們都明明白白
慘叫倒下，渾身發黑的同伴
你們都記憶深深
爲甚麼，爲甚麼還不擱下農具？

想來，天上也正欠缺
勤於勞動的人們吧
所以年年此際
必定派遣金閃閃的閃電
直奔吾鄉的田野
而沒有甚麼遮蔽的田野上
唯你們頂天而立地（雷殛）

附記：年年春夏之交，正值農忙時期，下午常有西北雨，並且雷電交加，吾鄉在田野勤苦工作的人們，因無處躲避慘遭雷殛的事件，時有所聞，聞之每每痛心至極，久久不能平息，然而，我的詩，於這樣的慘劇有何補益？

㈡**分析**：鄉土文學主要在表現鄉土精神，吳晟是一位鄉土詩人。

吳晟的詩與生活結合在一起。記載了一個農家子弟的生活心象。由於他的詩以家鄉爲背景，從鄉土出發，故詩風樸實、平易感人，往往能表現出社會型態轉換中的愁緒。

吳晟說：「詩人不是技工，不能專談技巧；更不是政治家。說甚麼主義派別；詩人只是較常人易於受感動。也是生活在此時此地的社會中的一份子，怎能逃避這個社會諸般現象的衝激？」

從前面例舉的四首詩，我們可以察覺，他的作品，沒有華麗的詞藻，沒有深奧的意境，沒有飄逸的詩情，也沒有變化多端、炫人奪目的意象，他只是平實地反映出農村生活的面貌，反映出他熟知的人群，深入到他們的精神和信仰中，傳述出他們的心聲。「泥土」一詩充具鄉土精神。「序說」道出對命運的無奈感和在現實環境裏所顯示出的堅韌的生命力。「稻草」的終局，飽蘊著濃濃的悲劇性，鄉民是艱辛、沈默的一群，讀後有無言的沈重感。「雷殛」則可視作一篇痛心的「控訴」，所不同的是，它用「詩」的「藝術」的方式來處理自己的感情。

四、席慕蓉

原名穆倫席連勃（一九四三—），蒙古察哈爾盟明安旗人。師範大學美術系及布魯塞爾皇家藝術學院畢業，現任新竹師院美術科教授，詩人，而又是油畫家及散文家。有詩集畫詩（皇冠雜誌社）、七里香（大地出版社）、無怨的青春（大地出版社）、時光九篇（爾雅出版社）等。

㈠**詩例：**

我的愛人　曾含淚
將我埋葬
用珠玉　用乳香
將我光滑的身軀包裹
再用顫抖的手　將鳥羽
插在我如緞的髮上

他輕輕闔上我的雙眼
知道　他是我眼中
最後的形象
把鮮花灑滿在我胸前
同時灑落的
還有他的愛和憂傷

夕陽西下
樓蘭空自繁華
我的愛人孤獨地離去
遺我以亙古的黑暗
和　亙古的甜蜜與悲悽

而我絕不能饒恕你們
這樣魯莽地把我驚醒
曝我於不再相識的
荒涼之上
敲碎我　敲碎我
曾那樣溫柔的心

只有斜陽仍是
當日的斜陽 可是
有誰 有誰 有誰
能把我重新埋葬
還我千年舊夢
我應仍是 樓蘭新娘（樓蘭新娘）

儘管城上城下爭戰了一部歷史
儘管奪了焉支又還了焉支
多少個隘口有多少次悲歡啊
你永遠是個無情的建築
蹲踞在荒莽的山巔
冷眼看人間恩怨
爲什麼唱你時總不能成聲
寫你不能成篇
而一提起你便有烈火焚起
火中有你萬里的軀體
有你千年的面容
有你的雲 你的樹 你的風
敕勒川 陰山下
今宵月色應如水
而黃河今夜仍然要從你身旁流過
流進我不眠的夢中（長城謠）

(二)分析：

在衆多女性詩人之中，席慕蓉獨能脫穎而出，贏得廣大讀者的愛好，原因是她的詩作能藉平易的手法表現生活、愛情、鄉愁等普遍性的題材。「樓蘭新娘」一首，藉著千餘年前女屍的發現而產生想像，年輕新娘的夭亡，樓蘭古國已成歷史陳跡，詩中沒有亡靈的陰森怖慄，也沒有古國遺跡的滄桑之感，有的卻是似水情柔，以及甘願在地下守著千年舊夢，不願在千年之後曝現碎裂情緣，情愛執著的想像抒寫深密，是爲上乘之作。「長城謠」一首籍歷史滄桑抒寫人性中的懷鄉之情，自然眞切極爲感人。

五、許茂昌

臺灣省彰化縣人，一九五一年出生，台北醫學院藥學系畢業。「詩人季刊」同仁，現在臺中主持藥局工作。

(一)詩例：

雨，不能再淋熄我們的時候
炊煙，自平原升起的時候
在星光中，妳的臉
向我仰起的時候

停下來吧，這裏便是家
在霧裏
讓我把妳的髮解開成一條黑色的瀑布
讓我把妳，解開成
一部雪白的小說
穿過霧與荊棘
我們緊緊愛戀的手將一起伸出去
直到世界的盡頭（家）

一顆子彈能帶來多少不朽？

其實，你也用不著拭淚，因爲從這個
小城到另一個小城，一切沈寂，只有
白色的永恆在長大。
即使炮火跋涉很多哩路來拜訪你，你

也必須學會沈默，小野菜一樣的沈默。
槍聲仍然很纏綿地擁抱整片湄公河平原
愛和恨在北緯十七度上洶湧。
來福槍長得比玫瑰還美麗。

南方，那條已經哭泣了二十多年的湄公河
仍然在報紙上哭個不停。
啊，你是說黃昏嗎
黃昏永遠不會遠離西貢二十公里

煽動的唇走過了一個村莊又一個村莊。
細菌，美麗的細菌
爬得比南越正規軍還快
所以，繁榮屬於昨日，今日屬於灰燼。

軍隊絕勝不過女郎一雙善開的腿。
所以，黑夜竟佔領了指揮官那把軍刀。

許多城市
隨著旅長一個錯誤的長吻
靜靜地淪陷

急救包無論怎麼裝
也裝不下
整個順化城
上尉那只倒下的軍鞋竟長出了野百合。
一個小十字架
斜倚在
護士小姐
荒涼的傷口上
十四歲小村女平坦的乳房竟給越共吻
大了。
乳房最後竟懸在樹上。

三十七號公路上

正在上學的那個高中男孩
尚未把帽子戴好
機槍就迫他單純地選擇了土壤
一隻蝴蝶飛過他日落的臉。

槍口與黎明間
直升機與期待間
許多靈魂輕輕地
輕輕地跌碎

天空總被推向沒有信仰的那一邊。
木麻黃總被拔成沒有家那種樣子
街道在一排飛機過後
無端地
懷孕起來

陌生的槍竟比故友還熟情。

月光正舐著那本
染滿血跡的
日記簿
英俊的哨兵和他戀人的照片一齊在地
上躺得很好。
哨兵的腹部
被槍聲
翻譯得很好

暮色在南越的每一個城裏。
炸藥，只有炸藥能夠解釋
越南爲何永遠躺在
黑黑的夜裏

狂犬病在炮口上呼嘯。
人性在瞄準中一一倒下。
蝸牛匍匐這麼久才找到它的哲學

戰場上
一個戰友被我絆倒而我被槍聲絆倒
稻草堆皺著焦黑的眉。
轟炸之後
叔叔只帶回一截妹妹的衣袖
衣袖，詩句般飄著的衣袖
像風一樣不知爲什麼而吹著的衣袖

湄公河永遠浮在和談與槍管上。
村莊永遠活在虐待上。
嬰兒活在夭折上。
小孩已習慣擁抱戰死的父親乾涸的名字。
人民已習慣生長在救濟品與地雷之間。

紫花苜蓿田裏
總必須埋下一些
怎麼埋也埋不完的
悲哀
湄公河就這樣渺茫地呼吸在美金與盧布的
爭執間。
激烈的巷戰後
一位父親從那個男孩臉上
取下最後一朵
堅硬的微笑

陽光冷卻了。
站起或臥下都等於天堂。
進攻或撤退都是同胞的血。
破傷風終於和那個明天就要退伍的二等兵
瘋狂地戀愛起來。

凌晨三刻，一排敢死隊把他們自己的溫度
交給歷史。
午後一時，連長衝進軍火庫而炸升爲城頭

的一尊銅像。

當那女人的心房被戮出
而看到天空的時候
請抽噎，冷靜的抽噎。
當尖刀挖過五次
在那被虜軍官年輕的胸膛之後

號兵吹出整個南中國海的悲哀。

那麼，排長，請你躺下，永遠地躺下
當手榴彈從不遠處跳過來
並且高聲向你道早安的時候

總司令的血把中南半島灌溉得比上個月更
肥沃。
留在戰場上只有一條腿
沒有鄉愁，沒有親戚的
腿

至於國旗
國旗
國旗
正紮在少尉那隻不知什麼叫投降的
臂上

母親的哭聲凍結在從戰場送回來的一隻
長統鞋子裏。
母親，綿羊一樣癱瘓的母親。
兒子，煙一樣升起的兒子。

班長的右肩骨終於回到了故鄉
肩下是祖國的芬芳。
那是一次美得像香檳一樣的戰役。

對不起，越南。
在白宮與克里姆林宮的桌上
你只是一種
農產品
或
私生子
和平等於槍聲加上祝福。
越南
一絲不掛的越南
被綁在巴黎的手術臺上
烹煮著
湄公河被強姦時從未呼喊。

一九七五。新年快樂，越南。
你的生日蛋糕上將舖上更多的彈片
玉米田將被戰爭煮得比去年更熟。
妳的腰將被炸得比去年更動人。
妳的胸膛將升起更悲壯的搖滾樂。
妳將被判決爲不治的血癌。
那麼，站起來，兄弟，請站起來。
用血去緊緊擁抱挺進而來的坦克。
把微笑交給早晨。
把哭泣交給母親。
把臉摺進書本上第五頁的那則故事裏。
把絕望交給冷冷的湄公河。

（哭泣的湄公河）

㈡**分析**：許茂昌是年輕詩人中語言錘鍊度最高的一位，他的語言很少拖泥帶水，特具有一種與衆不同的清新格調。

「哭泣的湄公河」寫於越南淪亡之前，作者擷取意象的能力很強，他用許多小小的事件，合力襯映出一齣驚天動地的淪亡大悲劇。

他表現的手法，是取單一以象徵全體，取有限象徵無限，像「十四歲小村女」、「三十七號公路」、「那個高中男孩」、「英俊的哨兵」、「明天就要退伍的二等兵」、「書本上第十三頁的那則故事」……等，都具有這樣的意義。

如果說「詩是語言的藝術」，那麼，許茂昌的詩實在是最美不過的了，他尤其擅長「悲壯」與「纏綿」的表現。「煽動的唇走過了一個村莊又一個村莊」這是指共黨顛覆的陰謀。「軍隊勝不過女郎一雙善開的腿」則是指越共色誘的技倆。其它如「一隻蝴蝶飛過他日落的臉」、「破傷風終於和那個明天就要退伍的二等兵瘋狂地戀愛起來」、「越南／一絲不掛的越南／被綁在巴黎的手術臺上／烹煮著／湄公河被強姦時從未呼喊」，都展露出許茂昌驚人的想像力。任何語句到他手中，他都能控馭的恰到好處。

像「哭泣的湄公河」這樣一百多行的長詩，作者還發表了兩篇，其中頗多比喻設詞，顯示才情潛力無限。

「家」這首詩吐露著愛的芳香及溫暖的氣息。「停下來吧，這裏便是家」是多麼令人信靠的話。當兩張臉在星光中，一仰一俯，鼻息相通，他們有了一致的誓言，必將穿過霧雨，劃除荊棘，永遠結合在一齊。

六、陳義芝

陳義芝（異植），四川忠縣人，一九五三年生，師大國文系畢業。現任職報社，「詩人季刊」主將之一，曾獲六十一年青年學藝競賽新詩首獎，國軍文藝競賽新詩銅像獎。有詩集落日長煙（德馨室出版社）、新婚別（大雁出版社）、青衫（爾雅出版社）、不能遺忘的遠方（九歌出版社）等。

(一)詩例：

一種正確的發聲法
多年來我們一直尋找：
晨曦如何衝破夜霧
花偎近蜂蝶的脣吻
鳥在振翅同時，如何以歌聲
開啓千扇朝陽的窗
我們學習，一種隱忍的驚喜
由第一眼辨識就能直呼出露水的小名
也一直在尋找
最眞誠的發聲方法：
頰陷的老嫗如何低首望著褓抱中的孫兒
抿起嘴的微笑
光采像燈前新醅成的綠螘
我們體貼
松木燒紅的炭火煮開了水的歡愉
一種歲月流光禁不住的歎息
安詳、平淡，或是刻骨的難忘
而今一切都臻美善，我們終能了解
自然，永遠是我們共有的師承：
青草向遠方傳喚
山雪向泥中譜曲
虎豹在曠地凝聚飆風

雷聲沈穩踏實地爲春帶路
感人的情辭隨雨水下注，還要
似閃電向四野傳達

所謂歌詩，我們了解
無非是耕鋤自石礫堆中呼吸到新的節氣
在生民的血脈中爬梳出秩序：
一種焚燒的心情
一種擊鼓前進的聲容
如山峰起落如河海激湧（歌詩集注）

燈下削筆
有很多白天不便細述的事
藏在心底
趁此一刀刀削去

模糊的光從兩眼穿出
其實說了也沒人懂它啊
暗恨多深刀削也多深
影子垂低了頭不願再說話

要怎樣才能摘下面具
削掉虛假的臉皮
什麼時候才敢掏心
向誰表露自己的清明

江湖須面對
惡劣的氣候同時必須
燈下削筆自有寬廣的嚮往之地
但只能在心的版圖上將它占領

有時不免還要撤離
局促於規矩一筆一劃
儘管書寫起來並不歡喜

仍舊姓名年齡經歷及其他

乞求了解的心
先跪下，像夜雪飄零
然後，筆才能在千萬隻焦灼注目的眼中
晨光般精神地站起（燈下削筆）

秋水潺潺地走進相望的瞳仁深處
玉臂已覺清寒的時節
我突然想起圈點過的詩經
恰恰攤開在最美的蒹葭那頁
且心痛地想著淒淒的蒹葭
是長在懷思的水湄啊

這般情懷遠從溱水洧水流向南
紛歧的水路錯落的澤鄉，再南
如候鳥南飛，漁唱晚歸
渡過山原及海峽
如今，駐停
島上心怯的急流邊

這樣的纏綿世世有人傳唱
以古典的現代詠歎最赤裸的白話
最早應是周代正昇平那年
在多情的鄭風、秦風中
直到晚唐五代宋……
剪燭的燈下或騎驢的背上
始終低迴

總是疼惜著伊人
疼惜今生未了的情緣
當苔濕而又迷茫的路如秋意長
我感覺不論白露未已或已
恍惚的身影都成了夢裏的蓮花

那比七世更早以前
就註定要使人痛苦的人啊

亭亭那朵，在葭葭的水域
在孤鷺斜飛的水中央
我偷眼望著，簌簌垂淚
費神地爲夜空繫上一顆顆
晦澀的星結

此後
應溯洄而上或溯游而下
應褰裳涉水或放棹流渡
哪，冷冷的弦音仍不斷從上游漂來
我隨手截撈，默默地咀嚼
白蓮清芬
萬種的風華……（兼葭）

㈡**分析**：張默說陳義芝的詩作在音韻、意象方面，直追鄭愁予。編者則以爲科班出身的陳義芝、部份詩作的典麗雖然近似鄭愁予、但義芝畢竟是義芝，自有着他可成爲一流詩人的才情潛力。這位勒持不輟的青年詩人，除了汲自古典承祧發皇的優美之外，由於他的嘗試突破，另有其恣放多貌的成就。「歌詩集注」一首，是爲他根植大地，擁抱人生的創作理念之發表，堂堂正正，力量龐沛。「燈下削筆」表露作者在喧嚷人世對創作作無悔追求的情志。「兼葭」是一首是他研究、創作的心態，眷戀著古典，想著要連接溶合新舊，再創文學新的史頁。

七、渡也

本名陳啓佑，臺灣嘉義人，一九五三年生，十七歲開始寫詩和散文，中國文化大學中國文學研究所博士，現任教彰化師大。曾主編「拜燈詩刊」、「八荒」雜誌，爲創世紀同仁。有詩集手套與愛（故鄉出版社）、憤怒的葡萄（時報出版公司）、最後的長城（黎明文化公司）、落地生根（九歌出版社）、空城計（漢藝色研）等。

(一)詩例：

讀過那篇四言詩以後，我從陳舊的木箱靜靜翻出父親不忍帶走的衣飾，器物，故意留下的姿勢，和表情。我乃在鏡子裏看見我躺在床上，奮力模仿父親咳嗽的動作。親眼看著父親居然在凄涼的人世裏，繼續活過兩個年頭，我竟然滿足地笑了。

春去秋來，生存在鏡子裏的父親漸漸顯露生前未有的不滿了，終於在今晚的風中，忿憤揮動瘦弱的拳出擊之後，垂下沉重如木箱的頭顱走了，僅僅留下我深深跌跪在無數鏡子的碎屑裏。然而，我竟垂首痛哭了，爲了我終於親眼看見，無數前年撒手時滿含淚水的父親，一一撲倒在那些濕濕的玻璃碎屑裏。（蓼莪）

父親撒手前僅緩緩對我輕聲說：

「抱——歉」

便已來不及補足一個營養不良的微笑了。那時我才六歲，還沒發芽，仰首竟茫然不解父親的遺言。如今我猶未長成一株光輝的巨樹，在寒涼的子夜，一燭黯然仰望父親的遺像，我流著淚高聲對父親說抱歉，才深深讀懂父親臨去時，那些細碎，永遠難忍的眼色。

（巨樹）

那紅色電話亭垂首站在空曠的荒野中心，等他前來，投下一滴冰涼的雨水，急急撥動號碼。媽媽的墳墓已遺落在遠方，爸爸發黃的遺言仍折疊在懷裏。然後他衝入細瘦的聽筒大聲咆哮：「這裏下雨啊，快幫我帶傘來！」想起忘記請問對方姓名，才又撿起一句羞赧的話，輕輕塞進嚇哭了的聽筒嘴裏：

「你是誰呀？」

彷彿有人低聲呼喊他的小名。風雨從四面八方湧來。然後回答的低音才嗚咽的緩緩的飄入他冰涼的耳朵：

「媽媽」（傘）

我在妳屢次設下的夜裏，等妳很久了，終因不能支持而撲倒在千里泥濘的雨地，然後妳才走過來，幽幽怨怨地，對我吐盡妳衰弱的蠶絲，說：

「開始」（春蠶）

㈡**分析**：渡也一直期望能爲現代詩方法論的建立，貢獻出自己的心力，他以「新詩形式設計的美學基礎」爲總題所發表的一系列論文，很可以使人看出他努力的方向及成果。

早年，他以「闕闕」、「歷山」的筆名發表詩，未見突出，只能算是「少作」。眞正尋得自己的風格，是「渡也」時期。他不僅確立了「分段詩」（有人稱爲散文詩）的外在型式，更發掘出人際間那些九死不悔的愛的內涵，以緩緩的語調吐露一個個單一事件。常能表現深刻的悲慟之情，予人悠悠不盡的哀思和迷惘。

他寫父與子，母親與嬰兒，也寫青年男女的愛。新感性的詩風，相當令人矚目。「巨樹」一篇，父親說「抱歉」是因爲深怕他這一顆嫩籽，還沒發芽，自己撒手後，無法好好栽培他，親自看他長成一株巨樹。多年以來，他望著父親遺像，含淚說抱歉，因他猶未長成一株巨樹。由不懂事到懂事，是生命換得的代價，是成長的領悟。前後兩聲抱歉，含有無限追悔的苦痛。「蓼莪」和「傘」，表現同樣的「情」、「境」。渡也處理得相當細膩。「春蠶」一詩，妙在最後那一句「開始」，隱隱含有一種救贖的精神。

八、翔翎

本名李慶琁，山東陽穀人，一九四八年生。靜宜女子文理學院外文系畢業，中國文化大學英文研究所碩士，曾赴美國愛荷華大學作家工作坊研究，執教於中興大學外文系。爲「大地」詩社同仁。現居美國，亦寫散文，詩作見《大地》詩刊、《聯合報》等。

㈠詩例：

我無從知曉
你的性別
更無從描繪
你的容貌

而中夜臨鏡
兩行清淚裡
彷彿見你
自鏡中行來　那風致
也一若水仙

我不知如何喚你
更不敢以手觸你
那最美的夢
最忍心的決定

你是我
流失的生命
子宮內
最最深刻的傷慟
每到中夜
最怕你自鏡中
幽幽問我
怯怯的眼神如劍

而我的詩
我愛的自由
會是怎樣的盾

好于中夜
迎擊你如劍的眼神（流失）

1

上燈以後
所謂消遣
常是靜坐向東的窗口
看月如何昇起
攀住一角枯枝

那時正是十五
我們爭辯著陰曆、陽曆
以及下雪一事
直到月色侵入袖口

直到月色漫上耳梢
（且不再褪去）

我年少驚心的愛
彷彿也如月色
逐日霑上髮際

我只好掩簾垂首
反身卻見
明月一般的夜自鏡中昇起

2

歲暮之時
驚心最是
來年無端的新歲

彷彿中夜臨窗
雪色月光
驟然湧向你的雙鬢
中年以後

最怕應是照鏡
一次一度驚心
而舊日也往往
深淺地縱橫于額際眉心
至于那筆最深的
據說應是
你年少驚心的往事（驚心二式）

來信問我
冰雪的心情
我搖搖頭
把寂寞和淚水
都還給了你

至于早春
繽紛的花事如夢
我日日在江邊梳頭
春水把我的容貌
也複印給了你
而秋來的歲月
應是一種等待
直到你的步履
落葉似
地將我的足印
一一掩蓋（歲暮一則）

㈡**分析**：張默在選集「剪成碧玉葉層層」中小評翔翎：「翔翎的內心世界是熱熾的，她的觸覺是犀利的，閨秀派每每喜歡吟詠自己最隱秘的感情，可是當她們從千絲萬縷的愁緒中奔出，以詩的形式呈現，她的眼裏自另有一種山水，以及丘壑。」翔翎詩作有她的主線——生命題材——並能以此主線將每一晶珠貫聯。這裏所錄的三首，雖然山水丘壑的呈現自有姿采，而構成爲她詩作基調的生命意識猶然是統一的。

九、葉翠蘋

（一九五六—），福建南平人。臺灣師大歷史系畢業，美國奧克拉荷馬大學碩士，曾任國中教師，詩作見《秋水》詩刊，《藍星》、《創世紀》等。

㈠詩例：

秋天，我們到莫內的畫中
取一些光
一些淡如往事的色彩
幾許淒涼攀在門牆上
那悠閒的行人可沒說什麼
一條路把孤獨說出來
我們是往下走呢還是
分開？
一株樹在路旁等待歲月
我們在歲月裏
漂泊
這就是船舶的意思
帆蓬兜著潔白的風
桅檣繡出一張一張又一張
面貌相異的天空
我們的微笑不妨再蔚藍些
爲那永恒的朝露　任自己
一逕燒到天邊
直到海水翻過來
把最熾烈的心映給我們看
——英雄淚如寒星

也許
我們仍餘下一小段路　也許
我們仍然來得及
到莫內的畫中　看
枯樹發芽（一生）

我們流進紅毛城
流進枯寒的血管
暖出一波又一波鮮紅的花朵
在這多風的河口
推窗便是滔滔的歷史
閉門則是隱痛

荷蘭西班牙的牙齒咬住中國
咬出城樓
英國紳士修理尖翹的八字鬍
在舶來的明鏡中
照見對岸觀音的愁容

我們流向紅毛城
冲潰僵薄的膚壁
嘉慶十八年的砲管對準我們
對準民國六十九年陌生的腳印
似曾相識的親人

我們來了
接你回家
回到空懸已久的座椅
回到我們蒼翠的樹上（接你回家）

迎春門迎我入門
秋風旋飛
得攏緊衣襟才好
我有不勝寒涼的心事

徘徊在你故鄉的路上
城無恙而心已陷
陷入思念陷入惆悵　陷入
千古的殘夢
唯有安平海灘最解意
給我一列木麻黃
叫我抵擋晚來風急
半生的蒼茫　（秋入府城）

晨起磨刀
那面磨掉上午
這面磨掉下午
找不到目標試刀的
一把折信刀
把夕陽
割出血來　（等）

㈡**分析**：張默在現代女詩人選集「剪成碧玉葉層層」中評說：葉翠蘋之崛起於當代詩壇，不過是近幾年的事。她珍惜善用先驅者的經驗，刻造一種喜悅，一種美感，一種迤邐。「接你回家」（寫紅毛城重回祖國的感受），「一生」都屬佳構，又豈祇是「我們到莫內的畫中取一些光，看枯樹發芽」而已。作者喜愛美術，學的是歷史，兩者均能消溶在創作中流露，（前者在「一生」中，後者在「接你回家」中）兩詩的境界深刻，各具佳妙，而形象又能出之以新力，不愧是精美的佳品。

葉翠蘋最善於經營意象。典雅的抒情詩，承祧了古典詩正宗的婉約風格，一九八五年以後詩風轉爲平實。「秋入府城」一首，敘寫獨去意中人的故鄉台南，在安平古堡對他傾訴心意。獨白方式中，以迎「春」門點出情意，以「城陷」喻已陷情網的心境，而引用李清照「

聲聲慢」中的一句「怎敵他晚來風急」，纏綿情思之外，顯現蒼茫感傷。「等」一首，只到第五行始現等待來信的殷切，結句焦慮沉重，意象極為鮮活。

十、羅青

本名羅青哲，一九四八年生，湖南湘潭人。輔仁大學英文系畢業，美國西雅圖華盛頓大學比較文學碩士，現任教於師大英語系。出版有詩集吃西瓜的方法（幼獅文藝）、神州豪俠傳（武陵出版社）、捉賊記（洪範書店）、隱形藝術家（崇偉公司）、水稻之歌（大地出版社）、不明飛行物來了（純文學出版社）、錄影詩學（書林出版公司）等。

(一)詩例：

玉指峰，綠綠的
畫著雲采，逗著天色
娘娘廟，紅紅的
躲著石階，纏著松色
當月光輕輕涼涼，溜下了玻璃瓦
跪在案旁上香的時候
野花們便靜靜默默，繞過矮矮的牆院
朝峰頂，一步一個心願的走著

當微風撫拍原野，潭水閉上眼睛
夢見，差不多所有的心願
都成了晶瑩的露珠，所有的野花
都成了小巧的星星

小巧的星星，在娘娘廟旁
耳墜般，搖幌著
晶瑩的露珠，在玉指峰間
指環般，閃爍著（許願）

設圓圓茶几上
有杯茶
設一杯是熟
一杯是冷
則圓圓房間裏必會
有個人
一個還少
另一則老
上述定理
圓圓地球上的任何壹人
只要泡壹杯茶
安安靜靜，定可證明（茶杯定理）

研究動機

一個柿子
突然
自我零亂起伏的早餐桌上
冒出
對我，擺出了一幅
日出寒山外的姿態
使迷惑萬分的我
漸漸化成一團霧水
開始四處飄散
慢慢漫漫……
無影無蹤

研究結果

一個柿子
霍然的
落在我水平水平的床上

悲壯的
對我，擺出了一幅
長河落日圓的姿態
使激動萬分的我
差點成了一隻，孤鶩
一隻盤旋而起的孤鶩
久久久久……
無枝可棲（柿子的綜合研究）
我抱著松木月琴
朝松林走去
青松捧著無弦圓月
向我走來
一揮手

我讓琴音充滿天空
一揚臂
松讓月光流滿大地
地上有我的影子
被月光沖洗成松影
空中有松的聲音
被琴弦悠揚成心聲
我不知何時
抱著明月走出松林
松林也不知何時
捧著月琴走出了我
只記得音消影滅之際

天地一空，空明萬里（月琴記）
在一個鳥雀都不曉得的地方
我看到一棵樹，站在水泥裏
將軍一般——
身段修長而挺直
腰間掛著幾條油漆帶子
胸前佩著許多指路牌子
嚴肅緊張而不知所措的
檢閱一輛快速濺泥而過的車子。
在一個陽光都不清楚的地方
一棵樹看到我
俘虜似的……
於重重建築的冷冷監視之下
沒有花果，沒有葉
沒有枝幹，沒有根
沒有，沒有，甚至
沒有名字（兩棵樹）

扮太空人的弟弟喊著：
月亮是壞蛋，是痲臉大盜
學大明星的妹妹叫著：
粉盒，粉盒，是美容水粉餅盒
彈電吉他的哥哥唱著：
是排球排球是個大排球
捧小小說的姐姐一個字一個字的
說，是，負，心，人，的，心
而心中不知有沒有窗，而窗外不知
有沒有雲，而雲中不知有沒有月亮
跟電視聊得正起勁的媽媽
不耐煩的揮了揮手說：別來吵我
別來吵我，問爸爸去——

專心鑽研報紙的爸爸
頭也沒抬地說：別鬧別鬧
反正可以分期付款，明天下班
一人買一個。（公寓的月亮）

㈡**分析**：羅青的詩，思想奇特。他採取邏輯推理程式，而出之以詩的骨肉。遣詞用語靈動自如，往往能脫出常軌，因而具有一股洒脫性。余光中說：「羅青的詩，具有理趣。」大概就是這種原因吧。

譬如「茶杯定理」，作者使用「設」、「則」這樣的字眼，顯然就有推論的意味在。年青的生命像初昇的旭日，激情澎湃，光芒萬丈，渾身散放著炙人的熱力，如果用一杯茶來比喻，正是一杯新泡的燙手的熟茶；及至年光消逝，一個人步入垂暮之年，所有的理想抱負，都已成爲過去，激流深靜如海，冷靜取代了衝動，銳勁已無，對人間百相，不再執著，而有一種付諸淡然的情懷，這時，他已經是一杯冷了的茶了。

「柿子的綜合研究」是借物詠「觀」，烘托出人生過程中許多永恒不易的況味。「研究動機」是「開始」，因此柿子從早餐桌上「冒」出。「研究結果」則是「結束」，詩人借物起興的柿子，只好悲壯地「落」在床上。至於「日出寒山外」與「長河落日圓」，當然也有一始一終的意義存在。起初，生命充滿好奇，像迷漫的霧水，籠罩住四圍空間；最後，竟然變作一隻盤旋而起無枝可棲的孤鷲，悲涼可嘆！

「許願」是一首輕巧的小品，在羅青的詩作中，殊不多見。「月琴記」是羅青後期發展的風格，維持他「理趣」的路向，而又加入了一點「禪」的精神和味道。「兩棵樹」

和「公寓的月亮」寫都市景觀，對都市的畸形反諷深刻，引人深思。

十一、蘇紹連

臺灣臺中人，一九四九年生，臺中師專畢業，現任國小教師。「後浪」詩社創辦人，「詩人季刊」主編。出版有詩集茫茫集（大昇出版社）、童話遊行（尚書出版社）、驚心散文詩（爾雅出版社）、河悲（臺中文化中心）。

(一)詩例：

我原想長成月亮或者太陽，但我種下的卻是一粒不會發芽的星，在心中慢慢成屍，化爲燐火而已。化爲燐火而已。樹的爪沒料到它永遠抓不著落葉，而山只能靜觀群樹蔚成悲哀的天候，那紛落的葉子，只在前面的路程紛落。

流浪的房屋向來是——風築的牆壁，雲蓋的屋頂——那種於地平線拋弧便家鄉非家鄉的。便家鄉非家鄉的。我從毫無相對的意義裏走出來，超速地走過冷冷的洪水又是冷冷的齒音，一齒一齒的，啃碎了母親的叮嚀。

我要忘記我是在忘記

那時，我將把雙手丟上哭泣的臉

迴繞著的血啊，請噴出我的太陽穴，噴且凝。髮以下儘是回頭的茫顧，儘是鄉糧，一田一田地送進我的眼睛。我渴望。我渴望我乃捏水爲花，祈露。家啊，因一種鳥聲如延續的火，焚過林野焚過我心，災後一片凄涼區。(茫顧)

飛旋的一張單光玻璃紙，繞過簷角，叫出蝙蝠，繞過門框，叫出白蟻，繞過你身，叫出雙腳，繞過床前，竟跌成一地的霜。那是哭著要回去的月光。你依著血欄，看星的森林呑蕭條，石的樓房呑空洞，刀的歌聲呑遙遠。誰不回去？

我不回去，我是你的過去。

你向前看，月在極前，你已是黃了的灰燼。

你提了一盞燭燈走著血路，一步於窗下，照出花的聲音，三步於階上，照出廊的冗長，五步於鏡中，照出臉的冰冷，七步於床前，竟是一地的霜。那是哭著要回去的月光。青空升高，形影模糊，蠟淚能照出的該是一條時間。誰不回去？

我不回去，我是你的現在。

你看何處，月在極處，你已是不乾的水跡。

你打開一只空的舊皮箱，帶到衣櫥裏，裝進母親的針線，帶到供神桌上，裝進兄弟的骨灰，帶到樓頂，裝進幾隻愛戰爭的鴿，帶到床前，竟傾出一地的霜。那是哭著要回去的月光。最後一次的動身，便臥於血流，斜斜地流入天河。誰不回去？

我不回去，我是你的將來。
你向後看，月在極後，你已是散落的床巾。（地上霜）

河岸無樹　　釣起截截
河水無聲　　肢
樹中有鳥　　體
水是一切
鳥　　彎彎河啊
聲　　曲曲河啊
　　我那弱心
河失兩岸　　也是一些
水淹漁戶　　彎
我來獨釣　　曲（河悲）

我跪在日曆裏，祇求時間的隊伍不要通過世界大地圖，不要通過年齡的戰場，啊！不要通過我生日的小蛋糕，踩熄那些紅臘燭。

只是生命的手要撕日曆，一張一張撕著，撕到我跪著的那一張，我便歎了一聲，站成一支會流淚的紅臘燭，在許多紅臘燭中搖曳，燭光牽著燭光，緊緊牽著，……不要放鬆。

（生日）

我在暗綠的黑板上寫了一隻字「獸」，加上注音「ㄕㄡˋ」，轉身面向全班的小學生，開始教這個字。費盡心血，他們仍然不懂，只是一直瞪著我，我苦惱極了。背後的黑板是暗綠色的叢林，白白的粉筆字「獸」蹲伏在黑板上，向我咆哮、我拿起板擦，欲將牠擦掉，他卻奔入叢林裏、我追進去，四處奔尋，一直到白白的粉筆屑，落滿了講臺上。

我從黑板裏奔出來，站在講臺上，衣服被獸爪撕破，指甲裏有血跡，耳朵裏有蟲聲，低頭一看，令我不能置信，我竟變成四隻腳而全身生毛的脊椎動物，我吼著：「這就是獸！這就是獸！」小學生們都嚇哭了。（獸）

(二)**分析**：蘇紹連的作品，詩質濃縮，語言創新，氣氛的營造，尤其令人讚賞，幾乎每一首詩裏，都有許多沈重的色塊，看起來叫人觸目驚心不寒而慄。因此蕭蕭說：「在現代詩作中，表現一種袒裼裸裎的悱惻之痛，似乎無出紹連之右者。」

從早年的「茫茫集」，經「河悲」詩集的實驗，到「驚心」詩集誕生，我們可以看出蘇紹連是一位用心努力的天才詩人。他勇於嘗試，風格多變，又慣於在同一時期表現同一類型的題材。

「茫顧」，因成長心志之幻滅，道盡漂泊的悽楚。原想長成宇宙主宰的「太陽」，最後竟然化作一點幽明的「燐火」，天壤之別的對照，多麼悲痛。「忘記」一件事情已經很難，而偏又要忘記我正在努力「忘記」，這種努力是徒勞無功的，極富悲劇意味。

「地上霜」寫鄉愁，藉「那是哭著要回去的月光」，喚醒人們的「鄉心」如長煙逸沒，悲嘯墜谷，盪氣迴腸。

首句暗喻，尤其具有動態美：月光下降爲霜，冷清的光映入眼簾，「飛旋」如一張單光玻璃紙，快得無法眨眼，鏡頭已急速推出。在簷角，我們看到蝙蝠；在門框上，看到白蟻；低頭時，觸目驚心一雙枯瘦的腳！空間之下，凡月光照處，目力所及，無物不被霜覆，一一疊現。

蘇紹連在詩中使用「飛旋」「繞過」「叫出」「跌成」「哭著」「依著」「看」「吞」等動詞，極具生動，不落俗套，每一個動作都繫連讀者的心，這是他最成功之處，這也是好詩的一大特色——不在於敘述什麼，使你知道；而是透過視、聽的詩境，讓你能身歷諸般感覺。像「河悲」這種四字一句的詩，蘇紹連寫了六七十首。用極其簡單的構圖，把隱藏在人類內心深處的許多亙古以來的悲哀，緩緩展現出來。

「生日」和「獸」則是從「驚心」詩集中選錄出來的，洛夫稱讚這一集作品「利用多變的意象，和戲劇性的張力，爲現代詩繪出一顆受傷的靈魂。」譬如「獸」這首詩，據掌杉的分析，是這樣的：

在這首詩裏，文字的示意作用被廣大而有力地運用著：首先他用「暗綠」來形容黑板，便預伏著變爲叢林的絕大前因，而寫在黑板的是「一隻『獸』字」，「隻」的出現在一開始便使我們對這個「獸」字，有一種警惕作用，然後他又接連的以「蹲伏」「咆哮」「奔入」等等具有豐富字義的動詞來加深我們對這個「獸」字的印象。從「獸」字的奔入叢林，到「我竟變成四隻腳而全身生毛的脊椎動物」這裏面所蘊含的是「我」與「獸」的不斷融合，「衣服被獸爪撕破、指甲裏有血跡、耳朵裏有蟲聲」衣服是外貌，和指甲相連的必然是手指，手指是用來排除荊棘的，「蟲聲」的暗示和叢林的整個景象密不可分。無可奈何之餘就祇好吼著「這就是獸、這就是獸」。我就是獸的這種欲說而小學生仍然無法了解的過程，便把這首詩緊緊地扣住，造成我們內心強烈的振撼。

我們必須不放過這首詩除振撼的力量之外所欲呈示的道理。人生旅途中的艱苦跋涉在小學生的觀念中是多麼抽象的存在，他們不斷地被灌輸這種有關生命坎坷的思想，其實他們是無法去了解這些的。唯有自己不斷的去追求去尋找，當他們「衣服被撕破、指甲裏有血跡、耳朵裏有蟲聲」時，他們才能夠眞正地體會出生命的眞實景象。

附錄：青年優秀詩作析介

一、橄欖

謝淑芬

——這一回離開，就永不再離開了！

長長的街沿著
長長的河
昨夜　十七歲的你
　　十七歲的我
這廂　那廂　這廂　腳印朵朵
走入街底歷史

長長的河沿著
長長的街

爲何月亮老是像那晚
一瓣橘子般的
等著誰來啃伊一口
而星子們，正都
互撥著耳根
一如你我。

我愛　你來得太早
等不及太陽初昇

賞析：

㈠記敘如青橄欖一般的少女情懷。
㈡二段的回憶，譬喻，極爲鮮活。
㈢青澀少年，容易肯定也容易否定，末段表徵理念深長。

謝淑芬：六十三學年師大國文系新文藝班學生。

二、汨羅江上的冷月

蔡秀女

總是聽到這江水冷冷的嘆息
自從太陽跌碎在蒺藜的故鄉
　　兩岸暮聲揚起
神秘的崦嵫山是再也照不出晚霞的顫慄
　　　　　　怎能奈何
當初的絢爛　今日的凋零
罷了！罷了！且掛上新月的簾鈎
我爲你斟一杯酒
讓我們飲盡這晚秋的輓歌吧！

當劍客急急佩劍而去
辯者蒼茫奔走於七國的城牆
中原的宗廟遂被刀光與詞彙漲
文王乃在黑夜裏掀開棺蓋
一種饑饉自眼睫間傳來
　　和氏璧也沾染一身的晦澀
罷了！罷了！且讓我爲你誦詩三百
饗你於寂寞的秋夜
夜鶯忙著典當風景

飄風竟夜不止
人說銀河裏刻著的箴語原是
　　出售不盡的
爲你卜一籤　何去何從
天國的景色不是爲我們陳設的
還是敲開故國緊閉的藩籬
載回滿車的鄉愁
緊緊的擷一把七月的蘭芷
去餵飽故主酒酣的神色
罷了！罷了！且讓我抽出塵封的古劍
斬斷你亂髮三千

時間流過荒原的古堡
不朽被撕成千條
你倉惶用衣袖欲遮住飛來的歲月
卻阻止不了放逐的腳步

江南纖麗的雨珠是你漫溢的血淚
　　讓艾草饜足
唉！怎忍心踏過如此的蕭瑟
趁南風未驅逐聲音前
讓我從七孔的蕭裏
爲你吹一曲不如歸去

藍天傾斜於美的驚悸
江水提煉著七彩的雲帳
冉冉升空　純粹如斷臂人的血泊
岸驀然後退　撞擊地獄的響鐘
弦沖潰堤防　戛然而來
啊！詩人
上帝已關住伊甸園的門扉
你的靈魂將棲息何處
這水怎載得起整個星辰的訴說

你凝聚的容顏
就是峨眉山上的鐘聲也敲不落
長白山上的古松也書不盡
然而我願長伴你泛舟江上　黃昏前子夜後
搖動這一樽冷月。

賞析：

㈠主題在感念屈原，以超現實素材與現代的心態感情連結。

㈡形式上受到揚牧「延陵季子掛劍」一詩的影響，如一——三段末句以「罷了！罷了！」的感歎抒情。

㈢充盈著的不只是對屈子的悲憫，更是設身處地的共鳴之情。

㈣詩句表現濃力深密。

蔡秀女：六十五學年師大國文系新文藝班學生。

三、兩兄弟

林寶芬

　那時候，你
輕輕的摔手　我們
開始玩一種叫童年的遊戲
你把我柔柔地剪碎
然後石頭然後布
然後一角兩角三角形。
漸有清風旋如鵝羽
遠遠的菩提在呼喚
喚你把樹笛變成一帶虹彩
小草泥巴，你盈一掬
舞一席輕美的夢。

十七歲，你很秋天且開始
擁抱淡淡的夏愁
從平行到歪斜
從辛丑到蘆溝曉月
　你漸扭曲如一團刺蝟
　　到臘冬
長城的高粱使你痙攣
　你底笑很弱冠，自詡著
讓肢體去追逐更深的苦難。
　　漸漸

　突泉的脈動湧來
湮你以狂飆的窒息
　易水寒涼
你乃不負劍的俠者
熱吻報機，迸一泓壯烈。
　　而後
母親在白揚下哭泣泥土的乾裂
但我們不頑皮且學會沉默
像秋楓落地的一種完美。

賞析：

(一)悼念兄弟的死亡。

(二)首段是敘述者與兄弟的童年遊戲，「剪碎」象徵對方猜拳贏了敘述者。

(三)二段顯示少年時的鄉間生活，首行隱喻時序的變化已進入富幻想的少年期，二行中以「菩提」象徵神聖的嚮往，由三行至末行，都是兄弟年輕的織夢。

(四)三段進入青年，早熟的兄弟關心蜩螗國事，七七事變使他憤懣（蘆溝橋）、東北義勇軍（長城的高粱）使他激昂、十七歲已然有弱冠成年的氣概，志在紓難（讓肢體去追逐更深的苦難）。

㈤四段寫兄弟參加抗日聖戰，「吻」字表徵了他報國赤誠與視死如歸的精神。

㈥末段是老母哭子的悲慟，兄弟一存一歿，愴然回顧昔年友于之情。

㈦全詩多用象徵，隱喻，壯烈淒美。

林寶芬：六十五學年師大國文系新文藝班學生。

四、俠　老

黎玲珠

最後，劍亦堪疑
斬斷三十功名之後，如何
斬不斷髮漸白，水更流？
照亮八千里路之後，如何
照不亮身後事，千秋名？
千帆都逝
潮聲盡退
大江已從此不東！
曾經你一劍，輕輕
撥開風雲多少，擾擾
紅塵百丈，你一長嘯
莫不蹙然，蹙然蒼老
乃赴崑崙，登幽川之台
你遂揚言，高處有
不勝的淒寒
而最不堪的，總是最後
醉後發現
易水一別

天下的劍刃無不同朽，而
洛水驪然的一瞥
天下的鬢影，遂垂垂俱老。
然則，劍最堪疑
三千白髮可斷，如何
不斷水更東流？

身後事可知，如何
不知千秋寂寞名？
江湖已涸
天風已秋
究竟如何纔是
最後，最後的陽關？

賞析：

(一)詩作剖示了人生俠劍，立功的背後有沉重的空寥。

(二)夐遼宇宙、億萬年代、人類因限於時空的有限，能做的畢竟只是恒河一砂。而高處的孤寒，物是而人非，並已印證了人生絕無永恒，而又沒有足夠的時間可以爭取的先天性的原型。

(三)俠情豪力，貴在能以洛水情愛的柔性相濟。

(四)典麗精緻，理念與感性同具。

黎玲珠：六十五學年師大國文系新文藝班學生。

五、別

呂美美

因此你必得走
有個叫車站的地方

所以你我必拉成兩端
有個叫月台的所在。

　那列列與隆隆　也許會
輾碎，會迸溢我
欲淌下　卻放聲　而卻
哽咽但又
滂沱了一串向心的……
　寂寥與等待對一個女孩是好的？那麼
該用什麼塗抹曾有的鮮明？
我從不諳畫筆　也措手不及
因此被稱爲弱者　花朵每日枯萎於傍晚

走出列列與隆隆　又
迎來隆隆與列列
並在我身旁流梭
仰視那欲抖落初冬料峭的奇異天際
黑甸甸的雲欲淚龍鍾
白皚皚的雲亮麗　你是
我卻是那不成朵不形片的灰灰遠雲
又再度欲哭無淚。

賞析：

㈠離情藉著眞切感受與新穎句法而表現。

㈡首段設計最佳，對句緊密。二段情眞而含蓄，三段是感傷的自況，結尾一段終於迸發難禁。

㈢自憐沉重，感性淋漓。

呂美美：六十六學年師大國文系新文藝班學生。

六、烏江斷雲

顏瑞芳

楔子

秦二世胡亥元年，一陣
狂亂昏眩的飆風起自江東
祇短短幾年，就
排山倒海席捲
華夏萬里遼夐的草原
項王德風百姓德草
風行草偃　所過處
無不披靡，但
來得急的去得也快
八年後我們在烏江灰暗的岫谷
認出那張熟悉的飆風已然
委瑣慨嘆成強弩之末的屈曲
我們訝異的悽惶豈只是
目瞪口呆或噩夢驚醒而已？
且讓我們諦聽，泊在歷史的腰際
聽有知無知有血性無血性的目擊者
如何浩歌這則餘燼猶輝的
神話

㈠烏江

我始終枯守著水經一方不渝的諾言
以和諧的律動，酬唱
人世的春、夏、秋、冬
潮滿，無非一波的推瀾
潮落，也只是醞釀另一堆滿潮的簇湧
驚蟄後，桃花戲逐楊花
黃鳥時兼白鳥，飛飛落落，
舞他們紛亂的即景流年
白露時節，漁火江楓
爭泛我柔柔的翠波，而我
始終守望著水經中不渝的諾言
以永不激動的恒長，冷眼
凝視善於變幻的霞彩片片
跌落在波心明鏡裏

憂患的投影
又是一年橙黃橘綠
稔熟的江天該是祖先慣看的
千里清秋，而
奇怪是今年，緊緊的風銜枚
追趕著倉皇潰逃的雲
呼嘯奔騰的人號馬嘶打垓下那頭
迤邐而來，我亘古平穩的節律
何能按捺這凌空拋擲的激濤？
（哎呀！那廝，馬背上
　那廝慌亂地抓著血污
　的韁繩踉蹌跌撞地來
　不正是當年……）

(二)項王

韁轡滴血，卻
拴挽不住腳步的潰散離亂
今夜，多風的垓下
為何苦苦淒號著鬼哭的楚歌？
難道漢軍的馬蹄已淹沒楚地每一寸淨土？
北人咽喉捏造出來的南音
何等聒譟？罷了！罷了！
且聽我高歌，虞姬呵虞姬且為我和：
力拔——山—兮～～～氣蓋世
時—不利兮～～～騅——不逝
騅不逝兮～～～可—奈—何—
虞兮～～～虞兮～～～
奈　若　何
……
蒸騰的血湍流般急急向低窪的眼瞳
噴湧，依稀中
眾星全被釘死在陰暗潮啞的夜空
啊！歲月的秀色
何其憔悴！
（於是草鞋嘲笑布鞋揶揄草鞋，何時

我又開始另一個欲罷不能的征程
由垓下而陰陵而迷陷於
如許如許深的沼澤，東城下
八百鐵騎，如今幾經輾轉
算只了了的四七二十八了）
開張的駿馬依舊
風姿傲岸於層層重圍
呵！我可極度疲憊極度
厭煩劉邦死命糾纏的藤葛
絆倒羈縛的命運正窺伺著我
在披堅執銳風塵馳騁的傲笑聲中
命運的圈套已
步步向我的頸項勒緊
（我不禁怨恨祖宗的姓氏）
唉！主宰的神早接受劉氏的賄賂
甘爲劉家修葺宮殿灑掃庭園
劍呵！該如何將這樁狼狽的關係
斬斷！

我已極度疲憊，極度厭煩
藤葛的糾纏，但爲了讓楚地
長青的山川確切體認武勇的眞諦
我願再堆積三層勝利的尖塔——
潰圍斬將搴旗，然後
飲馬烏江，再以嚴肅而固執的血
淬礪這寶劍的青光

㈢虞姬

力拔——山——兮~~~~~
　氣——蓋——世~~~~~~

……

我嗚咽嗓啞的喉管怎擠不出半句
喟嘆？這般蕭瑟
這般孤寂的影子，是
何其陌生又何其熟悉

啊！愛恨的定義
眞的如諷諭詩篇中亙古不變的叮嚀
那般單純？
這江呵！怎載得動我
絮絮沛沛的訴說
彗彼小星，各爍其爍
漂搖的眼神，只爲了尋索
兩顆古樸的傳言
啊！項王，星河岸的牛郎
人間的宮闕，甚至
流亡的衽席已不再爲我們舖設了
但在天上的瓊樓正璨麗輝煌地招引
你會以扛鼎的氣力，驅趕
涉水的風寒
我本耽溺這番寂寞的仰望
願把我生命的殘芳
注這一葉焦灼的星圖
讓它長青，但小山的畫眉
終圍堵不了眸子苦澀而澎湃的
流注，我已不復能
仰望

(四)烏騅

我本不能仰視，但我
可以記憶，把浪漫，把
柔情歸還天上的星圖
我是神威，是武勇
在項王的鞍下，在堅實的莽野
五個春天的騰躍
　　記憶　翻開　記憶　翻開
戰爭戰爭戰爭戰爭戰爭戰爭　再翻
　戰爭　戰爭　　戰爭　再翻
所謂記憶是一盞盞急蹄噠噠噠噠
懸蹄急馳過漫漫的狂風沙

趕赴一場場弓箭彎刀茹毛飲血的野宴
以滿足的沉酣
看項王在暴秦的城頭斬將搴旗
像鋒利的鎌刀刈過秋收的麥田
當扯食的困哭折臂斷肢
聲嘶力竭之後，我
馱著項王碩朗的身軀踩響
這空闊的荒原，寫下宇宙間
唯一的註腳

（擾擾攘攘，就這樣
應酬了七十多場盛宴！）

我不能仰視天空的
星圖，我不善於
傳遞纏綿的情調，但我
可以記憶，可以翻開
一頁頁戀蹄
一捲捲狂沙
一排排斷垣
一把把彎刀
並以一灘灘殷紅的鮮血
一張張慘白屍臉的浮貼
教你抑鬱，教你心悸！

(五)烏江亭長項王

（亭長）

浪濤依舊拍冷冷的單調
像一首悲戚的輓歌打秋的江畔低迴而過
我慷慨重諾的浮槎也是
慈悲爲懷的，來迎
當年衣錦還鄉的項王

項王，江東子弟正引領企盼著你
捲土重來，我明白區區的浮槎
容不下你剛直的耿介

但我願以髯髯的髭鬚，和
空洞的齒落舌存，爲你
嘮叨勝敗興亡的道理
項王，江東雖小，地方千里
衆數十萬人，亦足以王
一人還鄉，正好密織沉思，何妨
以臥薪的典型，再度
驅逐夫差於帝國的宮墻

（項王）
我風霜雨露重重鐫刻的臉龐
怎再經得起任何眼神的刺傷？
縱江東父兄憐而王我
我的面目將如何擺渡
一宿更迭一宿的星移？
罷了！罷了！我把
豪邁如我的駿馬賜你，願你
容牠在叱咤風雲之後的櫪下追憶

（亭長）
啊！項王
看那物換星移，幾度秋涼
我斑斑的鬢髮體味得何等仔細
一些滄海桑田，一些現象的發生
變動和死滅，一些
天道、物性、人情、事理
我枉活數十年，體悟得仔細
但我的浮槎一如你高傲的固執
將以一日的守候，兩日的守候
以三日的守候這樣期盼著你的
英風乍起！

賞析：

㈠這是長詩，長詩創作的規格應是：

1.散文化、標點打破常規。
2.可能包容對話。
3.分段以意爲主、亦可能採用錯綜時空的方式表現。
4.線路發展仍是由人、事、景、物的敘寫由情及理。
5.開頭與結尾的手法：仍以靜態描寫或感覺開頭，而以飄渺爲結尾。
6.題材多採超現實史料神話或是現實的新聞事件。
7.重要在剛柔並濟、以寫景、抒情的柔性與敘事說理的剛性作適當的調劑。
8.雖屬長大，但修飾功能仍須要求緊密精美。

(二)主題紹介悲劇英雄項羽，超現實素材與現代人的感觸相連結。

(三)楔子由感念項王飆風引起緬懷。第一節以烏江擬人的移情作用來冷靜旁觀人世滄桑。第二節重點在悲劇英雄末路沉重的人生疲乏，說明人生無常，盛極必衰的至理，以及欲罷而不能，永無止境的追尋，在疲乏，挫折之後湧起的空寥，人生原型，理念的剖示沉重。第三節以虞姬的情愛柔性中和陽剛，而同時也帶著有無奈分袂的淒楚。第四段陽剛再現，以烏騅擬人，叱咤風雲的豪情印證項王功業彪炳。末節以亭長與項王的對話，表現悲劇落幕的感傷，贈馬之舉，可見英雄情重故舊，眷念愛馬的眞切情意。英雄已逝、江水依然，但人世之間循環律動不改，後起者還會蹈轍而來，英風再起，仍將重現。

(四)全詩結構完整，理念與感性相等充盈，雖龐沛而精緻不減。

顏瑞芳：六十七學年師大國文系新文藝班學生。

七、歸旗

鄭錦文

春潮一落　已懸
起出航底桅帆

於是三月流成一痕煙花
風塵滿地　任
江湖夜雨滿溢十年青燈舊夢
楚客日的雙鬢遂已。
唏噓——

野店自古最是不堪飄零
曲終行人終散　轉眼
黃昏向西　又送
辭雁匆匆的行色

不堪踏月輕輕
倚望南岸旗鼓聲喧　恐怕
迢然陽關路　仍然
留不住蓬舟

水手刀一落
一盞桅燈悄悄昇起　你呵！
花落鵑啼裏牽縈著魂夢的
不歸！

賞析：

㈠鄉愁主題、典麗而新穎。
㈡古典意象使用，感性深密，如「江湖夜雨十年燈」。
㈢末段前二行新美有力，後二行再轉爲典麗委婉。

鄭錦文：六十七學年師大國文系新文藝班學生。

八、高山之樹三首

黃宜敏

雨

可知濕透你的是
點點滴滴冰冷的
我

殉

也許眞的是深深眷戀
也許　黑暗中我將非我
花草任意肥瘦著寂寞
但那始終如一的堅持
終必古老成暮中的傳說
也許、也許我已太累太倦
那麼請讓我摒卻繁瑣
長長的舒口氣　眠一眠

別叫雨聲敘述著過往
杜鵑！且葬了你的吟唱
無論誰都請莫來探問
縱使門環老綠或蒼茫

高山之樹

酢漿草已入夢爲何你仍傾身
撲攫　不放

漸行漸遠的　　　　　暮暉

賞析：

㈠三首小詩各自曳姿：第一首「雨」，以易位的手法抒情，雨的淒冷不如人心的寒涼，在精鍊形式中傳達了深重的落寞。

㈡第二首：深受聞一多「也許」一詩的影響，創作句法神似，想像到脫離紅塵，長眠地下的寧靜，以及具象腐朽，抽象的意念仍存的嚮往。感慨蒼茫，又復有深邃理念可供尋思。

㈢第三首將自然人格化，想像動感鮮活。

黃宜敏：六十八學年北師專學生，參加旁聽師大國文系新文藝課程。

九、嚮

許淑慈

請別用照相機捕捉我就　　不畫一朵隱沒雨夜的蓮
像我不願入你的詩情　　因爲
別用七彩筆調調
出我就　　人前人後
　　我喊不出自己的
像我不願被分析歸類如　　名字
果你一定要　何　　……

賞析：

㈠最特殊處在段與段之間的連結手法，作者所用不是頂眞（相同，相似詞語），而是一個詞「如果」的分割。

㈡主題在自我的強調，不願隨俗的堅持。自況爲隱沒雨後的蓮，顯示特異的心態。

㈢末段結尾飄渺、虛無意象是三段的延續歸結。

許淑慈：六十八學年師大國文系新文藝班學生。

十、變奏之二

司徒長志

有一天，我
已經成爲詩人
仍然喜歡唸自己的詩
站在街燈下寂靜的路旁
一條流浪的狗帶著詩意
站在街燈下的我的腳下的詩歌聲中
我又唸詩在燈下

帶著詩意流浪的狗在燈下詩人的腳下
哼著無家的詩
街燈卻都不管這些事
只是自顧自照著寂靜的路
照著路上的一條狗一個詩人一盞街燈和遠
遠的
幽暗——

賞析：

㈠貴在能以平易詩句表現抒情。

㈡詩句有去掉標點之後的緊密。

㈢結尾顯示創作之路的孤獨、寂寞、況味深密。

司徒長志：六十八學年師大國文系新文藝班學生。

十一、隔

吳麗卿

七天以來，只是
幽幽地飄浮
一進家門
白燭冷冷地燃著
伴著那熟悉的
名字，射進眼裏

泛著浮腫眼瞼的
你，伏在陰風料峭中
眞想爲你覆上絨毯，再
獻上輕輕一吻
一如往昔，但
我冰冷的灰唇
是否會驚醒了你？
房裏醒著的娃娃
是誰？爲何俊秀的
小鼻樑挺立如你
精靈的眼珠
漾映我的影子
莫非……
噢！我們曾有的約定
你欲以結實的臂膀
永遠呵護著我和行將
滑出黑暗的小生命，但
如今你還能感受到
我無重的身軀嗎？

衣物淹沒了浴室
眞難爲了男人的你
水聲嘩啦裏
你問道：「是誰？」
吾愛，我嚇著了你嗎？
「我是你新亡的愛妻！」

賞析：

㈠特異題材，寫頭七鬼魂的來歸。

㈡首段寫返家的熟悉，二段寫亡魂對人世的丈夫的眷顧與擔心，眞摯感人。三段寫遺下的孩子，想像到丈夫的感受。末段寫丈夫的操持家務，愛憐溢滿，結句森然顯示人天永隔的眞象。

㈢怖慄的超現實的設計，已爲情愛的眞切與瑣事關懷所掩，減低了原本的冷森而表現引人愴然的親和。

吳麗卿：六十九學年師大國文系新文藝班學生。

十二、秋月

莫天保

月　以
絲巾纏著自己的
雙腳　勾成一隻
孤瘦的杜鵑　在
每一個晚上
吐成秋色
傳說　秋是無意的
傳說　這季節裡
有太多的回顧

山背著水　　　那一口井
月離開鄉　而　　正對著天空
惟一證明我的手跡的　　發愣

賞析：

㈠最佳的形容與想像。

㈡首段形容佳妙，典麗精美。

㈢二段轉爲人事離情，結句以映照月色的井水喻意，手法新穎。

莫天保：七十學年師大國文系新文藝班學生。

十三、溺

林婉華

即使是　午后　　渡我以
驟來　又　　千蓮
驟逝的
冬陽　而　　在那水草交纏
二十年後的白門　　結網成
早已斑剝　　柔柔千臂處　我
即使在　彼岸　　寧願葬身
你仍如白衣

賞析：

(一)題材特殊，抒寫水溺的想像。也可詮釋爲溺於回憶。

(二)首段譬喻蒼茫，物非人非，而眞情仍在彼岸引渡。

(三)末段顯示寧願沉溺而不辭的殉情意識。

林婉華：七十學年師大國文系新文藝班學生。

十四、死後

張肅卿

濕冷的黃土下　我
不會哭泣　哭泣的是
黃土之外　泣血的
杜鵑

暴雨之後　請別爲我
找回失落的蓋葉　如果
你的歌願意爲我唱起　就
再溫柔一次——「思想起」

別哭泣啊　要
用柔柔的低語　讓我
靜靜地　安然地
沉沉地——睡去
黃土將不再濕冷　因
你的歌長伴我在另一個
國度

賞析：

(一)勘破生死界限，想像到死後，人間情愛仍能記憶影響。

(二)首段寫生者何堪，二段以戀歌爲猶然可慰，「溫柔」詞性混用極佳。三段表徵因生者情愛之永存，死者終能獲致溫暖安息。

張肅卿：七十學年師大國文系新文藝班學生。

十五、訣別五月

謝蒙愛

深知
時光已在今夜停擺
深知長廊之外
就是推不開的幽暗
走出軀體
就要同時走出
你的記憶
走過前面幽冷的路
就將跌入陌生的風景

五月的風雨
暄爭著催促登程
聲聲說不盡的悽悽
一寸寸洗滌記憶
從今後
歲月是一片寒白而
記憶更已
碎跌成縷縷風逝的煙
惟妳褪盡顏色的臉
叫我再三
回望

五月不該有雨　爲何
今夜風也嗚咽雨也嗚咽
爲你疲累地沉睡
任我千遍萬遍地
呼喚
妻呵
妳夢裏曾否哭泣
當我以這僅剩的眼光
深深撫妳。

賞析：

㈠題材特殊，五月恩愛夫妻的死別。佳處顯示歧義，可以視為悼亡；也可以視為亡夫陰靈猶自眷戀著人世的妻。

㈡首段寫大去之時，二段寫逝世之後，末段復還現實；以眞切情愛的不忍作結。

㈢原是陰森怖慄的題材，貴在能以情愛之眞中和，轉移了死亡媒體人生原型的壓力。

謝蒙愛：七十一學年師大國文系新文藝班學生。

十六、風箏

郭慧玫

載整個錯誤　奔
向青天　風
遺失了羅盤
在湛藍中
狂舞
踉蹌是

繩索兩端的狼狽
蒼野裏
一頭馱風的瘦馬在
風的鞭笞下
仆倒　與一潭泥漿
陪葬！

賞析：

㈠因物象而生的聯想佳妙。

㈡開始即是錯誤，以致踉蹌狼狽，不堪鞭笞而仆到與泥漿陪葬，喻意亦可延伸到人生況味。

郭慧玫：七十一學年師大國文系新文藝班學生。

十七、某個午后的課堂上

詹璧菁

當霧起時
窺你 自
窗帘縫隙
忽大忽小 忽明忽滅 是
我近視的亂視 還
是迷濛？

高鵬滿座
（不是飯館） 我們
都是菩提樹下追隨釋迦的
苦行僧
木魚聲裏 依稀
傳來莫札特的
安眠

魚竿 一上一下
離水面三尺
江邊的
邂逅周公
甫遇即成的
莫逆

何處傳來
古剎的悠揚鐘聲
敲醒這
久染紅塵的渾沌迷惘
頓悟間 我們
虔誠地站起
一尊尊我佛的
證得正果

賞析：

㈠很鮮活的課堂即景。

㈡午後教室，昏昏欲睡，首段寫迷離欲眠的錯覺，二段以木魚譬喻教師語音的平板催眠，三段以釣魚喻點頭困倦，夢見周公，四段在鐘聲中驚起下課，結尾反諷正果，嘲弄性很強。

十八、北雁

施淑珠

詹壁菁：七十一學年師大國文系新文藝班學生。

註定要流浪要飛行千里　要　孤冷的人字
帶著南國和煦花香　孤孤　冷冷的
北回的　也註定　長飛。
帶給南國的　總是

賞析：

㈠小詩精美，全詩只是連綿的一個意象。
㈡意象形容層纍手法良好。
㈢喻意含蓄可感。

施淑珠：七十一學年師大國文系新文藝班學生。

十九、杜鵑

李清筠

儲備誕生以死亡　圓　便如此
蛻變死亡以誕生　展—開—

肢體因春的躍動
血脈賁張　自
綠苞孕育的被服
掙—扎—而—出
化震天號哭為朗嘯
久蟄的生命遂面迎世界以
鮮血迸射

葉瓣伸展向蒼穹無盡
伸展　只為
痴情地抓擁　更多
春色
血的汩湧　遂
迤邐而為
青山翠頰的紅暈

而血　依然淌著
直至　直至枯竭
耗盡　再也無法
撐持一宇春天
遂寂然縮臂　垂首
翻落成弧的優美
依舊堅持著
初離母體的殷紅。

落瓣靜臥成一地衾被
瞬即將化作春泥
期待三百個暮靄升降之後
分娩的陣痛！

賞析：

㈠以杜鵑啼血的生命動力的充份發揮，想像譬喻人生動力堅持的珍貴。

(二)三段出現柔情，中和了原本詩作的剛性。

(三)修辭重力，理念感性兼具。

李清筠：七十二學年師大國文系新文藝班學生。

二十、逝

陀濟珠

不敢嘆一口氣就
讓流水悄悄地
流走　遂
屏氣　緊握雙手
把流水剪斷
織成一段段的
布匹

而滿載記憶的舟　卻
印下了深深的　倒影

而　倒影也經不起沖擊
隨波逐流我
泅不過一個
愁字

流水漸
流漸遠　滿載
記憶的舟　已
迷航在遙遠。

賞析：

(一)由逝水之情引發回憶悵觸。

(二)首段欲謀斷愁一如斷水而不能，是「抽刀斷水水更流」古詩意象的化用。

㈢記憶經歷時空，無非愁緒，抒情沉重。

陀濟珠：七十三學年師大國文系新文藝班學生。

二十一、一之組曲

蔡靜娟

㈠唇之記事

緊　的唇，在鏡中；不索
吻，不輕撅，呈現它的靜姿，亭亭
而美麗的。輕巧
的兩瓣闔成細細「一」字——
堅貞如斯。
無隙的雙弧映襯入冷硬
的玻璃，散發
堅拒、淡漠，牽引男子
征服無情的
蠢動
據說，櫻唇緊抿，於是齒牙廝磨於是
絳紅滲在那原本的玫瑰色上……。
溫熱，而潮濕鑿深那
征服的慾望
在逼臨的春意前夕，
霜，再不成形。
頂不住千紫萬紅的喧擾，窗景媚人，
而窗櫺透明投射出
感動了的雙唇，
一字，不再成形。
上揚的雙弧遂成不經心的姿態，
一不小心，
渙成滿鏡的笑痕，狠狠地
裂成一扇的春景。

㈡墨之記事

請客我擁有小小的貪心。
其實，濡墨的我並不貪心，只想
撐起「一」的筋骨，大剌剌
渲染宣紙，挺
出無二的風韻。
不及龍的狂不及馬的駿
一道墨痕
延展　天地初開的蒼茫
鋪敘
樸素古拙的故事，而
所有曾經的青澀
沉澱在千年的墨色，淒楚地。

攤開四肢，舒展的「一」字
欲飛　將是
大鵬的心情　蒼穹
一抹墨香　猶存

㈢海之記事

不起波紋的海是一張熨平的帆布，
堅持冷靜的性格。
我們總慣於浪濤、慣於每一朵雲俯吻
波光，慣於清淺的水渦旋沒，慣於
水手　巨浪
交織成驚心，而
飄泊慣的小舟情願摘去久懸的桅燈
隱去起伏　航入一字之海
膩在如一的幽邃…………
不漲　不落　只是無限的大

總要在走遠了　才想起
忘了回頭　忘了拾回
單單純純的「一」

賞析：

㈠七十七年師大第六屆文學獎詩組第一名。

㈡題材新穎，描寫功能佳妙。

㈢想像恣放深廣，角度之抉擇延伸均見匠心，而在境界自具之外，猶復能見鮮活之表現。

㈣超現實象徵手法佳妙，語言的創意與變化多有可觀。

蔡靜娟：七十四學年師大國文系新文藝班學生。

二十二、逝

徐瑾

招架不住的　是
你狂飆般的
吹掠
旋去！

一路跌碎的　是
我夜夜枕畔的
晶瑩。

賞析：

㈠人天永隔的悲愴，表現含蓄。

㈡一段死者與二段生者對比明朗。

㈢精美而眞切。

徐瑾：七十五學年師大國文系新文藝班學生。

二十三、飲馬長城窟行新註

孟祥芬

「青青河畔草，綿綿思遠道」

五里亭之外的十里亭之外的天涯之外
還是一樣的青青　還是
　一樣喚不回的容顏
　一樣看不清的臉

「遠道不可思，宿昔夢見之」

凡你所經，我用
一寸一寸的相思爲你鋪展成路
即使他鄉霧冷霜寒
我仍夜夜爲你披衣無計迢迢

「夢見在我傍，忽覺在他鄉」

你底眼神如潮湧來湧來湧來
我在一口乾枯的井裡被淹沒
盡是相思的洪啊而
岸上竟沒有攀爬的索

「他鄉各異縣，輾轉不相見」

攤開手掌的臉
你底命運是張縱橫交錯的地圖
沒有座標沒有方向沒有交會點
是不是眞的　相見不如不見

「枯桑知天風，海水知天寒」

天寒地凍你的寂寞打著抖
日暮衣寬我的盼望在枯瘦
步步逼來你的歸期勝過鋒芒冷冷的劍
寸寸凋零我的華年怨苔痕深深的階

「入門各自媚，誰肯相為言」

所謂幸福只是我眼中淚　心中血

只是我門前蕭蕭的白楊
你的笙簫有你的十里洋場
我的羌笛有我的千古斷腸

「客從遠方來，遺我雙鯉魚」
假設你的手澤行過千里之後早失溫潤
假設我已無言對你一切不願聞不想問
誰知僅僅你窗前的寒梅
竟也會燃著我的眉我的眼我口中
的不甘

「呼兒烹鯉魚，中有尺素書」
加油加鹽加糖加醋加點豆瓣醬
用我的相思去焚煮相思
一雙離魚竟似魚刺哽在喉頭
進出不得遂成素稿上鮮漓的墨澤

「長跪讀素書，書中竟何如」
一筆一劃我都聞得你的鼻息
一字一句我都看見你的唇齒
滿紙滿紙都是你的容顏
你的呼喊我聽不見我聽不見

「上言加餐飯，下言長相憶」
飽食只爲飯後有濃濃的酒
酒醒之後想起來也不能説
閒池未雨而我心已漲滿一池秋色
涼了心情　冷了等候

賞析：

(一)佳妙在手法之特殊，以古詩分解與創作配合，舊瓶新釀，表現的是現代人的情感。

(二)修辭深密，譬喻使用準確。

孟祥芬：七十六學年師大國文系新文藝班學生。

二十四、反切考

孟祥芬

詩：書之切

塗塗寫寫塗塗
瀝血　而　嘔
出　蘊過亙古的那一頁
心事

苦：康杜切

杜康呵！杜康
不要走
你若調頭
叫我如何消解這萬古的
愁

才：昨哉切

所謂的江郎
所謂的風采
所謂的金屋　和
如玉　所謂的
昨日
不再

朽：許久切

曾經沈重在千萬人肩上的
燦目耀眼的石磨　轉過
漢唐　轉不轉得過
太平天國
唉唉　再強硬的手也擊不破
那樣牢固的
空心的石磨

強：巨良切

所謂的強大時代

無非是小孩手中玩耍的汽球
膨脹越大　越
令人害怕
表皮越薄
空虛越多

父：扶雨切

二十年前
輕輕灑著　父親
潤我以溫暖綿密的
春雨
二十年後
輕輕扶著　父親
陪您走過霜白露重的
煙雨

農：如冬切

既然　身爲冬天的奴隸
我的姿劫最低　最沈　最
原始最遼闊也最
永恆

親：七人切

至深至痛的七個音階　在
凱風裡聲聲心摧　竟
沒有一聲喚得開
母親已寒　的
心扉

賞析：

㈠師大第七屆現代文學獎新詩組首獎作品（七十八年）

㈡以中國古典的意義形式轉化成現代創作，再將古典反切借題發揮，手法新穎獨到，而含意又能與現代人去連結，深切可感。

二十五、飢——動物系列之一

陳茂霖

大刀　在鍋底
斬落的　咕咕嚷著
一截雞頭　肚子餓

賞析：

(一)佳妙之處在「飢」、「雞」的諧音喻意。
(二)結尾延伸，引發多角性的思考。
(三)短小精緻。

陳茂霖：七十六學年師大國文系新文藝班學生。

二十六：下在山上的雨——琳恩災變記事

陶文本

已不須在雨中等我　魂飛魄散
崩覆在我身上的　誰知昨夜共枕竟就是
千層土石　崩覆一如你的　我們此生最後的
千層悲慟　相依
別在雨中等我　別再在雨中等我
它會淋得這世界　都　去屋子裡等待

太陽　和溫暖　明天
該是你的，我　不該走得
那麼遠　苦了你　以後
想你的時候　會以
淚雨　傳達

賞析：

㈠寫實，對琳恩颱風災變者的悲憫。
㈡首段譬喻沉痛，二段的依戀與三段的約定，平易之中含蘊淒楚。
㈢以死者角度與生者對話，設計新穎。
陶文本：七十六學年師大國文系新文藝班學生。

二十七、彩虹七韻

李玉娟

第一韻　紅

佛陀拈花　竟　拈成
這一襲長衫
七情是針腳六慾鑲邊
給天或者給地在
動念之間欲給了人間
于是　即便纖塵
都有了心事

第二韻　橙

自冷雨的悲調里出走尋索一種
同階的音聲
健康明朗或者有些六月心情
而夜市昏花雜遝的眼只透露
轉角那把三弦琴的軟弱
落淚之后
遂以一生的名
皈依太陽

第三韻　黃

遺忘或者離別並不很
重要
對人間總也有了
某些擔代　如
老僧澄淨法衣牽罣的
如來家業　若
　花店里一大把愛情中唯一的
寂寞

第四韻　綠

總將所有心意　盡付江湖
也使得
山山水水都衍成了
生生世世
說夜裡一場溫柔的雨
輕輕搖醒山門外那株小齒蕨
日來鼓著豐腴的頰數念新芽
一顆、二顆、三顆……
喏！竟是十顆

第五韻　藍

天上人間僅僅一個
瞳孔大
　慣常用哲學的憂鬱去忖度
非常名
也許　祇能用深呼吸來回答

第六韻　靛

左邊是天
星子夜夜趕路
尋找另外一極
也許沒有另外一極
也許另外一極就是原來的那一極

左邊是地
牽牛花朝朝攀上樹端
頂著太陽叫蟲兒早起
那蟲兒一箇呵久哈直了弓著的腰
原來是昨夜落下的那一極

第七韻 紫

倘然 即即是離
那麼 該不該重新
重新安排「捨得」的意義
曾經是一莖青煙里的蓮華
未見過明亦不曾找到過無明

身是身魂是魂各自是各自的牽罣
回應著千萬聲冷冷荷風以
千萬張離離的心情
那童子 微笑 欠身一折便
渡盡它的生涯
淨血如注帶魂揉煙浸濕了絲帕
哦 原來面目竟是如此姣好
倘然 即即是離
那麼 該捨的人便該
早早捨去

賞析：

㈠師大人文教育研究中心文藝創作研習班第一期文學獎詩組第一名。

㈡以禪理體悟與人生揉合，復以七色相配，遂使理念能在感覺引領中翻出，深邃而新力。

㈢寫感悟、隱忍、驚喜、思量、割捨等各種情懷，含蓄而著力，第一韻可看作是全詩的序。

㈣以彩虹爲中心而幅射七彩，每一韻均以一種形體托出一種境遇，視覺感鮮活，極盡聯想之能事。

㈤融合哲理與禪境，十分耐讀，簡潔句法又具輕盈曼妙之姿。

李玉娟：七十六學年師大人文中心文藝創作研習班第一期詩組學員。

二十八、悲愴記事

石曉楓

（一）古厝連作四幅

斑駁之後，誰來
叩響這風銹的
門環
遂於深門宅院之外
用一方輝煌紅紙
將昔日的繁華，裱褙
成悲淒的
山水
（「卿雲相雨」）

爲卿爲相之後，我何能
奢求
雲雨）
朝朝，我獨倚妝鏡
將自己梳成一款
高傲挺秀的髮式
不經意凝眸向滿園
春色時
竟被逼成一株
散

髮　楊柳
而石磨又能輾轉
多少沈重，我
只任青春的汁液
恣意流淌，作爲心情
最最蒼白的
告訴
一無所有之際，乃
掇拾滿院塵埃
荒煙蔓草裡，我
卑屈一隅，就著晨光
細心織就這
千年心事

（二）櫥窗模特兒

日復一日，我用
歲月將自己雕鏤成
永恆的美艷
便於世間女子以
瞻仰的身姿來
投宿
披就一襲嫁裳，我知道
荒涼傾頹的夢土裡，每一名
女子的歸宿，寫在我身
上，而我的身姿，寫在
玻璃櫥窗，破敗的
映、象、裡
窗外，一抹斜陽
乍現
（桃之夭夭灼灼其華
桃之夭夭灼灼其華）

賞析：

(一)師大第八屆（七十九年）文學獎新詩組第三名作品。
(二)感觸細緻，並有巧思及人文感懷。
(三)圓熟可愛，古厝有古典的悲愴，而櫥窗模特兒另有現代的悲涼。
石曉楓：七十七學年師大國文系新文藝班學生。

二十九、此生

仇小屏

一樹光華四濺的噴泉
一撒手／盡是零珠
陽光從我映取彩虹我把
藍空洗得晶亮而湧
自那沸沸滾滾、噴紅灼焰的
地心

如果淌成了一條弱水
你願意只取一瓢？
河的兩岸也許有垂楊
蜿蜒成綠堤兩道供
雙雙蝶影流漾……

我仰望成爲一口井
好深好深的井，待到
待到滿庭青苔和
井口大小的星月
偶來的風永遠只在地面以
上徘徊

其實這淺淺的木盆我也喜歡
湧動成小小的滄浪之水
只是我好想如果有
世間女子的纖纖素足。

這是可採蓮的江南
蓮葉何田田我自
田田田的蓮葉的遮蓋下奮力
仰首那一槳擊破我的可就
是你？

也許不去錢塘戲潮
要去稀釋大海
聽說大海和憂鬱同色而
鹹淚的浪正……
洶湧。

賞析：

(一)情緣的執著熱烈眞切。
(二)修辭重力，古典意象佳妙，譬喻新穎。

仇小屏：七十八學年師大國文系新文藝班學生。

三十、別離

仇小屏

還能再說些什麼呢？
剩下的就讓
秋風去演繹吧！

天有些涼
把你送的小無尾熊
在大衣裏抱得緊緊只

慶幸那條長長的白圍巾正
密密暖暖地圍裹著你

長街已被我走得更長
兩根相望的路燈之間
滿天黃葉飛舞……

賞析：

㈠抒情率直，感性眞切。

㈡二段想像移情，以及末段譬喻均佳。

三十一、小詩三首

郭慧玲

唇

兩扇乾坤可以描畫多少山水？
千重山　萬重水？
萬重山　千重水？
怕是紅唇歷盡　巫山仍執著於
如何鉤勒
人間山水

髮

自山澗流成河自
平緩流成迂迴
仰觀星子
俯視蟲魚　仍
淘不盡
一路蹬蹀的層層
磊砢

窗

感應四季的開關　從未
接觸不良在
三春欲斷魂的雨中
止不去盈盈兩睫的
晶點

賞析：

(一)三首各具采姿，譬喻新穎。
(二)由物象延伸至情，悵觸良深

郭慧玲：七十八學年師大國文系新文藝班學生。

三十二、孤雁

莊元生

襤褸的
稻草，人
站成，漠漠長空
雁字回時
獨缺一個我在
幽暗的角落
酹一杯
鄉愁
念念不忘
當天離家，日子
滄海桑田
九十九道彎我離鄉爲
老母半生的辛勞

冬天妻兒的肚底能有
著落
十指算不盡饑饉的年頭
羅掘俱盡的日子
不過是今夜獨醉的佐料
紐約時報仍嗅不出中國的豐收
年年額
上深耕的歲月
細訴
陣陣烽火的遠方
妻子正釘補我拙樸的
農裝。　嗷嗷待哺的幼弟

賞析：

(一)想像困苦農村，素樸而眞切。

(二)離鄉的無奈之情，親人的依戀深刻，結尾尤佳。

莊元生：七十八學年師大國文系新文藝班學生。

三十三、七夕的黃昏

鍾怡雯

橋 以蝸牛的腳步築
起，喜鵲啊 請你們鼓動雙翼
思念排山倒海衝破荷蘭的防水堤淹沒珠穆
朗瑪峰席捲古老的大陸

蟬聲已呑沒夕陽
鳥囀醞釀出一天相思
紅豆噴火的汁液氾濫啊蔓延
遂使天空屈服於
血色佳釀

相聚不過一夕
一夕之後 仍須在彼岸
空 守
三百六十五日再彎成一圓
七夕再連接兩點
只是 團圓又能如何？
太陽升起處仍有
一彎缺月

賞析：

(一)以七夕故事想像人間情緣，人生不全理念重大。

㈡修辭重力可感。

鍾怡雯：七十八學年師大國文系新文藝班學生。

三十四、風問

郭雪貞

風問　白衫爲何
如果是　披在窗外　遺忘
放下時快樂飛揚的你的青春
央著它　幹嘛　我想
望成窗的我的眼守著秋天的走過如
雨說　夏日的你輕踩艷陽走
如果是　出我的
最心愛的蘊著夏天香熱的你的　寂寞

賞析：

㈠詩創作才情卓越，一、二兩段非僅詩句新力，細密轉折的句法尤佳。

㈡結尾出現抒情意境，自然含蓄，引領深思。

郭雪貞：七十九學年師大國文系新文藝班學生。

三十五、娼描

粘蔭佳

褪衣……褪下了
所有的花的殘瓣以
痲痺的手勢

躺著就是
一具腐朽千年的骷髏，
床板，殷紅的血雕花於這
一口冷冷硬硬的棺
啊……一朵三月早春的
桃花，夭死遂在在剎那
誕生

躺著日以繼夜夜以
繼日躺著日日
夜夜夜夜
日日躺著直到
肉體沉淪生蛆發臭
靈魂升浮浪跡天涯而
地獄也禁絕投宿那
殘瓣帶有劇烈的
花毒

給我一頭潔白的仙鶴吧
請牠載我飛向一個
億萬光年之外的星球
那兒，沒人知道我的名姓
就連空氣與微塵也
不知道

給我一泓清澈的池水吧
那兒，我可以洗浴
滌盡胭脂蔻丹以及
深入膚骨的男人的
腥臭

可否容我奢求一夢
一則有百合開放的夢
小女孩咀嚼百合花瓣
啊……我流亡的靈魂結成
一粒百合種籽

註：不曉得該如何面對那些超昇墜落的靈魂，不曉得該詛咒或同情。當她們的生命像我們一般終結，我寧願相信：一朵百合綻放，而不是一株罌粟枯萎。

賞析：

㈠寫實詩作，悲憫強大。

㈡修辭重力深刻，結尾許以百合之夢，顯示同情之切。

粘蔭佳：七十九學年師大國文系新文藝班學生。

三十六、妹妹

靡道璇

看見我的白底印紅格子的
小妹妹的花裙麼　還能聽
到我的斜陽照不到的
小妹妹的驚呼？

大荒年裡
成群成群逃亡的擾動　踐
踏過我們的相依爲命　不過是
幾尺以外的　失散
我的淚伸長了脖子燙
出眼眶　妹妹的淚
紅在地上

過去　在家鄉的

青青草原上　她
總央著我
哥哥！捉一隻蝴蝶
稚氣的香熱總是
暖陽

我的白底印紅格子的
小妹妹的花裙不在
別離的江邊
斜陽落了

風太大了　我的
小妹妹的驚呼已
沈默於揉藍的
晚天

也許　她已化
爲一隻小粉蝶
翩翩飛過我的
眼前

賞析：

(一)設想兄妹在戰亂中死別，現實的傷痛悲苦在含蓄筆觸之下淡化。

(二)三段曩昔溫美的回憶與結尾死別之後的懸念勺想相連，傳達眞切之情，最爲可感。

靡道璇：七十九學年師大國文新文藝班旁聽學生。

三十七、追尋

黃維珊

我想要有一條船
船上有擎天的船桅昇
起滿戴繁星的巨帆
待月落時的一聲嘆息

將船吹去赤道的另一端

我想要有一條船
上有獨眼佇杖的老船長
請給他一個名字和
一張佈滿水草的古世紀地圖
順著潮流等待迴游的魚群
瘋狂刺探大海的源流

以緯成纜
以經下錨
海岸蝕我多變的掌紋
　成二十二道暗礁
海浪擁抱我
　以不經意的藍

我來　自副熱的海洋

尋找　傳說中北極的雪
攀登天桅我以青絲換取獵人的腰帶
　無意間星光洩露我離家的祕密
空留海上點點站立的光

甲板無風的午后
因鷗鳥熱烈而過於頻繁的展翅
燃燒起船舷的右帆
北斗星子們　終究遙遠無力
汲我水　以
一瓢

在風雨過後接近目的地的黃昏
(卻驚覺夕陽永不終結)
(地球　竟是圓的)
生命中零點的千里追尋在最初
方舟原未曾遠航

失蹤的是祖傳的望遠鏡、航海圖
　星星、船長的帽子、魚鱗以及
海鷗用來飛翔的翅膀

賞析：

㈠希冀與抒情、精美有境。
㈡詩句新力，且具理念。

黃維珊：八十一學年文化大學中文系新文藝班學生。

三十八、四方

林清白

之一——東

風不吹　怎能嗅得三月芬芳
捲落的蒲公英匐伏於隱世的暗處
等待你以柔情拂
起揚向旭日初升
那個有情的世界

之二——西

是誰允許大地染紅
讓我拾不起那一片盎綠
傳說唐僧取經的故事
曾在這一地的惆悵裏
寫進我黃昏的心中

之三——南

執著歸宿的候鳥
慵懶地捲入幻的漩渦
膩在現實與自然的超脫之下
弋客施以懾人舉動
倏地　驚蟄
甦醒
趨退了屬於自己的

一夢

之四——北

冰蝕刺骨　凍傷
欲裂的膚肌漫開
予冬季劃上一幅寒色
夜裡，遙不可及的星斗以
眨眼傾訴著另一個
傳說……

賞析：

㈠悵觸萬千，深密可感。
㈡結構設計新力。

林清白：八十一學年度文化大學中文系文藝組新詩班學生。

三十九、精衛填海

李玉薇

「……炎帝之少女，名曰女娃，女娃遊東海，溺而不返，故爲精衛，常銜西山之木石，以堙于東海。」

——山海經、北山經

一、填海

再拍動一翅　黃河
再凌越一身　燕山
迢迢是黃土無根
烈日是炙烙的劍
刺我以雙翅疲累的
極限
嘴裏的利石劃我以血
血凝長城曳我向海
海，是

眼底無止盡的
沈淪

二、泅囚

囚，在深海的無極
浪湧洶洶
汩秦時的關
沒漢時的月
幾多，海上笙歌迤邐遠去
遺我於明月清風的想像
誰知！
黑柔的髮已漂散成網
雪白的肌已沈浮爲珠
救贖如沫似浪
一石一木　是我
層層的等待
等待那一天　海堙水枯　拍
重拾當年　遺留在岸邊的
花鞋

賞析：

㈠超現實力作，強力與柔婉兼具。
㈡結尾抒情眞切。

李玉薇：八十一學年師大國文系新文藝班學生。

四十、報任少卿書

莊雅婷

當遠方的迴響，震動了
傳說，而

西施毀容，孔子通姦。
（若僕大質已虧缺矣……）
幽闇的　傳遞著惡謔
本質淋淋地滴出一條上告千億年的血道　是以
　獨抑鬱而
　誰與語？

蔓草中的窒息　生
出火灰吞沒的　死亡
跪在兩者的交會點之間
一聲聲質問字縫中的影子
雲端
夢與罪　審視著
　這面孔模糊的顛覆者。

千軍萬馬踏碎的胸口在
雪地裏　揚散

時空動盪不安
（西伯伯也，李斯相也，淮陰王也……）喃喃
收拾自己凌亂的屍體　更
張空拳　茫茫凝視
印證的風雪。

把我囚禁在黃土中吧！
割斷我的咽喉　汩汩
崩毀名山　過濾
　過濾出無心的墓標　墓標
　沉溺踉蹌着
　也許尚未死去的我
　　謹　再拜

賞析：

㈠申史事抒寫悲劇英雄的蒼涼，超現實感性強大。

㈡今古連接，理念可引省思。

莊雅婷：八十一學年師大國文系新文藝班爲生。

四十一、指令聯想

黃妍希

指令一：輸入&輸出
　輸入—
　　或者一季細碎的松濤
　　一枝苦思的橫笛
　　一葫蘆子的月光
　　一把淡藍的褶扇
　輸出—
　　指令錯誤
　　指令錯誤……
茫然跌坐在　零碎的
自以爲很詩化的程式裡

指令二：倉頡輸入法
高解度的畫面　隱約見你
挑青燈如豆　一筆一劃
刻鏤五千個
春秋

風起　燈滅
一頭皤然白髮垂瀉在歷史裡
四處搜尋　你竟
端坐在磁碟片中
微笑

指令三：BASIC
一　惟初太極。道立於一。造分天地
　化成萬物。
零　徐雨也。
　　—說文解字・漢・許愼

據說
所有的名字　輸入

都將化爲，單純的
零與一
據說
所有的名字　輸入
都將化爲　乾淨的
細雨　飄洒於
天　　地
指令四：空間棒
四周迅速湧入
莫名的　空白的
包圍
才知
這城市荒寂久了
一點也容不下
風起東南的
微暖
指令五：END
按下
程式結尾的句點
溫茶　寧靜與
午後的陽光
鎖進軟體
不夠的時候
再開機取用

賞析：

㈠電腦與情理的整合設計別具一格的高明。

㈡今與昔，現實與歷史聯想深密。

董妍希：八十一學年師大國文系新文藝班學生。

四十二、自戕

鄭瑞雲

㈠刀

倏然撞完心臟最後的跳躍
血—是封住的缸裏的酒在
以汩汩滾滾
沸騰
熱氣砸碎狂吼嘶喊的
缸　任
紅酒自罅縫
逃竄　任
死神在瘦削的手
上留疤
（一道觸目驚心）

㈡水

夏日傍晚隨風飄動　柳絮
輕盈而優雅　自
億載金城
頂端　翩翩落下
翩翩落下
遁身
護城河水包裹的
黝黯陰森台
上台下相隔是
無限眞空　而以
親手拉下生之布幔　告別
舞台

㈢索

一條秋天早衰的繩索

行走在
夏日明亮的咽喉之
上（紆徐前進復纏繞……）
最出色那雙眼睛張
開時　黑亮
半睜時　細長
緊閉時　籠罩一層輕霧樣態的憂悒
都在發甜

而門把總是
幫凶　以砰的一聲響
出生命的易弦

㈣藥

全身蒼白的癡肥在

賞析：

㈠四種終結，怖慄強大，想像深沉。
㈡不避醜暗，詩句重力。

昏暗燈光之下
抽搐顫抖
酖在
腹裏　翻攪
篩來蕩去……
白沫塗唇而
灰黃飾臉

豬肉攤勾子上倒掛的灌水的
膀胱以
慘白黯淡
待價而沽
……

鄭瑞雲：八十一學年師大國文系新文藝班學生。

四十三、醉月湖

潘家福

台大的醉月湖記載著一個故事，關於一名困情女子投水的傳說。（節自《水問》簡媜著）

不爲什麼而來在
家與風雨的邊疆徘徊
一步就擱淺於
妳不爲什麼的盈盈以
一醰星輝柔柔
相飲

杳月竊酌
只不應醉在湖底
流浪欲眠
恨不該耽於夢枕
除非
晨陽的水晶球能
緊緊拴繫
而未繫的畫舫
有我迷途的渴望
故意在妳
攪亂的旋渦裏
失踪
輕漾漣漪的線索
卻掉頭歸航
雨過
依舊倒影着
一片藍藍

而一片天也盛不下溢
出的弱水款款
浪花綻顏後的高潮

淹沒
不忍凋謝的
自己

不爲什麼而來也

要不爲什麼的走
只是鞋履還微沾着
楊柳絮影的
青青

賞析：

㈠由傳說抒情，想像深密。
㈡典麗與新穎兼具。

潘家福：八十一學年師大國文系新文藝班學生。

四十四、跳針的童謠

潘家福

A面：昔（唱片旋轉正常）

靜　聽
風的電纜
供華爾茲的蘆葦
交頭接耳
猜臆誰高
晨鐘與童謠

剪空的
蹦跳
鏗然
滴落貨容滿絡
不成調？
誰管

看　日曆
調皮地長出翅膀
將歲月妝扮於藍天
相親
哈！餘暉羞得竄入臉頰
不好了！
怎麼，線又已
斷

快！
當夏末尚未走私
緝捕一袋蟬聲吧
折疊在紋帳中
當枕

B面：今（唱片不幸跳針）
公寓的雷達鎖定天角

懸下一張密不透風的
網　自
小河的樂園裏
捕殺童年
任時代蒸發自然
風乾
缺氧的小魚

且讓
俄羅斯方塊砌
起鴕鳥的城堡
祈禱
夷狄的才藝武士
闖不進
明天

踮腳在

得失的鋼索
上惧高
而你不能俯瞰泥土
多少羨忌的評審期待著演
出你唯有那麼難過地
微笑

若說
親情只等值於物質的門鎖
那麼酒渦也
撐不起倒掛的月亮在
浩渺星海中
兀自
黯去

賞析：

㈠能以新穎設計表深密詩境。

㈡今昔之比，可引省思。

四十五、悼亡

林瓊麗

我再也無法圍堵
潰堤的泛濫
當你的冰冷　自
我緊握的暖中　悄然
墜落

迷濛的白　是
血紅的控訴
無盡的黑裏　卻
猛地擲出兩道　寒星
孤絕的淒厲的　光

遣我以悵然。
誰解？
從此 你將何往？
往西方？往極樂？
日暮是不變的規律
而夸父從未停下 他
悲壯的步伐 渴
飲江水 怒
吼狂濤 企圖
一破 天地的
蒼茫。
請停下 停下你
宿命的漂流
再看一眼 看一眼
曾經 屬於你的
青絲 終於將一夜
愁成
暮春三月 駭人的
寒……

賞析：

㈠人天永訣之情抒寫眞切。

㈡修辭典麗，結尾飄渺。

林瓊麗：八十三學年師大國文系新文藝班學生。

四十六、寂寞寫眞

王惠平

咖啡把我沖入這樣的下午
裡頭的溫度很秋天
我和我自己的靈魂凝固在
灰藍色的空間。

不在乎的冷漠之下
心特別容易口渴
歲月睡在日記本裡
生命在流淌
我的欲望在漂泊

賞析：

㈠寂寞況味，抒寫眞切。
㈡尾段希冀意象優美。

王惠平：八十三學年師大國文系新文藝班學生。

四十七、浮世繪

披上面具　以
最人性的姿態走入人群

笑容老早遺忘在
百慕達三角洲。

今天的外頭好朦朧
推開佈塵的窗
推開沈封二十年的春天
這時！如果飛來一蝶
我會讓牠停在—
左心房的花瓣之上。

吳惠萍

人們愛看面具
面具裡有他也

有她

追逐泛濫的假面
他人的臉砌成一片霓虹閃爍
流竄的燦爛在心照不宣的默契下迴盪出弔
詭的水泡
失熱的光譜射入缺氧的左心房
散下一地變色的血漿

在裝滿凡士林的燒杯裡
卸下的面具泱著脫水的微笑
輕撫臉上游移的水蛭

蒼白的臉 模糊扭曲而猙獰拾
起一把陳封的黏土 欲捏塑
欲修補
該死的記憶卻浮不出一絲眞實的告白
又是一張
他人的臉
還記得媽媽說—
長大了就該戴面具
只是戴了太久我
竟忘了怎麼把它拿下來了

賞析：

㈠浮世虛僞，反諷有力。

㈡結尾無奈尤佳。

吳惠萍：八十三學年師大國文系新文藝班學生。

四十八、雨後

余曉萍

雨後
九份山頭的眉鎖更緊了
悲情城市的命運
曾隨那細細雨絲
匆匆而來　又匆匆而
去

伯朗咖啡的音弦
驚勾棲寐湖塘的秋雁的
展翅的弧　盈佔
滿眶藍山的靜

也許是倦了　也許
該學那淚眼婆娑的紙傘
倚柱斜臥
認眞地觀望
雨後的
濛虹

賞析：

(一)情景交溶，惆悵深婉。

(二)三段譬喻意象眞切。

余曉萍：八十三學年師大國文系新文藝班學生。

參考書目（詩人專集、選集繁多未列）

中國新文學大系　詩集　香港文學研究社　一九三五年

中國新文學大系續編　詩集　香港文學研究社

六十年詩歌選　王志健等編　正中書局　六十二年四月

中國當代十大詩人選集　張默等編　源成文化供應社　六十六年七月

年度詩選　爾雅出版社

中國新文學史　司馬長風　一九七六年香港版

中國新詩之回顧　周伯乃　廣文書局　五十八年九月

現代中國詩史　王志健　商務印書館　六十四年十二月

臺灣新詩發展史　古繼堂　文史哲出版社　七十八年七月

中國新詩研究　瘂弦　洪範書店　七十年元月

現代中國繆司　鍾玲　聯經出版社　七十八年六月

感月吟風多少事　張默編　爾雅出版社　七十一年九月

剪成碧玉葉層層　張默編　爾雅出版社　七十年六月

現代詩學　蕭蕭　東大圖書公司　七十六年四月

現代詩導讀　張漢良、蕭蕭　故鄉出版社　六十八年十一月

現代詩的欣賞　周伯乃　三民書局　五十九年四月

論現代詩　覃子豪　普天出版社　四十六年十二月

詩的解剖　覃子豪　普天出版社　五十八年十月

詩與感覺　朱自清　啓明書局　四十六年一月

二十世紀中華文學詞典　秦亢宗主編　中國國際廣播出版社　一九九二年一月

臺灣現代詩編目　張默編　爾雅出版社　八十年五月

當代臺灣作家編目　張默、隱地編　爾雅出版社　八十三年一月